2023 年教育部产学合作协同育人项目"新时代美育课程师资培训项目"（项目编号：230710511407225）

2022 年度西华师范大学——四川省哲学社会科学重点研究基地：四川省教育发展研究中心"新时代高校体美劳育人体系构建与实践研究"（项目编号：CJF22063）

2024 年度成都理工大学研究生质量工程项目"课程思政示范课程音乐与舞蹈艺术欣赏"（项目编号：2024YKCSZ012）

大学美育与大学生人格完善

李燮 刘迅 著

中国广播影视出版社

图书在版编目（CIP）数据

大学美育与大学生人格完善 / 李燮，刘迅著.
北京：中国广播影视出版社，2024.7. -- ISBN 978-7
-5043-9258-9

Ⅰ．G40-014；B844.2

中国国家版本馆 CIP 数据核字第 2024UH4201 号

大学美育与大学生人格完善

李燮　刘迅　著

责任编辑　王　萱
封面设计　寒　露
版式设计　寒　露
责任校对　张　哲

出版发行　中国广播影视出版社
电　　话　010-86093580　010-86093583
社　　址　北京市西城区真武庙二条9号
邮　　编　100045
网　　址　www.crtp.com.cn
电子信箱　crtp8@sina.com

经　　销　全国各地新华书店
印　　刷　河北万卷印刷有限公司

开　　本　710毫米×1000毫米　1/16
字　　数　260（千）字
印　　张　18.75
版　　次　2024年7月第1版　2024年7月第1次印刷

书　　号　ISBN 978-7-5043-9258-9
定　　价　98.00元

（版权所有　翻印必究·印装有误　负责调换）

序 Foreword

全面加强和改进学校美育，坚持以美育人、以文化人，提高学生审美和人文素养，是学校人才培养的题中之义，也是落实立德树人根本任务的重要路径。高等院校作为我国培养德智体美劳全面发展的社会主义建设者和接班人的主阵地，必须以立德树人为根本，以"三全育人"和"五育并举"贯穿人才培育全过程。大学开设的美育与思政教育等课程，如果融合实施，所产生的综合效益可能远远大于两者各自实施的单独效益。一方面，高校思政育人可以在思想上理性引领大学生树立正确的世界观、人生观及价值观，勇担报效祖国、服务人民的重任；另一方面，美育生动而富有感染力，在提升大学生人文素养的同时，还可以寓教于乐，在潜移默化的感性体验中陶冶思想情操，进一步坚定文化自信。可见，高等院校的美育与思政育人的融合实施，是落实立德树人这一根本任务的特色所在，更是值得深入研究的现实课题。

以党和国家关于美育的指示精神为指引，本书聚焦大学美育与大学生人格塑造的实践与理论等问题，在梳理中华美育的历史传统和时代发展等基础上，立足"五育并举"的大学美育，结合新时代大学美育的内涵更新和外延拓展，从审美修养与人格完善、大学校园的审美实践以及大学美育的开展形式等多角度，深入探讨大学美育与大学生人格完善的原理和机制，并联系大学美育实践进行经验总结和理论阐释，以期为大学美育提供较为创新的理论和实践借鉴。

本书包含以下主要内容：一是阐述了美育与思政教育有机融合实施的必要性，从大学生审美观、价值观的培养中延伸出相应的基本原理和内在机制的探索；二是提出了"红色文化审美"的研究概念和"新时代条件下的审美"的研究维度，并探讨了关于新时代大学美育较为新颖的观点；三是论述了美育与专业课教学的融合实施的教学思路，指出除了艺术专业课程，其他学科的课程也各自包含美学因子，传授给学生"一双可发现美的眼睛"意义重大；四是表述了体育与美育天然契合，兼具体验性和观赏性的文化属性；五是说明了劳动生活与美育有着密切关系，劳动与审美是人类把握世界的不同方式，"劳动创造美"既是马克思主义美学思想的基本观念，更是大学生人格完善的必修课。

  本书凸显一定的理论建树和较强的实用性，对美育工作者乃至高校师生均具有参考价值。

  因此，我非常乐意为本书作序。

钟宁

（作者系北京舞蹈学院教授、教育部首届全国高校美育教学指导委员会委员）

前言 Preface

大学美育是落实立德树人根本任务,培养德智体美劳全面发展的社会主义建设者和接班人的重要路径,也是塑造美好品格,促进大学生人格完善的有效手段。研究和探索大学美育的理论与实践,以及大学美育与大学生人格完善的内在关系,对于搞好大学美育工作和实现美育育人的最终目标具有十分重要的现实意义和深远的时代意义。然而,我国高校在开展美育教学工作和大学美育的理论研究中仍然存在许多尚未解决的实际问题,这既影响了"五育并举"的目标达成,也不利于大学生的健康成长。正是源于这一基本认知和现实考量,我们组织了由高校教师和在校研究生以及专业人士组成的专门团队,针对大学美育存在的问题和大学生全面发展的迫切需求,联系我国高校美育的实际,参考国内外大量关于大学美育的学术文献,并进行了认真梳理和深入钻研,进而结合本团队的有关科研课题和教改课题的研究,聚焦于大学美育与大学生人格完善这一专题,从社会学、心理学、文化学等多个角度进行了探讨,特别是在"五育并举"与如何充分发挥美育功能、新时代背景下的美育实践、以红色审美为内核的美育与思想政治教育的有机融合,以及美育与校园文化建设等方面给予了深入分析和充分论述,以期为高校美育教学和大学生思政教育以及心理健康教育提供有价值的学术参考和实践借鉴。因此,本书适合大学美育工作者和思政教师以及广大青年学生作为美育专业书籍阅读,也可作为高校本科生或研究生美育的教学参考用书。

本书共包含七章内容。第一章论述大学美育的价值功能,就美育的历史沿革、大学美育的特征以及功能做了阐释。第二章探讨人格塑造与人格完善问题,就人格的基本特征、人格的人文价值、完美的人格境界做了阐述。第三章分析美育与人格塑造之间的关系,着重论述了美育在强健身心、导航思想、完善人格方面的功能价值和积极作用。第四章探讨大学校园的美育实践，重点论述了艺术教育与美育之间的异同、第二课堂实施美育的方法及形式、环境创设对美育的重要影响。第五章阐述大学美育的形式创新，分析了美育与"五育并举"、美育的育人方式、大学美育的创新。第六章研讨审美修养与人格健全之间的内在关系，阐述了审美与情操陶冶、品德涵养、人格完善之间的相互作用。第七章论述大学美育与思政育人，着重分析了思政育人的美学、思政课堂的美育、社会实践与美育的原理和机制。

  本书由成都理工大学李燮、刘迅著，黄玲玲、杨林倩、孟凡莹、李滟函、刘卓然、李亚参与编著。李燮、刘迅提出本书的整体框架和基本思路，以及确定体例，然后将主要观点分述于各章节，并对各章节撰稿人的写作给予具体指导，在各章节撰稿人写出初稿后，负责反复修改二稿、三稿、四稿，直至最后统稿、定稿。本书在撰写过程中参阅了许多专家、学者的研究成果，在此深表谢意，并在书末一一列出，如有遗漏，请予指出。为学之路永无止境，本团队撰稿人在学术水平和研究能力方面有所局限，书中不足之处在所难免，如有不当，敬请指正。

  本书的出版得到了成都理工大学各位领导的大力支持，也得到了许多专家、学者的关心帮助，为了本书的出版，刘迅教授付出了较多的心血，在此一并表示感谢。最后，在本书付梓之际，特别感谢中国广播影视出版社编辑王萱所付出的辛勤工作。

李 燮
2023 年 9 月 25 日

目录 Contents

第一章 大学美育的价值功能 ……………………………………001

  第一节 美育的历史沿革 ………………………………001

  第二节 大学美育的特征 ………………………………027

  第三节 大学美育的功能 ………………………………039

第二章 人格塑造与人格完善 ……………………………………054

  第一节 人格的基本特征 ………………………………054

  第二节 人格的人文价值 ………………………………065

  第三节 完美的人格境界 ………………………………078

第三章 美育与人格塑造 …………………………………………090

  第一节 用美育强健身心 ………………………………090

  第二节 用美育导航思想 ………………………………102

  第三节 用美育完善人格 ………………………………115

第四章 大学校园的美育实践 ……………………………………126

  第一节 艺术教育与美育 ………………………………126

  第二节 第二课堂与美育 ………………………………137

  第三节 环境创设与美育 ………………………………151

第五章　大学美育的形式创新 ································ 164

第一节　美育与"五育并举" ································ 164

第二节　美育的育人方式 ································ 175

第三节　大学美育的创新 ································ 188

第六章　审美修养与人格健全 ································ 200

第一节　审美与情操陶冶 ································ 200

第二节　审美与品德涵养 ································ 216

第三节　审美与人格完善 ································ 230

第七章　大学美育与思政育人 ································ 246

第一节　思政育人的美学 ································ 246

第二节　思政课堂的美育 ································ 258

第三节　社会实践与美育 ································ 271

参考文献 ································ 283

第一章　大学美育的价值功能

第一节　美育的历史沿革

一、美育思想的源头

美育是一个复杂而又多元的领域，它旨在通过艺术教育和审美教育培养人们的审美意识和艺术素养。探讨美育思想的源头，首先要从美学的概念和定义开始。美学不仅是研究艺术对象的学科，还是一门探讨审美问题的学科，是关于人们如何理解和解释现实中的美的学问。它涉及的是一种更深层次的关系，即人与美的关系，这种关系超越了单纯的艺术创作和欣赏。美学研究的核心是人类对美的理解和解释，包括自然美、社会美和艺术美。美学与哲学、心理学、社会科学乃至艺术学之间存在着复杂的关系。美学不仅要总结人们的审美活动、艺术创作和欣赏中的经验，而且能影响社会的审美意识。换句话说，美学不仅是描述性的，还具有规范性。它不仅描述人们如何看待和感受美，还指导人们如何更好地欣赏和创作美。

在中华话语体系的美学中，审美是一个非常重要的范畴。同时，它是一个广阔的领域,可以从不同角度进行审视、描述和界定。审美作为中国人的一种生存方式,在中华传统文化中别具一格。从某种意义上而言,中国人的审美就是一种生存美学或人生美学,因为它本身就是一直与人生哲学相互联系的,核心问题是审美对人生有何意义,人的生存如何实现艺术化、审美化,人如何通过审美实现生命的完美和精神的自由。

在我国,比较系统地提出美学观点的学者是清代的叶燮。他是一位杰出的唯物主义者,并且具有辩证的思想,其比较有代表性的美学观点主要有:"凡物之美者,盈天地间皆是也。"(《原诗·外篇》)"凡物之生而美者,美本乎天者也,本乎天自有之美也。"(《已畦文集》卷六)他承认美的客观性,又注意美的主体,认为美离不开人的认识。他还提出了美丑转化的原则。叶燮的这些观点在我国美学史上是一大贡献。

美育是与美学有着密切关系的学科,它与教育学、美学相交叉,以审美作为出发点,针对美学、美、美感等基本问题进行研究和实践。所谓美育就是审美教育,又称为美感教育。从狭义上理解,美育是美学教育或美术教育的简称;从广义上来说,美育可以理解为一种多维度的"美的教育"。

系统性的"美育"最早是由外国传入中国的,学术界普遍认为,"美育"(Ästhetische Erziehung)的概念是由德国诗人、哲学家、美学家席勒提出的。20世纪初,王国维、蔡元培等人分别用英文(Aesthetic Education)和德文将其译作"美育"(或"美感教育""审美教育"),同时将一些西方的美育理论也一起引入中国。

中国美育思想的起源与产生,是多种因素共同作用的结果,同时是一个相当漫长的过程。中国自从新石器时代起就有了美育活动,但是处于一种自发的状态。中国古代美育思想的源头,可以从西周时期开始,在西周时期以前,与美育有关的实践是一种与原始巫术和宗教仪式相融合的社会活动,一般的表现形式为最原始的乐舞、巫术、宗教祭祀等。而西周后到春秋时期其发展改变的根本标志是礼乐教化观念的自觉,而真正有意识地关注和探讨美育活动的现象和规律的则是聂振斌提到的在中国古代典籍中记载的"先王乐教",大概是从公元前 6 世纪开始的。"现有的思想资料说明,中国古代审美教育思想乃至整个教育思想最早产生于春秋时代早期,经过孔子及儒家的进一步发挥,才形成较系统的理论。"

美学与美育是两个不同的概念。美学主要聚焦于关于美的哲学、原理与概念的研究,而美育则着眼于如何将这些理论应用到实际的教育中,使人们能真正感受和理解美的意义。简而言之,美学为美育奠定了坚实的理论基础,而美育的实践又反过来推动了美学的进一步研究和发展。两者相辅相成,共同为人们塑造一个充满美感和创造力的社会。

二、中国美育的传统

在中国,关于美育的思想自古有之,儒家文化传统就包含了美育的内容。"美育"一词的来源最早可追溯至东汉末年的《中论》一书,其中所提及的"美育"是以儒家经典的"六艺"为手段,即"美育群材,其犹人之于艺乎",从而实现"欲人之为君子"的终极目标。总的来说,中国古典传统美育是以道法自然的天人合一为基础,追求中和之美,自然也打上了封建伦理道德和话语体系的烙印。

(一)中国古代美育观

1. 儒家美育观

先秦诸子百家中主要是儒家、道家学派奠定了中国古典美育思想的基础。早在春秋战国时期,中国就已经出现了初步的以礼乐教化为核心的美育思想和实践,其中有以孔子、孟子为代表的儒家学派,他们的出现可以说正式开启了中国美育的序章。孔子(前551—前479)的理想社会是西周时期,那个时期礼乐观念非常盛行。但是孔子所处的时代是一个封建制度正在过渡的大动荡的时期,面对"礼崩乐坏"的局面,孔子提出了礼乐并重的治国理政理念。

最初,"礼"主要是指宗教祭祀之仪节。在西周时期,随着"礼"

的观念成为社会共识和礼乐关系的变化，以"礼乐教化"为核心观念的古代美育思想由此产生。到了春秋时期，"礼"的含义更为宽泛，可理解为整个礼乐文化。在西周礼乐文化中，重点突出的就是人伦关系礼仪，这也是与时代政治、道德所关联的，一般来说是由贵贱有序、尊卑有别的礼节、器物、乐舞歌诗所构成，最终推而广之于社会生活的各个方面。

虽然在《周礼》中，"礼"和"乐"被区分出来，都列入"六艺"中，但其实"礼"是通过"乐"的教育实现的，所以"礼""乐"相通。西周的美育实施形态大致分为"礼教""乐教""诗教"。"礼教"如前所述；"乐教"即《周礼》所说的"乐舞"之教，主要是指音乐与舞蹈教育；"诗教"指《周礼》的"六诗"之教。

中国古代的美育充盈着"善"的教化，也包含着对"真"的价值追求，所以中国古代美育思想一开始就呈现非常浓重的社会化、伦理化的色彩，并显著地表现在对"和"的美育价值取向上。中国美育思想在其发展史上强调一种追求人与自然和谐统一的审美观念。一直以来，中国古代美育也是崇尚"中和"，即"中庸"，恰到好处，体现为平衡、适度、和谐等美育内涵。中国古代美育思想认为，万事万物都在不断变化，但总归要处于"致中和""和雅适中"，即遵循"中和"这种美育精神。

首先，儒家的美育理论赋予了美与善协调统一的功能价值。孔子所谓的"尽善尽美""温柔敦厚"和"文质彬彬"等，都是将美和善的"中和"统一作为主导思想和价值引领。儒家的美育理论深度挖掘了美的内在含义，并重视美和善的和谐融合。孔子提倡全面的文德和美善的融合，将其视为艺术教育的最高审美追求。在《论语·八佾》中，孔子说："尽美矣，未尽善也。"显然，孔子坚持"中和"的美学原则，强调了美和善的协调和统一。

孔子主张将"仁"与"礼"融入艺术创作中，坚信艺术表达需符合道德伦理的标准。他主张首要任务是以优良的品格充实个人的内在世界，然后陶冶人们的道德情操，以便更好地提升人的精神境界，从而使人们在身心上都获得愉悦和满足。正如他在《论语·泰伯》中所提及的："兴于诗，立于礼，成于乐。"他强调了诗、礼、乐三者同等重要，指出君子的自我修养应从学习诗歌开始，而最终的成就则在音乐中体现。孔子认为诗与乐是艺术的两种形式，他特别重视艺术在个人修养中的作用。他将礼视为中心思想的基点，无论是诗还是乐都必须以礼为中心，服务于它。所以，孔子强调美善的和谐统一，提出"尽善尽美"的审美理想，也就是着重于强调审美表达与审美意象的完美统一。正如《论语·雍也》中所说的："质胜文则野，文胜质则史。文质彬彬，然后君子。""质"是朴素的本质，"文"是附着于上的人类的经验、见解、观念以至人文精神，但主要的还是人的本质。只有文化的熏陶与人性本有的敦厚、原始的朴素气质互相均衡了，才能成为有君子之品貌的人。

其次，儒家美育思想要求情理的和谐统一、适中合度。孔子比较强调于情于理的表现，他所提出的"诗教"就体现了在艺术创作中对情与理的和谐统一的追求。而审美情感就是感性与理性、情感和思想的统一，也是形象思维的体现，所谓"理之于诗，如水中盐……无痕有味"，同样，这也体现"中和"的美育诉求，以及理性与情感的平衡适度。

继孔孟之后，荀子在《荀子·劝学》中进一步提出"君子知夫不全不粹之不足以为美"，将人作为美育的实施对象。荀子认为人的品行、修养必然要达到一个高层次的境界，也就是"真""善"二者的结合，才可以到达"天人合一""知行合一"的理想境界。他在美育的具体途径上强调个体自觉的积善修身，尤其重视社会性的礼乐教化。

荀子的美育思想是直接以其"人之性恶，其善者伪也"的思想为理论起点的，他十分注重人格培养上的教化功能，认为可以"以道制欲"来达到"化性起伪"的目的。同时，他认为审美人格的培养是需要充分发挥人的主观能动性的，人们可以通过自主学习、实践来"积善成德"。他强调自我完善的道德，认为具体的美育实践途径从个体人格的自我完善和社会的礼乐教化来进行，最终修成"美善相乐"的审美人格。

2.道家美育观

道家美育观主要体现为对理想人格的追求，代表人物是老子、庄子。老子为春秋末期的思想家，道家学派的创始人。老子的思想核心是"道"。老子认为，"道"是所有本体和生命的源头以及终极意义和价值，同样它也是艺术和审美的本体。由于道的本性是"无"，自然之道是自然无为、朴素无华，所以它也应当是艺术的最高生命，审美的最高标准则是无为而自然。从这一点出发，老子在美育实施上主张自我育化，顺乎自然。

礼乐教化是传统美育实施的主要方式，是儒家传统美育的基本内容，是对审美教育功能进行深入的探讨与阐发的结果。相对而言，道家的美育思想虽然未能像儒家美育思想那样完善，但其历史地位不容抹杀。老子对儒家思想持否定的态度，他在《老子》第五章中表明了对"仁""礼"的否定，认为这是违背人的初心和本意的，甚至对礼乐教化的意义和价值也给予了批判。

老子主张"大音希声，大象无形"的思想。"大音希声"是道家美学的核心概念，也是理解道家美育观的关键。老子对西周以来礼乐教化观念及伦理道德持一种批判否定的态度，但缺乏审美与情感、人格修养方面的论述。其实，老子的学说仍然与继承、发扬礼乐教化观念的儒家美育思想体系有相通之处。一方面，人们可以认为"大音"是"道"的象征，是最高层次的艺术境界，与"道"的自然无为是一致的。另一方面，"大音"不应该成为审美的对象，也不能成为道德教化的工具，而应该与"道"和谐一致，这是超乎功利角度的阐释。

老子的美育思想偏向于生命美育，肯定个人的自由价值，首先就是健康人格的塑造，因此至真、至善、至美、至乐就成了他认为的理想人格的尺度。其具有"朴"的特性，对返璞归真、自然朴素秉持肯定的态度。

庄子（约前369—前286）是战国时期道家的代表，他继承并发展了老子的美育思想。老子对礼乐教化是持反对态度的，他提倡"不言之教"，庄子使其得到了丰富和发展。庄子同老子的"道法自然"一样，认为"道"形成于自然。所谓"朴素而天下莫能与之争美"也就是自然无为，是对老子所认为的理想人格的进一步完善。

庄子所提倡的从个体的精神和心灵出发，对现实人生的关注，正是他对礼乐的批判和对自然无为的主张的核心内容。他认为，礼乐往往束缚人们的心灵和思想，使人们远离了真正的自然状态，而自然无为则是指引人们回归本真的方法。庄子强调的"道"，是宇宙的原则和本质，它贯穿于一切，与自然相合，不可或缺。这种"道"是超越的、无为的，是自然的表现，是宇宙的和谐。庄子的理想人格，就是这样一个与"道"和谐相处，与自然珠联璧合的人。在这样的人格下，真、善、美达到了高度的统一，人的思想和行为都受到了这种超越的、自然的原则的指导。而为了达到这种理想的人格，庄子提出了"心斋""坐忘""见独"等修身养性的方法。这些方法的核心都是使人的精神得到解放，使心灵达到自由无为的状态。这不仅是对个体的心灵做出的呵护，更是对个体与宇宙、自然的关系的重新定义。

道家美育的核心在于主张艺术化的人生境界和审美人格的进一步理想化。在庄子的影响下，这种道家的审美修养方法在中国古代美育思想的发展中起到了不可或缺的作用。这种方法不仅在传统人格的塑造中有着深远的影响，更是为中国古代的艺术人格或审美人格的塑造注入了新的活力。通过庄子的哲学，人们可以看到，人的真正价值不在于物质的追求，而在于与自然、宇宙的和谐相处，达到精神的自由和升华。这是一种超越物质的审美境界，也是对人生的高度赞美。

3.墨家、法家美育观

墨家、法家的美育观并不完全一致，法家更多的是为了批判墨家而展开立论的。墨子（约前468—前376）所提出的思想观念收于《墨子》中。儒家学派比较喜欢用"仁义礼乐"来建构、维护社会秩序，而墨子则主张采用现实的、功利的态度来实现社会治理，倡导一切从简，要求解决实际问题，提倡义利统一的道德观——"兼相爱、交相利"。墨子是崇尚"非乐"论美育观的，这是对儒家思想中礼乐文化的批判，他认为礼乐偏于形式，没有实用价值。他认为"乐器反中民之利""我弗敢非也"，乐器的制作对百姓是无利的，只被少数人享用，甚至认为会导致亡国。从功利、实用主义角度出发，"非乐"论是具有一定进步意义的。这种对礼乐形式的批判表达了中下层劳动人民的利益和呼声，揭示了尖锐的社会矛盾。因此，"乐"在墨子那儿只被看作一种享乐，而不是具有教化作用的，因为他没有意识到礼乐的美育价值。

韩非子继承了荀子的"性恶论"，但他认为人性之恶在于唯利是图，追求名利。他对儒家的礼乐教化做了批判性的阐述，如他对"仁政"的评价，反对儒家文质彬彬，情理统一，还对其教育的外部强制作用做了批判，认为其忽略了内心的感化作用，因而在美育思想方面也未得到深入推进和发展，但他不是绝对地否定礼乐教化，只是从"利"的角度进行否定。另外，法家强调艺术审美应该对社会生活发挥积极的作用，不能一味地否定现实。

4. 其他时期的美育观

魏晋时期美育思想主要始于曹丕的《典论·论文》，这篇属于文学批评史开篇的文学专论，对建安文学的建设和发展起到了积极的正向引导作用，对后世有着巨大的影响。随后陆机在《文赋》中结合自身的创作经验，继承了曹丕创作主体的决定性作用，对审美价值给予了充分的肯定。陆机从文之创作观、艺术构思到艺术表现都涉及文艺美学的研究，如指出"意称物"和"文逮意"的区别。他的文之审美观认为创作和审美是息息相关的，在创作前期就要具有"前理解"和知识储备，其中包括形式的选择等审美思考。在对文之功用观的论述中，他肯定了"文"的审美价值，这更加让人明事理，而不被某一特定、某一时期的政治道德所羁绊。

魏晋南北朝时期是中国历史上又一个文艺思想繁荣时期。比如，刘勰的《文心雕龙》，关于文德与教化的论述主要反映在《原道》《宗经》

《征圣》中，体现了刘勰的文德美育思想。其中"文"的含义是广义的，包括诗、赋、论、说、史、传、奏章等，是通过文字书写符号有机构成的物质形式。"德"不单单是社会道德，更多的是自然之道、天道等。《文心雕龙》都将其归为天道自然之美，正是因为自然、天地繁衍生生不息才是人们学习和追求的最高境界。刘勰还论及审美教育的"情"与"志"，儒家历来倡导"诗言志""发言为诗"，刘勰则既倡导在教化作用中"志"的积极因素，又提倡文章中因情而发、以情动人的审美特点，认为"情"与"志"是一致的，二者相互融合，落实到美育中，能促进人的积极发展。此外，钟嵘的《诗品》也论及审美，他认为可以通过诗歌传达情感，更加重视小我的情感需求，也是儒家所倡导的"诗，可以兴，可以观，可以群，可以怨"的功能的体现。

唐代的韩愈提出"文气"说，强调"不得其平则鸣"，"不平"主要是客观存在的各种复杂的社会矛盾，得志时"鸣国家之盛"，失意时"自鸣其不平"，这在韩愈看来，认为"不平则鸣"都可以进入审美，产生相应的审美形式。白居易对诗歌的要求是不能脱离现实，要为"时"、为"事"而做，这是作为诗人的责任，诗歌虽然是外部的存在，但也是主观情感的内在表达。白居易在《与元九书》中，明确地把诗定义为"根情、苗言、华声、实义"。他把情放在第一位，他本人的创作也是对现实的不平而鸣，具有深刻的认识作用，并与巨大的情感功能交融在一起。白居易特别关注社会发展和秩序维护，以及百姓的生计与安康，所以白居易重构了"礼乐"美育观，注重音乐与政通的关系，努力复兴儒学文化，他是中华美学史上的重要人物之一。

北宋时期，理学家周敦颐的论著《通书》《太极图说》对宋明理学的发展产生了较大的影响，如他提出的圣人观和孔颜乐处的价值修养论就是有代表性的观点。他倡导人格的自我完善，成就相对完美的人格。邵雍的美育思想中比较有代表性的观点是"明心见性"和"反观"，也就是让人们不要带有主观的观点来观察事物，避免主观意向影响判断，客观上注重本来的面目，也就是"反观"。此外，在当时，程颢和程颐

否定诗歌、艺术的价值，认为人生具有更多的意义，仅靠艺术创造不能进行人格修养，他们将二者的关系对立了起来，从某种程度上来讲对美育思想的发展是有着负面影响的。

朱熹作为程朱理学的集大成者，也是将宋明理学推进到高潮的人，他强调在教育实践中践行哲学体系的基础，朱熹的人性学说继承发展了张载、"二程"的人性二元论，所以朱熹在此基础上构建了一个相对完善的"天命""气质"的人性论体系。当然这里的"性"也包含人性和物性。同样，这种境界本质是一种偏向于精神的"乐"，即审美的境界。此外，朱熹认同周敦颐的"文所以载道"，再次深入阐述了文道之间的关系，"道外无文"是他一直以来所强调的观点。

苏轼美育思想的卓越与深刻受益于他对儒、释、道的全面理解与融合。他对宋代美学做出的贡献，将中国古代美育思想推向了新的高峰。他提出的"寓意于物"并不是简单的赋予物品以意义，而是将人的情感、意境和哲思寄托于物，使之与人的内心世界产生深刻的共鸣。这是一种超越了功利、浮躁的心态，将心境寄托在自然和事物中的人生态度。正如他在《宝绘堂记》中所说："君子可以寓意于物，而不可以留意于物。寓意于物，虽微物足以为乐，虽尤物不足以为病。留意于物，虽微物足以为病，虽尤物不足以为乐。"与此相对的是"留意于物"，这是一种固守、追求功利的心态。在这种状态下，人们容易被生活中的琐事所困，不能真正领略到生活的美好。这种对比体现了苏轼对人生和审美的深刻理解，他鼓励人们超越日常生活的琐碎，真正地去体会和欣赏生活的美好。"诗中有画，画中有诗"是苏轼的审美鉴赏论的经典表述，他认为诗与画是相互渗透、互有寄托的。这种观点实际上突破了传统的艺术界限，强调了文与艺之间的紧密联系。这种融合的思想不仅体现在他的诗歌和书法中，也影响了后世的艺术家和文人。苏轼不仅注重艺术的形式和技巧，更强调情感在艺术创作中的重要性。他的"辞达"说，实际上是对文学创作的情感表达和形式的深入思考。他认为，真正的艺术应该来自内心，是情感的真实表达，而不是简单的形式追求。

随着宋明心学思想的发展，中华美学体现出心理伦理化的价值取向，注重将特定的历史时代的社会秩序和伦理规范植入人的内心中。心学比较倾向于由内而外而不是仅由外部的环境和规范来管理主客观世界，也是顺其自然的。强调"心"的功用就是陆九渊、王阳明的出发点和终点，由内心出发，"心"由己出，自己规定自己，"我固有之"，具有本体论的意义。总体概括为"物"和"心"，"以物观物"和"以我观物"。陆王心学比较强调"心外无物"，突出"心"的能动作用，但要承认世界的存在问题就要承认"物"的存在，这就与"大音希声，大象无形"相呼应了。

王阳明心学的美学思想首先就是强调心外无物、与天地合一的审美精神，也就是重新启发并强调个体自我和世界自我的生命意识。其次是文道合一的艺术境界，揭示文与道的内在统一性，使二者实现一体化。与此同时，王阳明注重儒家思想，在其保持与宋明理学一致的情况下，重视艺术对人的陶冶、净化的作用，如"志于道"，以及召唤人的主体意识，凸显个体价值，对后来的艺术思潮有重要的影响，如"性灵"说。之后还有李贽的"童心"说，体现在空虚状态和情感欲望上，展示人心和表现的状态。再到"顺性"论要求从平等出发，不是说制定标准来服从，而是自然人性的解放和自由发展。王夫之在美育方面的贡献也是不容忽视的，他可以结合事物间的联系来说明美及其形成的过程，自然美的本质是精，人美的本质是神，二者都来源于天，所以也就成就了万物之美。他还认为美育对人的精神有一种激发、升华的作用。

由此可以看出，中国传统的美育观念更加偏重于人的精神陶冶，非常注重教育者由外而内地进行输入，用一种积极的倡导、感化、教化的方式，作用于个体的内心深处，实质上是以理化情。其大致上可以概括为从价值、心理、方法三个维度所展开的理论思考和实践。它一方面肯定了教育伦理化、内敛化，从而更好地培养人高尚的性情；另一方面则过于注重规范化的个体培养，而忽略了对个体心理的解放及其对自由、升华的内驱性诉求。

（二）中国近当代美育观

谈及中国美育的发展，19世纪至20世纪是最具典型意义的。这一时期，在当时的社会背景下，中国学者开始探索现代美育的转向和新的发展。一部分学者积极思考如何通过艺术和美育来提高国民素质和塑造现代化的文化。随着时间的推移，中国近代美育思想逐渐发展成为一种独特的理论体系，并且在不同历史阶段呈现出不同的特点和发展趋势。

1. 准现代形态的美育

与传统的古典审美教育思想相比，近代以来的美育思想逐渐开始对现代性的追求，但都是以西方学术资源为范式。魏源（1794—1857）的美学思想强调了审美教育的重要性，并提出了"美者教化人"的观点。魏源主张通过美育来改善社会道德风尚，认为美育可以提高人们的道德情操和文化素养，对国家现代化和民族复兴具有重要意义。

魏源是中国近代美育的奠基人之一，其在《海国图志》中提出了"师夷长技以制夷"的新思想，鲜明地提出了向西方学习这一重大课题，带来了新的文化启蒙，为中国早期的近代化建设提供了方向性的思想标准，为中国美育打开了新的窗口。他认为："技可进乎道，艺可通乎神。"这不仅是对书画艺术的肯定，更是对美育深度的探讨。他明确指出，书画等艺术教育，不能仅仅局限于"技"的熟练，更应该追求其背后的"道"，体现艺术的真正精神。这无疑为现代的美育理论提供了一种更为深刻的哲学思考，引导人们在美育中追求更为高远的目标。

康有为对魏源的美学启蒙思想进行了继承和发展，他主张通过美育来促进民族现代化和国家发展，他认为美育是一种现代化教育，应该在学校中普及。此外，他主张通过美育来培养学生的审美能力和美感，使其具有良好的品位和文化素养。他还主张将中西方美学相结合，注重个人的审美体验和自由发展，同时关注美育的社会功能和对国家的意义。

此外，康有为还特别强调了美育与实践的关系，主张通过美育来促进人们的实践能力和创造力的提升，把传统的教育思想归结为德、智、体三个方面，其中以德育为重，"德育居十之七，智育居十之三，而体育亦特重焉"。他在《长兴学记》中集中阐释了这一主张。这不仅对当时及后来学校教育内容的革新和发展起到了重大的指导作用，而且他提出的一系列新的美育观点也为中国现代美育的发展做出了杰出的理论贡献。

梁启超几乎是毫无保留地全盘接受了康有为的思想学说。他还协助康有为编写了《新学伪经考》《孔子改制考》这样的重要著作，主张美育应该注重个人的情感和人格发展，通过艺术和文化的熏陶来培养人的道德情操和人文精神。其美育思想最大的突出特点就是注重美育在人类生活中的地位。之所以看重美和艺术，是因为他认为人的情感趣味有价值和意义。为了强调情感教育、趣味教育，探讨真与美、认识和审美的关系，他还专门撰写了《美术与科学》一文。

王国维的美育思想和理论主张主要体现在他的代表作《人间词话》中。他认为，美育应该是以道德为基础的，美的表现形式是一种高尚的精神境界，而不仅仅是形式。他主张将艺术与文化相融合，将中国传统文化与西方文化相结合，以实现美育的最大化效益。此外，他还提出"气质美学"和"诗意美学"的概念，并倡导了"笔墨精神"的表现形式，对中国书法和绘画的美育做出了重要贡献。他通过对《红楼梦》的评论，阐述了艺术的超功利性，强调审美的巨大功能和独立价值。王国维教育思想最大的特色就是以社会政治、伦理道德为基础形成一种规范性的观念。此外，他认为美育是与其他教育方式相辅相成的，最终目标是培养身心健康、全面发展的人。王国维不仅深刻地认识到了美育本身的特性，又并未忽视美育与其他教育方式之间的联系。

2. 现代形态美育的开端

美育的现代化是整个教育现代化进程中不可或缺的一个重要方面，旨在以现代美育的理念探索和实践为出发点，促进中西方美育思想的融合发展。蔡元培倡导的中国现代意义上的审美教育实践具有重要的先导意义。他的美育思想和理论主张主要体现在他的著作《蔡元培教育论集》与《蔡元培美育论集》中。他认为，美育应该是教育的重要组成部分，通过美的体验和感受，可以培养学生的审美情趣和创造力，提高学生的人文素养和综合能力。他主张将美育纳入课程体系，建立独立的美育课程，为学生提供更多的美育实践机会。

此外，蔡元培美育思想跟他的教育背景也是密不可分的。在社会变革和新旧交替以及"西学东渐"时期，中国文化传统与西方文化思潮必然会发生碰撞和交融，因此，中国现代美育自然是中西文化"兼容并包"的结果。蔡元培的美育思想内容很丰富，主要体现为以下三个方面：一是他认为健全人格的培养需要通过美育，而实现美育需通过学校、家庭、社会三方面同时发挥作用。二是他提出了重要的思想论断——"以美育代宗教"。蔡元培认为"以美育代宗教"可以抵御封建迷信。同时，他还强调美育的国际性和多元性，这是在中西方文化融合背景下所进行的美育的本土化实践和探索。三是他认为借美育来陶冶人们的情感，从而提高国民素质，可以使中国成为现代化的富强民主的国家。虽然他的理想在当时没有真正得以实现，但是他的美育思想影响重大。蔡元培将美育的作用概括为两个方面：一是可以引导人自身的人格、情操的培养，提高艺术修养和鉴赏力，形成健全的审美心理结构；二是美育具有重要的社会价值，可以促进社会良好风气的形成。正如他所言："教育者，非为已往，非为现在，而专为将来。"

陈独秀的美育思想体现在《文学革命论》等《新青年》杂志的文章中。他经常论及美育的内容，多次强调新文化的重要性，并认为新文化的建设离不开美的教育。他主张文化自由，反对旧有的束缚和桎梏，其中也包括对于美的自由追求和表达。

鲁迅则强调美育是与社会和人民的现实生活密切相关的，它通过文学和艺术来反映和批判社会的弊病，启迪人们的思想，培养人的情操。

在主张美育的国际化方面，胡适（1891—1962）是最具有代表性的人物之一，他主张美育应该具有开放性，中国的美育必须融入世界美育的大环境中，汲取西方美育理论和实践的先进经验，将其与中国传统美育相结合，形成独具特色的现代美育体系。他还主张美育与艺术实践相结合，通过实践来提高学生的美育素养和创造力。胡适在众多著述，如《胡适文存》中都有对生活、艺术和文学的深入思考。他反对艺术为艺术本身的观念，主张艺术和文学应与日常生活紧密相连，真实地反映人的内心体验。他还强调审美教育在培养人们的情感与同情心中的核心地位，鼓励在日常生活中寻找和体验美。这些观点无疑为现代美育提供了有益的指导和启示，显示了他在美育领域的杰出贡献。他还认为美育应该注重个人的审美体验和个性发展，同时他也关注美育的社会功能和国家意义。

首先，这一时期，中国的美育普遍强调通过艺术和传统文化的熏陶来培养人的感性、理性、道德情操和人文精神，同时关注美育的社会功能和对国家的意义。但在中国美育现代化进程中，传统文化与现代文化之间的冲突和碰撞不可避免，中国美育的发展如何解决"洋为中用"和"古为今用"的问题，还需要继续探索和实践。其次，这些美育思想强调了精神层面的美育，却忽视了身体的美育。如何在美育中结合其他教育方式加强身体素质的培养和锻炼，也是需要进一步探讨和实践的。最后，也存在着盲目西化的倾向，这些都是其历史的局限性。

3. 新的开拓和进步

陶行知是非常重视人的全面发展的教育家，他强调对人的教育要使其德智体美劳全面发展。他还在乡村教育运动时期提出了一些具体的目标。陶行知受美国实用主义哲学家、教育家杜威的影响较大，主张生活与教育的结合，提出"（教师必须具有）健康的体魄、农人的身手、科学的头脑、艺术的兴味、改革社会的精神"，认为人的全面发展的教育应该是这五个方面综合的体现。他还从戏剧教育的角度提出艺术教育。同时，他在创办育才学校时就实践了全面发展教育理念，采用"知、情、意"对应"真、善、美"，"教学做合一"。

丰子恺的美育思想是与美学思想有着较为密切的关系的。在艺术与情趣的关系上，他倡导艺术超功利的态度，进而形成相应的生活态度。他的审美教育核心是艺术教育，强调对待艺术作品应该具有"真"的态度，认为"真"就是"美"。此外，他崇尚和谐完整人格的发展，从"情的教育"开始生成"情育"的意义。同时，他还主张将审美教育、智育、德育结合起来进行相互联系和协作。

朱光潜的美育理论对中国美育事业的发展产生了重要影响，为中国美育的现代化提供了理论支持和实践指导。他的美育理论不仅体现了对传统美学和美育理论的继承和发展，也关注了当代中国美育事业面临的实际问题和挑战，具有很强的实践性和现实性。朱光潜在美育方面的主要贡献在于：第一，把美育理论和实践紧密结合起来，强调只有实践才能检验理论的正确性和可行性。他在《谈美》等著作中通过丰富的实践案例，阐述了美育理论的实践意义和方法。第二，强调美育的独立性和多元性。美育应该具有独立的学科地位，不应该被视为其他学科的附属品。他主张把美育纳入学校教育体系中，建立独立的美育课程体系。同时，他也强调美育的多元性，认为不同文化背景和社会需求下的美育形式都应该得到重视。第三，探讨美育的社会功能和意义。美育不仅应该关注个体的美感体验和审美教育，还应该关注美育的社会功能和意义。美育不仅可以帮助人们更好地认识自己和世界，培养健全的心理和道德情操，也可以促进社会和谐和文化交流。第四，主张将中国传统美学和西方美学相结合，提出了一系列新的美学观点和方法。同时，他也关注当代艺术的发展和趋势，提出了一些新的艺术理论和批评方法。

中国近代美育思想的发展方向是多维的，但总体来说，主要有三个方向：一是强调美育与国家现代化和民族复兴的关系，主张通过美育来提高国民素质和文化素养，为国家的现代化和发展做出贡献。二是强调美育与艺术实践的关系，主张通过实践来培养学生的创造力和实践能力。三是强调美育与国际化的关系，主张将中国传统文化与西方现代文化相结合，推动中国现代美育的国际化进程。

然而，中国近代美育思想也存在一定的局限性，主要表现在以下几个方面：

一是对传统文化的包容性不足。中国传统文化虽然在美育思想中占有重要地位，但是在某些思想家的眼中，传统文化常常被视为封闭、僵化的东西，而不能够真正包容和借鉴其中的精华。

二是对西方美育理论的盲目接受。中国美育在发展过程中受到了西方美育理论的强势冲击，使得有些人在理论和实践中都存在盲目接受的倾向，未能真正吸收其精髓和融入中国本土的文化传统中。

三是实践与理论的脱节。中国美育在发展过程中过度强调实践的重要性而忽视理论的作用，但在实践中往往存在与理论脱节的现象，很难真正地将理论转化为实践。

现代美育思想的发展离不开前人的贡献和启发，也融合了当代社会和文化的特点和需求。现代美育思想的发展具有以下几个方面的体现：美育逐渐与教育整合，成为现代教育体系中不可或缺的一部分。现代美育强调以学生为中心，注重学生的自主学习和自我表达，而不仅仅是一种传统的艺术技能培训。随着美育范围的扩展，以审美为核心的美育实践已不再仅限于绘画、雕塑等传统艺术形式，而是包括了影视、设计、数字媒体等多种艺术形式。现代美育强调多元文化和多样性，推崇开放性和创新性。同时，美育在社会中的作用逐渐凸显，成为社会文化建设和创新发展的重要推动力之一。现代美育强调艺术的社会价值和作用，注重与社会发展和文化传承的结合。

总体来说，中国近现代美育思想主要强调通过艺术和文化的熏陶来培养人的感性、理性、道德情操和人文精神，同时关注美育的社会功能和意义。这种美育理念在中国的教育和文化领域得到了广泛应用，为中国现代化进程做出了重要贡献。然而，由于历史和文化背景的不同，中国近现代美育思想也存在一定的局限性，如缺乏对艺术和美学理论的深入研究，忽视个体的差异和多元性等。这也对中国美育事业的发展产生了较大影响。

三、西方的美育传统

西方的美育思想往往立足于人道主义立场，有关论述也会将其与情感、感性联系起来。西方美育思想的源头可以追溯到古希腊时期，当时的哲学家和教育家开始将艺术和审美纳入教育范畴，认为艺术和审美是人类自我完善和精神自由的关键所在。在西方美育思想的发展历程中，先驱们的思想都各有其特点和贡献，也相互交织、相互影响，形成了美育理论的多元性和复杂性。其大致可以分为发生时期、发展时期、理论形成时期。

（一）发生时期（原始社会至古希腊、古罗马时期）

从原始社会开始，到古希腊、古罗马时期，美育几乎是以一种人类自我培训的方式而存在的，自发实践美育的人的所思所想总是与解决温饱问题有关。在那个时期，美育是带有很强的功利目的的，需要实践美育的人以培养自身能力的训练方式为主，最终获得较强的生存能力和技能。

源于古希腊和古罗马的西方文化必然包含着美学思想和美学观念。众所周知，在西方文学中，除了神话传说以外，其最为重要的文学成就当属《荷马史诗》。在这些史诗中，无论是对美感的表达，还是对英雄人物品质的歌颂，无不体现出古希腊人对"美"的事物的不懈追求。毕达哥拉斯学派的美学观与数理学相关，他们注重"数的和谐"，特别在比例关系上，他们还强调音乐的陶冶作用。在毕达哥拉斯看来，人的内在和谐需要受到外在的影响，而音乐就具有道德教化和情感陶冶的作用，因此音乐是可以净化灵魂的。赫拉克利特则认为这种对立或相反的状态是可以在互相排斥和斗争中产生和谐的。德谟克利特就特别重视人的内在精神修养，培养高尚的美感，始终强调道德教化。苏格拉底偏重于从社会科学的视角探讨美学，认为"德行就是知识"，强调知行合一、真善统一。

雅典是古希腊文化的中心，雅典人一直以来就特别注重文学和音乐所起的教育作用，他们十分重视审美教育。柏拉图（前427—前347）是古希腊哲学家和教育家，他认为艺术的价值在于启迪灵魂和激发创造力。柏拉图提出了"艺术家应当模仿自然，而不是模仿现实"的观点，强调艺术家应该追求完美和真理，而不是追求客观的现实。在西方美学史上，柏拉图非常重视诗艺的教育作用，把美育看作塑造人格的重要手段。

古罗马时期，西塞罗（前106—前43）作为古典共和思想的杰出代表，他的典雅拉丁体促进了拉丁文学的发展，对后世有着至深的影响。在古罗马后期，他在《论善与恶之定义》《论神之本性》中论述到，随着艺术地位的下降，演说和修辞学取代了文艺和美育，成为人们更为关注的问题。西塞罗认为演说的作用很大，他认为教育的最高目的在于培养具备文化素养的雄辩家，他们要掌握足够多的知识和技巧说服听众。在艺术教育上，他强调道德教育的作用，主张艺术是一种表达方式，是人类情感、思想、观念和理想的体现。

亚里士多德（前384—前322）则提倡"自由教育"，他认为美育是一门形而上学的学科，应该以审美体验为核心，通过对艺术品的欣赏和分析培养人的审美能力和哲学素养。此外，他对悲剧情感功能的认识也是一大贡献，提出了"净化"理论，修正了柏拉图对诗艺的偏激态度，他认为模仿是人的天性，可以表现出普遍的共性。他在《诗学》中提出了诗歌、戏剧、音乐和舞蹈等艺术形式的分类和评价标准，强调艺术应该具有"感染性"的效果，即艺术作品能够引起观众的共鸣和情感反应，这为之后的美育研究提供了理论基础。

贺拉斯（前65—前8）作为古罗马优秀的诗人和杰出的文学批评家，在文艺本质问题上，他不仅吸收古希腊的"模仿"观点，还进一步提出"创造"的概念，极为重视诗的审美功能和作用，提出了著名的"寓教于乐"说，认为诗具有教益和娱乐两重功能："诗人的目的在给人教益，或供人娱乐，或是把愉快的和有益的东西结合在一起。"而且，他认为文艺

的教化作用只有借助文艺的娱乐功能才能得到实现。他在《诗艺》中指出:"诗人的愿望应该是给人益处和乐趣,他写的东西应该给人以快感,同时对生活有帮助。"他首次指出:"寓教于乐,既劝谕读者,又使他喜爱,才能符合众望。"他主张文学作品要能给人以快感,对人的生活有帮助,同时能给人以益处和乐趣。这是他综合了柏拉图和亚里士多德的教化和净化思想,在前人基础上做出的重要贡献,且影响至今。

(二)发展时期(中世纪至现代主义时期)

自中世纪以来,统治者和思想家都主张艺术要为教会服务。这源于艺术本身就有强烈的感染力量。文艺复兴时期,思想家和文艺家们开始张扬自由的人性,注重人的审美素养、情趣的培养。由于对人的主体性的强调,因而那时的文学艺术往往成为宣传教育、启蒙思想的重要工具。卢梭带儿童去大自然中感受美、发现美,培养兴趣和爱好;裴斯泰洛齐注重"工艺和艺术"的训练和教育。

中世纪的美育理论主要围绕着基督教信仰和神学思想展开,强调对神圣之美的追求。代表人物包括圣·奥古斯丁、托马斯·阿奎那及圣本笃,他们的著作强调了在修道生活中追求神圣之美的重要性。此外,中世纪的哲学家、神学家和诗人也对美的本质进行了深入探讨,其中最有代表性的作品是托马斯·阿奎那的《神学大全》和但丁的《神曲》。但丁的美育思想带有中世纪的宗教神秘主义,而且他的人文主义思想色彩也很浓厚,强调作品的主题选择善的内容,诗歌在形式上要美,内容上要善,并且可以引起快感,没有将内容与形式进行分裂,而是更多地用美的形式来展现。

西方美育理论自中世纪以来经历了长期的演变,作为古希腊文化的继承与发展,却也有阻碍人性发展的局限,它漠视尘世生活,抑制人的个性,也抑制了美学和美育思想自身的发展,但其中的一些代表人物、作品和观点至今仍然具有重要的影响。因此,文艺复兴时期被视为美育思想发展的一个高峰期。

文艺复兴时期的美育思想更为多元化和丰富。在这个时期，艺术和文化的复兴推动了美育理论的发展，促使人们开始对美的本质进行更深入的思考。其主要指导思想为人文主义，即"以人为本"的思想。代表人物包括拉伯雷、达·芬奇、拉斐尔、米开朗基罗和莎士比亚等。

拉伯雷在其著名的《巨人传》中，展现了他对美育的独特思想。他主张应根据儿童的兴趣和爱好教育他们，而不是强加于人的教条。他坚信每个人都有自己的个性，教育应该鼓励这些个性的发展而不是抑制。这种以学生为中心的教育理念，对后来的教育实践产生了深远的影响。同时，他还强调音乐、美术和文学艺术的教育，认为这些都是对人类精神的一种丰富和提升。达·芬奇是位天才的画家、雕塑家、建筑师、发明家和科学家，他的美学思想同样深刻。他强调绘画艺术与其他艺术门类的不同，认为绘画可以直观、准确地展现自然万象，不受语言和地域的限制，而文学则是语言的艺术，有其独特的魅力和价值。他的观点实际上是对文艺复兴时期人文主义重视人的个性、追求真实和自然的思想的反映。莎士比亚是文艺复兴时期最为卓越的文学家。他的早期剧作，如《理查三世》《仲夏夜之梦》等，展现了他对人类自由、爱情和勇气的赞美。他笔下的女性形象，如《威尼斯商人》中的波西亚、《第十二夜》中的奥利维亚等，都是冲破封建束缚的女性形象，这些作品在赞美自由恋爱的同时，也批判了封建禁欲主义对人性的压抑。但他的中期作品的调子逐渐转为沉重。他开始关注社会的黑暗面，并通过《哈姆雷特》《奥赛罗》等作品，对社会的种种罪恶进行了尖锐的批判。

启蒙运动时期，法国哲学家卢梭和德国哲学家康德在其著作中强调审美经验和审美感受的重要性，同时提出了美学与伦理学、政治学的联系。现代主义时期，法国诗人马拉美和美国画家波洛克等人开始探索艺术的本质和意义，并提出了抽象表现主义和行动绘画等新的艺术形式。

笛卡尔主张审美是一种理性的活动，美育的目的是通过美的享受发展人类的理性和智慧。他认为美是一种可被科学理性解释的东西，并且强调艺术的重要性，认为通过艺术作品的欣赏和创造可以促进个体的理性和创造力发展。在笛卡尔的思想中，审美经验是一种独立于其他经验形式的、能够产生自身价值的经验。

以康德的《判断力批判》和黑格尔的《美学》为代表，也对美的本质进行了深入的探讨。在《判断力批判》中，康德强调审美经验和审美感受的重要性，认为美的感受是一种自由的感受，是与理性和实用性无关的纯粹经验。艺术的目的在于展现美的形式和表现力，而不是传达某种实用性的信息。

康德主张审美经验是一种独立于功利或实用价值的纯粹经验。他认为艺术是一种自足的价值，具有独立于其他领域的美的特质，也具有一种普遍性和客观性。同时，康德将美育和道德教育结合起来，认为美育是一种可以培养个体道德感受和道德责任的手段。康德对美学和美育的思考对后来的美学和美育理论都产生了深远影响。

歌德的美学理论来源于丰富的艺术创作实践和经验。他认为艺术源于自然又超越自然，艺术作品要能够凸显个性特征，艺术的最高成就是风格。相比于歌德，席勒更加偏向于抽象而又理性的美学观。在《美育书简》中，他致力于倡导美学教育，培养高尚人格。对他来说，美学不仅仅是探究美的本质、艺术创造的结构，分析人的美感的来源，更是一门科学，是可以开启人之本性的学科。所以席勒的美学不仅仅是具有理论意义的，而且是探讨人之存在的哲学思想。席勒认为，艺术不仅仅是物质和形式的表现，更是人类精神和本质的外化。从这个角度来看，艺术不仅仅是工艺，更是一种精神的体现，是人类对自身存在和理解的一种方式。这使得艺术成为人类自我认知和文明进步中不可或缺的一部分。席勒进一步指出，艺术是一个将真、善与美融合的创造过程。这不仅仅是对艺术内容的探讨，更是对艺术形式和技法的要求。真实的、善良的内容，通过艺术家的巧妙手法，转化为美的形象，为人们带来审美的享受。而在这一过程中，艺术的审美外观显得尤为重要，它是艺术与观众沟通的桥梁，使人们能够在欣赏的同时，深入理解作品背后的意义。

席勒在《美育书简》中提出的"游戏冲动"是其对人类本性的独特见解。他不仅仅认为人由感性和理性构成，更进一步指出了第三种冲动，即游戏冲动。在席勒看来，艺术与美是这种游戏冲动的最好载体，它可以协调人的感性和理性，使人达到一种和谐的状态。他的这种观点实际上是对艺术的审美性和自由性的一种深入剖析。席勒看到了艺术中那种深层次的、净化人心灵的力量，也看到了审美教育的重要性，认为它能够实现人的精神解放，使人获得真正的自由。

黑格尔在《美学》中对艺术的定义是"真理的感性显现"。这种定义实际上是对艺术的高度赞美。在他看来，真正的艺术并不仅仅是一种娱乐或者游戏，还能够使人们从现实生活的束缚中解脱出来，看到真正的、永恒的真理。黑格尔深知，只有通过艺术，人们才能真正地感受到生活的美好和意义，也只有艺术，才能真正地实现人的精神解放。对黑格尔来说，美的感性显现是人类追求真理的一种方式，是人们走向完善和自由的一条道路。

总体来说，西方美育理论自中世纪以来的发展经历了由基督教信仰和神学思想引领的中世纪时期，到以艺术和文化复兴为代表的文艺复兴时期的发展，逐步深化和扩展了对美的本质和价值的认识。这些美育理论和思想不仅推动了西方艺术和文化的发展，也对世界范围内的美育理论和实践产生了深远的影响。

（三）理论形成时期

18 世纪至 19 世纪，西方美育思想除了德国古典美学大放光彩，还有俄国以车尔尼雪夫斯基为代表的现实主义美学、德国以里普斯为代表的"审美的移情说"、意大利以克罗齐为代表的"艺术创作与欣赏相统一""直觉即表现亦即艺术"等美学流派与学说，丰富了同时期西方美学和美育发展的内涵。

古典美学高扬理性的态度，将审美教育推到了极高的地位。康德深入探讨了人的心灵构成，认为人有一种特殊的判断力，即审美判断力。

他试图将审美能力和实践结合起来，使之相互补充、共同发展。这种认识为后来的席勒提供了思考的基础。席勒在康德的影响下，更进一步提出了审美教育的观念，认为审美教育能够使人从自然状态提升到自由状态。在席勒看来，审美教育不仅仅是对艺术和美的教育，更是对人的教育，对人性的升华。而黑格尔则更进一步，他认为审美教育的最高目标是人的解放。在他的眼中，"自由是心灵的最高定性"。审美教育是一种解放心灵的过程，是一种使人追求真、善、美的过程。

在俄国革命民主主义和现代美学时期，审美教育的观念得到了进一步的推广和发展。思想家和文艺理论家，如别林斯基、车尔尼雪夫斯基、杜勃罗留波夫等人，都把审美和美的观念与现实生活紧密结合起来。他们提出了"美是生活"的观念，强调审美和美的实用性，认为教育是通向自由的最佳途径。他们的思想不仅仅局限于艺术和美学领域，更深入社会、生活的各个层面，认为"凡是有利于生活的，能够充分显现生活的就是美"。

别林斯基认为应该贯穿人道主义思想，把人作为一个完美的人。对审美教育的根本问题，如何发挥社会作用、教育功能，艺术应该肩负起自身的责任和义务。因而他十分重视文学艺术的教育作用，将其视为"社会的家庭教师"。此外，他很注重审美能力的特点和重要性以及此种能力的培养，还将历史批评和美学批评进行结合，要求公平客观地看待审美评价。车尔尼雪夫斯基提出"美是生活"的命题，其中阐述了艺术与现实和审美能力的关系。叔本华认为应该通过抛开功利的目的培养审美意识，让主体的意识进入一种真正的纯自然的自由状态，他把音乐作为最直接和高级的表现形式。尼采称美是"外观的幻觉"，美感是一种错觉。里普斯和谷鲁司的"移情"说更是将感觉、情感作为对美感产生影响的因素摆到了重要的位置上。

此外，以丹纳、斯宾塞、苏珊·朗格、克罗齐、弗洛伊德、荣格等为代表人物的现代派美育思想也对美育的实践和理论建设具有重要影响。丹纳是以种族、环境、时代的三大因素来探讨艺术的本质的，他认为艺术是"各个部分之间的关系",一切艺术的目的都在于表现一个主要特征,而艺术作品则是时代精神和周围的风俗,是一种"精神的气候"。斯宾塞在《教育论》中关于智育、德育、体育等的论述,在其艺术进化论中探讨了有"永恒活动的力",他倡导实用主义的科学教育,主张在相关课程设置体系中涉及实践的内容。苏珊·朗格认为情感就是艺术形式,注重情感的地位和作用。克罗齐则认为"直觉即表现""艺术是直觉和表现的统一""美就是表现",强调人的主观能动性,进一步探索了艺术创作主体的独特地位。弗洛伊德和荣格都是从精神分析角度来阐释艺术现象和美学表现,弗洛伊德认为艺术创作和审美活动可以使人获得缓冲和满足,促进人性升华,起到美育作用,帮助人达到较高的审美境界,实现个体人性美与社会和谐美的平衡统一。荣格提出"集体无意识"、抽象与移情等著名观点。

与叔本华、尼采、弗洛伊德等以意识和无意识为审美活动的心理机制不同,马克思、恩格斯的光辉思想成为划时代的无产阶级美学理论和美育思想的杰出代表。他们提出的"劳动创造了美"是一条颠扑不破的真理性认识,并基于实践观和唯物史观为美学研究和美育实践指明了方向。

虽然马克思和恩格斯都没有关于美学、美育的专著,但在其有关著述中提出了许多很有价值的美学和美育观点,对后世的美学和美育均产生了重要而深远的影响。这些论述"大都渗透和融合在他们的哲学、经济学、历史学和科学社会主义的著作中,或直接评论作家作品,或引用文艺作品来证明自己的理论观点,或对这些重要艺术史论问题给予科学的阐释。这些表面看来是零散的、没有系统的见解,实质上却贯穿着统一的、完整的科学世界观"。

从审美实践观和科学唯物史观出发,马克思和恩格斯提出了著名的"劳动创造了美"的论断,所以两人是十分注重审美实践的,要求美育与劳动相结合且需要按照"美的规律"来实施。此外,马克思也有关于艺术本质的重要论述,他把艺术看作与理论、宗教、实践具有

同等地位的一种掌握世界的独特方式，体现了人的本质力量对象化。同时，马克思、恩格斯在文艺批评方面同样运用了美学和历史的观点作为原则和标准。马克思和恩格斯的美学观点强调了艺术作品中反映出的社会关系和阶级矛盾。他们认为，艺术作品不是孤立的、超越时间和空间的东西，而是反映了一个特定社会和时代的社会关系和阶级矛盾。他们强调艺术作品的社会价值和作用，认为艺术应该为人民服务，为社会进步做出贡献；还认为美育应该是人民的普遍需要和权利，应该为全体人民服务。他们主张美育应该是一种自由的和全面的发展，美育能够培养人的感性和理性，培养人的审美能力和创造力，让人们理解和认识世界的本质。

　　马克思和恩格斯的美学和美育观点紧密相连，都强调了艺术和美育的社会价值和作用。然而，马克思更多地注重社会经济结构对艺术的影响，强调艺术作品反映阶级矛盾和社会关系，而恩格斯则更多地关注艺术作品本身的形式和结构，强调艺术作品的美学价值和艺术规律。马克思和恩格斯的美学和美育观点对后世的美学和美育领域产生了深远的影响。在艺术领域，这些观点推动了艺术的社会批判和反抗精神的张扬，促进了现代艺术的兴起和发展。在美育领域，这些观点为教育改革和艺术教育提供了理论基础，推动了以人民为中心的教育思想的发展。

　　随着现代社会的发展，西方美育思想也面临着一些局限和挑战。其中一个主要问题是美育的普及和公平性问题。在一些发达国家，以美术教育为主的美育仍然是高档私立学校的专属领域，而在一些贫困国家，大部分学生甚至都没有接触到基本的美育。此外，由于现代科技的发展和媒体的普及，艺术和文化的多元性也变得更加显著，传统美育观念的适应性和包容性也面临着新的挑战。

　　尽管如此，西方美育思想仍然具有其独特的贡献和价值。一方面，西方美育思想强调了审美经验的重要性，提高了人们对艺术和文化的敏感性和欣赏能力，促进了个人的精神成长和发展。另一方面，西方美育思想还强调了艺术和文化的社会功能和意义，提醒人们要以更加开放、包容和多元的视野看待艺术和文化，认识到它们对社会和人类发展的重要贡献。

总体而言，西方美育思想在促进个体的审美素养和创造力方面取得了显著的成效，也为社会和文化的发展做出了贡献。但是，其美育理论也存在一些局限和问题，如对审美价值的主观性和相对性的认识，以及对不同文化和历史背景下的审美差异和多样性的忽视等。因此，未来的美育研究需要进一步探索这些问题，并不断地完善其理论和实践。

第二节　大学美育的特征

美育是一种重要的教育形式，通过艺术体验，教育者可以激发学生的创造性和想象力，增强他们的审美意识和文化素养。在现代社会，美育已经成为学校教育的组成部分，更成为大学通识教育的重要内容。作为大学通识教育的美育具有直觉、情感、愉悦的三大特征。

一、直觉特征

（一）直觉特征的定义溯源

美育注重直觉体验，通过"五感"的感知和情感的感受进行教育。教育者通过展示艺术品、讲解艺术创作技巧等方式，让学生通过视觉、听觉、嗅觉、味觉、触觉等感官来感知艺术，从而产生共鸣和情感体验。美育的直觉特征可以激发学生的感性认识和想象力，培养他们的审美观念和审美能力。

美育的直觉特征源于人类对美的感知与认识过程中的直觉体验。在人类最初的文化活动中，美的体验是建立在直觉基础上的，即人们通过感性认识，从直接的感官刺激中体验到美的存在。直觉在这个过程中发挥着重要的作用。美育的发展始终贯穿在人们对艺术和美的感性认识和

追求的历程中，因此美育的直觉特征总是体现在美育的具体实践中。这种特征在很大程度上源自美学的认识论基础。

在西方美育史上，直觉被认为是美学理论和美术教育的重要基础。早在古希腊时期，哲学家亚里士多德就提出过"感性认识优于理性认识"的观点。他认为，人们通过感官对外部世界的直接感知，可以获得更为直观、丰富、全面的认识，而理性认识则是在感性认识的基础上发展起来的一种较为抽象、概括的认识方式。在美育领域，这种观点被广泛应用，强调美育应该从感性的层面上引导学生感知和领悟美，而不是仅仅停留在理性的层面上进行抽象的概念学习。

18世纪，德国哲学家康德提出了有关审美体验的理论，认为审美体验是一种无法通过概念或概括表达的直觉体验，它只能通过感性体验来获取。19世纪，德国教育家福禄培尔也将直觉视为教育中的关键因素。他主张，教育应该基于儿童的直觉和自然的探索，而不仅仅是成人的指导或纯理论的教授。这种教育观念在当时是相当具有革命性的，为后来的进步教育运动提供了理论基础。他的教育理论强调学生通过感官的直接体验来了解和感知世界，而不是仅仅通过理性思考或者传统的教育模式。他还提出"看与感"的教学法，强调通过直觉感受培养学生的审美能力。福禄培尔的这一观点深刻影响了当时的美育，促使美育从纯粹的知识传授向感性体验的引导转变，从而更好地培养学生的美感和审美能力。在现代，美育的直觉特征依然占据着重要地位。当代的美育强调通过直觉体验美来激发学生的情感共鸣和美感认知，如美国的艺术教育领域不断提倡"看到、感知到"的美育方法，即通过对艺术作品的直观感知和理解激发学生的情感体验和审美感受，这种教育方法在美育实践中取得了很好的效果。

在中国，美育的直觉特征也有着深刻的历史渊源。古代儒家强调"观察""体察"，即通过感性体验认识事物，这种感性认识的过程也体现了直觉的作用。清代学者郑板桥提出"以目观物，以心领神"的艺术理论，也强调通过直觉感受领悟艺术的真谛。

在对大学美育的研究中，笔者发现其具有明显的直觉特征。人们在面对某些事物或现象时，可以通过直觉感知其中所蕴含的美感，并且能够迅速地产生一系列的联想和想象，从而将自身的情感融入其中，最终形成一个完整的认知结构。这一过程被称为直觉思维。从某种意义上讲，直觉可以被视为人类认识世界、改造世界的重要手段之一，同时直觉也是促进学生全面发展的必要能力。

对美育而言，人们可以从两个方面理解：一方面是"美"本身，另一方面则是"美"所带来的影响和作用。在这里，"美"主要体现在"美育"上。而"美育"又包含了很多内容，如绘画、音乐等，这些都属于美育的一部分。因此，要想深入理解美育的本质，就必须将其与实际情形相结合，以便更好地把握它的实质。因此，在研究过程中，人们应该以"美"作为主线，通过分析相关文献资料，并且借鉴其他学科的一些方法和经验，最终得出结论——美育具有直觉特征。所谓的直觉是指不需要经过深思熟虑，而是依靠自身的感知做出判断的能力。

比如，当人们看见一个女孩时，会觉得她很漂亮，这是一种直觉反应。但如果仔细观察，发现她并不符合大众眼中的美女标准，这时候人们可能不会再继续欣赏她，甚至还会对她产生厌恶之情。由此可见，直觉也有一定的局限性，它会受到个人主观意识的影响，有时候还存在着偏差。那么，如何能够让直觉发挥积极的作用呢？那便是提高美育的质量，使得美育能够满足社会发展的需求，同时能促进大学生全面健康成长。

（二）直觉特征的表现和意义

1. 发展独特的直觉洞察力

通过直觉这种方式，教育者可以帮助学生发展独特的直觉洞察力。直觉洞察力和推理能力不同，虽然它们并不依赖于抽象概念，但是蕴藏了一种通过想象理解的力量。譬如，画家们总会使用积极的眼睛思维"洞察客观"。用马蒂斯的话来说："显然，自身正是一项具有创新性的

事业。"塞尚曾赞扬莫奈说："莫奈只有一双眼睛，可那是一双多么敏锐的眼睛啊！"这句话突出了莫奈对自然光线和色彩的精湛捕捉能力。但是如果认为莫奈或塞尚仅仅注重画面的物体或表面现象，这种理解是不全面的。他们的作品所展现的不仅仅是物体的表面特征，更是他们对自然、光影和色彩之间复杂关系的深刻理解。真正的艺术洞察力并不是简单地复制现实，而是能够捕捉到其内在的情感、动力和真实感受。在教育学生时，教师确实应该强调提高他们的洞察力，教会他们如何看到事物的深度，而不仅仅是表面。尽管他们能通过直觉洞察力抓住事物的基本特征，但他们只观察图上的物体，或从各个物体的片面特征上认知，看不到物体内部的彼此联系。学生的直觉只是对物体的表面现象的了解，并不能深刻而完整地加以了解，因此必须始终坚持提高他们的洞察力。

2. 培养创造力和独立性

通过选择性的美育艺术实践，教育者可以培养学生的创造力和独立性。直觉的选择性在美育和艺术教育上都具有独特的意义，它也成为构成画家们艺术观念风格和艺术个性的基础。赫伯特·里德曾指出："整个艺术史是一部关于视觉方式的历史，关于人类观看世界所采用的各种方法的历史。"而观看只是一种方式、一个方法，是人类对世界所有现象的部分理解，又或者是人类对世界某种事物的部分的概括。譬如，不同类型的画家，都拥有属于他们自己独有的作品形式和直觉的创作方法，用自己的选择形式表现自己的作品，并传达自己的创作理念。他们经过不断的探索与摸索，才能创作出一部伟大的作品。这需要通过精心设计的作品形式，并在纸张上不断尝试与改变，以获得最佳的整体效果和局部的颜色、笔法与质感。每个细节都取决于艺术家的直觉，所有在图纸上的改变与探索都是依据直觉的结果。因此，接受美育的大学生在参与美育实践活动时能够自觉地根据直觉做出选择、改变和探索，从而产出具有"个性化"特征的创作。

3. 培养视觉意象和表现能力

直觉思考是指在整体上思考事物问题的方法，它是人们利用自己的认知经验，或利用丰富的想象大胆而敏锐地做出假设，从而省去细枝末节的推测或判断，最终形成对事物的本质认识，具有一种"跳跃式"的特点。这种思考虽然看似是一种短暂的思考，实则是通过长期沉淀后的精神升华。此外，这样的思维方式还可以培养人们创造性的视觉表现能力。

直觉思维是一种基于对研究对象整体把握的思维方式，它非但没有注重细致的推敲，反而具有不解释性和无意性，这也就使它的思考方法变得更加丰富多彩、发散力强，从而使人的认知结构向外无限地拓展。由于这种思维方式有着不解释性和无意性的特点，因而往往会因其异于常人而有助于创新。在艺术创作中，直觉思维具有不可替代的作用，它是艺术思维中最活跃、最直接、最富于创造性的思维方式。它与逻辑思维等基本的思维方式相辅相成，共同完成艺术创作实践活动。

4. 充分发挥师资作用，正确引导美育直觉

教师是推动学校美育事业蓬勃发展的关键因素。由于美育的直觉特征本就属于难以捉摸的对象，如果仅仅靠学生自己体会必然困难，这时候就需要有领路人的引导，所以高校要加强美育教师队伍建设，充分调动美育教师的积极性与创造力，这是促进学校美育建设和发展以及大学生人格完善的必要保证。因此，高校必须建立健全美育机构，并设置相应的激励机制和评价机制，以推动教师的专业化成长。高校应重视美育教师的地位和作用，在师资的职称评定、教学考核、研修培养等方面给出政策依据和支持。同时，在美育活动中，由于高校教师既是科学知识的传授者，也是艺术活动的参与者，又是美育实践的组织者，因此，高校必须充分发挥他们的主观能动作用，让他们深刻理解和把握美育的直觉特征，正确引领学生参与美育实践并促进人格完善。

美育的直觉特征对美育有着深刻的影响。它强调个体的感性体验和独立的主观思考，可以激发学生的创造性和想象力，培养学生的审美情趣。通过直觉感受艺术，学生可以更深刻地领悟艺术的内涵和意义。同时，美育的直觉特征也决定了美育必须体现情感性和人文性，它不仅培养学生认知美、感受美、创造美的能力，也为学生的人格、情感和社会价值观的形成给予引导和助力。

然而，对美育的直觉特征的认知和感悟因人而异。这就导致了美育的个性化难度，美育教师需要在教学中对学生的直觉特点进行细致的观察和把握，为每位学生提供个性化的美育。同时，直觉也容易受到主观因素的干扰，对一些新的、不熟悉的事物，直觉容易受到先入为主的观念、文化背景、社会环境等因素的影响，从而产生偏见和误判，这就需要美育与其他学科相结合，使学生在不断学习中逐渐扩大自己的知识面，提高自己的审美水平。

此外，直觉特征有时也会产生一定的矛盾和冲突。在某些情况下，美的直觉会与实用、功利等价值观发生冲突，如在某些经济利益与文化价值之间的选择上，一些人可能会更加看重前者而忽视后者。而美育，应该注重培养学生的审美情趣，但也需要考虑将审美与实用相结合，从而更好地服务于社会和人民群众。

总之，重视美育的直觉特征是美育的必然要求，是培养学生审美情感、提高其审美水平的重要手段。同时，教师也应该认识到其局限性，注重在美育中与其他学科相结合，以更加全面和科学的方式提高学生的美育素养。

二、情感特征

（一）情感特征的定义和溯源

美育注重情感体验，通过情感体验达到教育目的。艺术品可以引起人们的情感共鸣，触发人们的情感反应。美育通过让学生从艺术品中感受美的力量和情感表达，让他们了解和认识世界，加深对自身和周围环境的认识，激发他们的创造性和想象力，培养他们的情感素养和社会责任感。

自古以来，人们就已经认识到艺术对人类情感的影响和启迪作用。在中国传统文化中，情感教育一直被重视，而艺术则被视为情感教育的重要手段之一。例如，古代文人雅士常常通过诗词、绘画等艺术形式表达情感。这一传统观念在中国美育思想中得到了延续和发展，如教育家陶行知曾经提出"以感为先""以情入境"等思想。

在西方，情感教育也是美育思想的重要组成部分。早在古希腊时期，哲学家亚里士多德就提出了审美体验具有情感反应的特点，他认为美好的艺术品会引起观者的快乐和愉悦感，还能够激发观者的同情心、恐惧感、悲痛感等情感反应。这种观点对后来的美学发展产生了重大影响。在中世纪以前，欧洲主要是通过宗教艺术表达和启迪人们的情感。而到了文艺复兴时期，艺术逐渐从教堂走向城市和民间，艺术家们开始注重描绘人性、情感和生活的真实面貌，同时强调作品应该能够引起观众的强烈情感反应。例如，意大利文艺复兴时期的画家拉斐尔就注重通过画面传达情绪和感情；米开朗基罗的雕塑《大卫》就展现了强烈的情感表现力，他的作品是一件艺术品，更是一种能够激发人类情感的媒介。此外，文艺复兴时期的画家们也广泛运用了明暗对比、颜色对比等手法，通过对观众情感的刺激来强化作品的表现力。

随着时间的推移，情感特性在美育中的重要性也越来越受到重视。尼采提出"艺术即生命"的观点，强调艺术的作用在于让人们感受到生命的深刻意义，激发人类情感和意志的表达和追求。此外，20世纪的心理学研究也证实了情感对人类认知和判断的重要性，情感的刺激能够增强人类的记忆和注意力，也能够促进人类的自我理解和情感交流。

在美育实践中，情感特征的应用也得到了广泛的认可和运用。例如，一些现代艺术家通过自己的作品表现内心的情感状态，如荷兰画家凡·高在自己的作品中表现出的孤独、沮丧和痛苦等情感状态，引起了观众的共鸣和思考。此外，一些文化和教育机构也利用情感特征提高观众的参与度和体验感，如在博物馆和艺术展览中设置交互式的展示和演示，让观众通过身临其境的方式感受艺术品所传递的情感和信息。

（二）情感特征的表现和意义

1. 提升文化与专业素质

美育可以帮助学生深入理解现实，分析历史，培养他们敏锐的观察力、丰富的想象力、创造性的思维能力和创造意识，从而提高学生的文化素质和科学素质。在一个人成长发育的过程中，美育中的情感一直占有很重要的地位，因为人类对美的向往能够使自己更加敬畏大自然、尊重自己、反省自己、发展自我。人类对美的向往能够进一步增强人类的审美意识，从而陶冶高尚情操，激发人们关心社会、热爱生活的热情，从而提升人的社会格局。而随着当今社会的发展，情感的含义也越来越丰富多样。对人类而言，淡定的态度、踏实的精神、丰富的智慧，这些都是美的，也是充满情感的。因为它们能够给予人类一个快乐的人生和幸福的生活，可以满足人们生活的基本需求，还可以帮助人们完善自身，让自身发展得更好。

在进行教育时，教师需要对学生进行引导。而在这一过程中，教师与学生之间会产生一定程度上的情感交流。不言而喻，美育具有强烈的情感性特点，并且这种情感是一种较为特殊的情感。在开展相关活动时，教师要能够充分发挥自身的作用，让学生能够积极参与其中，这样才能使得整个课堂氛围更加和谐、活跃。也只有这样，才能有效提升学生学习的兴趣和热情，从而促进其全面发展。另外，在实际教学过程中，教师还应对学生的情感变化情况加以重视，因为这是判断学生是否掌握了相应知识以及技能的一个重要标准。所以，在具体实施美育教学时，教师必须加强对学生情感方面的关注，以此确保最终取得良好的效果。除此以外，在进行美育教学时，教师还应当注重对学生的情感的培养，这样才能保证学生真正地喜欢上这门课程，并且主动投入更多精力自主地学习。

2.充分发挥情感特征，做到以学生为本

实施美育需要将其与情感活动紧密联系，因为只有当学生具备一定的情感基础后才能够更好地参与美育活动。因此，在开展美育工作时，教师要注重对学生情感方面的引导，使得学生能够通过学习感受其中所蕴含的情感内容。而且，教师也可以从这一角度出发，利用不同的方式激发学生的兴趣，让他们能够积极主动地投入美育教学之中。同时，在这个过程中学生还能够获得良好的体验感以及成就感等，这样一来便能够有效提升美育效果。另外，美育评价不仅仅是针对学生是否掌握了相应知识或者技能，更多的则是关注学生在整个过程中所表现出的态度、情感及价值观等，以此作为衡量标准，并结合具体情况制定合理的措施，才能确保顺利实现最终的目标。因此，教师在实际开展美育工作时必须重视情感因素，这是非常重要的一个方面，应该引起高度重视。除此以外，在对美育进行考核时，评价者不能仅仅依据一些数字化的指标，还应该站在学生的立场上考查其共情效果，真正做到以学生为本。

随着现代美育理论的发展，情感教育逐渐成为美育中不可或缺的一部分。现代美育理论中的情感教育强调培养学生的情感体验和情感认知能力，使学生能够理解和表达情感，同时具备一定的情感调节能力，以更好地适应社会和生活的挑战。此外，情感教育还能够培养学生的情感素质和情感价值观，促进学生全面发展。

然而，情感特征在美育中的体现也存在各种特殊情况。首先，情感特征容易受到个人经验、文化背景和时代背景等因素的影响，可能存在对情感理解的偏差和误解。其次，情感特征也容易被滥用和过度强调，如一些商业活动中利用情感特征吸引大众的注意力和情感，从而影响了艺术作品的原本意义和价值。因此，在美育实践中，教师需要根据具体情况综合运用情感特征，切实考虑学生的需求和作品的本质特征，以实现美育的真正价值和效果。

三、愉悦特征

在现代社会，美育除了直觉特征和情感特征，另一个显著特点则是愉悦特征。美育活动应该是愉悦的、令人愉快的，能够带给人们快乐和享受，这也是美育活动受到欢迎的重要原因之一。美育不仅涵盖了绘画、音乐、舞蹈、戏剧等多种艺术形式的实践活动，也融合了许多新的教学方法和技术，如多媒体技术、数字化教学等，这让美育更加丰富多彩。

美育注重愉悦体验，从而激发学生的学习兴趣和积极性。美育的目的不仅是培养学生的艺术素养，也是提高学生的综合素质，包括情感素质、人文素质、思想素质等。愉悦体验可以帮助学生积极投入美育活动中，使他们更好地融入社会和世界。

（一）愉悦特性的定义和溯源

在对美的探索中，学者们发现了一个非常有趣的现象：人们往往会把美与快乐联系起来。这种联系不仅体现在人们的日常生活中，也体现在教育、艺术等领域。比如说，当提到旅游时，很多人会想到"游山玩水"，而提到音乐则会想起"优美动听"。同样，当提及美育时，很多人会联想到"陶冶情操""净化心灵"等词语。由此可见，美是一种令人愉快的体验。那么，什么才算是真正意义上的美呢？从本质上讲，美是客观事物所具有的属性，但由于每个人的审美观念不同，因此他们眼中的美又存在着差异。一般而言，美可以分为自然美和社会美两种基本类型。其中，自然美主要指大自然的美丽景色以及各种生物的千姿百态；社会美主要包括政治、经济、文化等方面对人类有益的价值。无论是哪种类型的美，都能给人以美感享受，让人感到心情舒畅。所以，美作为一种主观感受，其本身就具备一定的愉悦功能，这是美最基本的特征之一。美学研究所涉及的艺术美则是一种对人类而言最为直接的美感体验，其实它是可以归入社会美的范畴的。

历史上，美育的发展经历了多个阶段。人类对美的追求可以追溯到远古时期。早期的艺术作品以描绘自然景色和动物为主，如新疆和田洛浦遗址的壁画和陶器。在古代中国，美育主要以儒家经典为基础，强调"诚意正心，修身齐家"，旨在培养人的品德和素养。随着人类社会的发展，艺术和美学也逐渐成为独立的学科。在古希腊和古罗马时期，美学理论开始形成，柏拉图、亚里士多德等人的著述被广泛传播，影响了后世的美学思想。文艺复兴时期，艺术家们开始追求真实、逼真的表现，人体解剖学和透视学的发展也为艺术的发展带来了新的可能性。

到了现代，随着社会的进步和文化的多元化，美育的形式和内容也在不断地变化和更新。当代的美育活动已经不再局限于传统的美术、音乐等艺术形式，更多地融入了科技和互联网等现代元素，如数字艺术、虚拟现实、智能音乐等。而这些新兴形式的涌现也为美育的发展带来了更多的机遇和挑战。

（二）愉悦特征的表现和意义

实际上，美育的愉悦特征也与其在现代社会中的价值密切相关。随着社会的快速发展和生活节奏的加快，人们面临着越来越多的压力和挑战。而美育活动作为一种愉悦和放松的方式，能够帮助人们缓解压力，减轻负担，提高生活品质。此外，美育还有助于培养人们的审美能力和创造力，为人们的学习、工作和生活提供更多的可能性。

1. 促进人身体素质和心理素质的发展

美育，就是通过使受教育者了解现实世界里的美的东西以及先进典型的事迹等方式实现教育感染的目的。受教育者在认识美丽的东西感受愉悦后，他们的思想情感、心灵感受、品德以及人格也在潜移默化地被感染，使他们得到美的滋养。在当今这种以学生分数和成绩为重要评价标准的年代，愉悦特征有利于提高他们的审美兴趣，有利于促进他们完善个性和人格，进而促进他们的全面成长。

2.最大化利用愉悦特性促进学生积极参与美育实践

在对美育进行研究和实践时,教师需要将其放在整个社会环境中实施。因此,要想实现大学美育的进一步发展,首先就应该从学校、教师以及学生这三个方面入手,通过不断的完善和创新,为大学美育提供更好的环境,提升学生的愉悦度。比如,高校可以定期组织一些关于美育的讲座或者培训班等,让更多人获得美育知识;也可以举办一些与美育有关的比赛或活动,以此激发大学生参与其中的热情,使他们能够主动地、开心地学习和探索美育知识,从事美育实践。除此之外,高校还应该重视校园文化建设工作,加大对美育的宣传力度,这样才能营造良好的美育氛围,促进美育事业的健康发展。另外,在实际教学过程中,教师不仅要教授大学生一些理论知识,也要注重培养他们的审美能力,注重他们的愉悦感受,引导他们树立正确的审美观。同时,教师还要鼓励学生多多参加各种各样的活动,如艺术节、音乐节等,使他们在提高人文综合素质的同时,也得到愉悦的审美体验。

3.美育在高校中的地位和意义

随着时代的不断进步,美育逐渐成为高校教学工作中不可或缺的一部分。尤其是近年来,国家大力提倡素质教育,并将培养德智体美劳全面发展的人才作为教育目标,这使得美育越来越受到重视。与此同时,我国教育部门还制定了相应的标准,以衡量学校开展美育活动的情况。这些标准通常被称为"美育质量评价指标体系"。通过分析相关数据不难看出,当前我国大部分地区已经建立了较为完善的美育制度,且取得了良好成效。然而,仍有部分地区尚未形成系统化、科学化的美育机制,导致美育效果不尽如人意。基于此,各高校应该充分认识美育的重要作用,结合实际情况积极探索有效措施,努力提高自身的美育水平,促进学生身心健康成长,进而提升整个校园的精神面貌。

在现代社会中,美育的愉悦特征还体现在其推广和普及的过程中。不同于传统的教育方式,大学美育一方面注重培养学生的兴趣和创造力，引导学生通过自我发掘和探索体验美的乐趣，另一方面需要从文化和社会的角度进行思考。在当代，全球化和多元文化的趋势使得大学面临着跨文化交流和理解的挑战。这时，大学美育应该强调多元文化之间的交流和互动，并通过艺术作品来探索文化差异和相似之处，增进跨文化的理解和交流。另外，大学美育也需要关注社会问题，例如环境问题、性别问题、种族问题等。在这些问题上，大学美育应该通过艺术作品引起人们的关注和思考，从而推动社会变革。

大学美育的特征和意义是一个不断拓展的概念，随着社会的发展和时代的变迁而不断演变和发展。因此，大学美育需要与时俱进，不断地更新教学内容和方法，以满足学生的需求和社会的要求。大学美育的直觉特征、情感特征、愉悦特征体现了大学美育的独特性和价值。大学美育通过艺术创作和审美体验，帮助学生开发和提高自己的感知、表达和创造能力，促进学生的全面发展和终身学习能力。

第三节 大学美育的功能

美育的功能指的是美育在认知、教育、审美等方面所起的作用。美育的功能在不同的历史时期和文化背景下有所不同，但它们都与人们对美的认知和体验有关。在"五育"中，美育具有其独特的地位。

在古代，美育的主要功能是培养人的审美能力，提高人们对美的鉴赏能力，也可以通过美达到教育的目的。在文艺复兴时期，美育的功能已不局限于艺术领域，还涉及人类整体的发展。美育成为人类进步和文明发展的必要条件之一。在现代社会中，美育的功能主要包括以下几个方面：

一、美育的认知功能

美育可以帮助人们认识事物的本质和内在联系，提高人们的文化素养和审美素质。通过鉴赏艺术作品，人们可以获得更深刻的感悟，发掘内心深处的思想和情感。美育的认知功能不仅仅局限于艺术领域，还可以延伸到其他学科领域，如文学、哲学、历史等的认知和理解。

大学美育是指在大学教育中为学生提供有关艺术和文化的学习和培养的一种教育形式。这种教育形式与认知能力密切相关，因为它涉及学生对艺术、文化和美学的认知和理解。因此，大学美育的认知功能一般体现为通过视觉、音乐、戏剧等艺术形式的学习和实践，培养学生的认知能力，包括观察、分析、综合和判断等方面，让他们在扩大知识面的同时，具备审美情趣和创造能力。

人们对美育的认知功能的认识是有一个逐步深入的过程的，由此可见其重要意义和价值。

（一）历史溯源和代表人物观点

认知功能是指人脑对外界信息进行加工、处理和理解的能力。这一概念在心理学、哲学和神经科学等领域中被广泛探讨。认知功能的历史可以追溯到古希腊哲学家亚里士多德，他提出了关于感知、想象、记忆和思维等方面的理论。在中世纪，哲学家托马斯·阿奎那提出了关于感知和理性的区别。到了现代，认知功能的研究得到了更深入的发展和探索。

在认知功能的研究中，有几个重要的代表人物和观点。其中法国哲学家笛卡尔在《第一哲学沉思录》中提出了"我思故我在"的观点，强调人的存在与思维的联系。他认为，思考和理性是人类最高的认知能力。他强调了观察和分析的重要性。他的思想影响了美学领域的发展，许多美学理论家都认为，美育的目的是通过精细的观察和分析培养人们的认知能力。

德国哲学家康德在《判断力批判》中提出关于审美判断的理论，强调审美体验和人类智力的关系。他认为，美是一种独特的认知方式，通过审美体验可以培养人的智力和想象力。他强调美育的自主性和独立性，认为美育应该不受外部干扰地让人们发掘自己的感性能力。康德认为，通过美育，人们可以更好地理解自己和周围的世界，从而更好地思考和决策。20世纪教育学家和哲学家德沃金认为美育应该是一种综合的教育方法，通过艺术和美学经验培养人们的认知能力、情感能力和行动能力。德沃金的美育理论强调学生的主体性和参与性，认为美育应该让学生自主地探索和发现美的世界，从而增强他们的自我意识和自信心。马修·阿诺德是19世纪的英国诗人、教育家和文化评论家。他强调文化和艺术在人类生活中的重要性，认为艺术能够实现社会公众的道德提升。艺术和美育不仅仅是关于形式和技巧，更多的是关于情感和精神。通过接触和欣赏艺术，人们可以得到精神上的滋养，从而更好地面对生活中的挑战和压力。

当代美育理论家和教育家在这些历史观点和理论的基础上，进一步探索和拓展美育的认知功能，提出了许多新的观点和理念。例如，科学美学、认知美学、环境美学等，这些新兴理论都注重探究人类的认知方式和美的本质，为美育的认知功能的发展和应用提供了新的思路和方法。

（二）大学美育认知功能的重要性和大学生认知能力培养

美育是整个教育体系中的一个重要组成部分，也是培养创新人才的关键环节。其中，美育的认知功能是其重要的组成部分。它通过美的教育，促进学生的认知发展和思维能力的提高。同时，它也对大学生的学习和发展具有重要的作用，可以帮助他们在不同领域中更好地应对挑战，提高学习效率和成就。美育能够培养学生的认知能力，包括观察、分析、综合和判断等方面。在学习艺术的过程中，学生需要观察、理解和分析作品的特点和内涵，从而提高他们的认知能力。同时，学生还需要从中学习并应用到自己的生活中，从而获得更深层次的认知体验。

在认知功能的研究中，另一个重要的领域是神经科学。神经科学的发展使人们对人脑的结构和功能有了更深入的了解。现代神经科学研究表明，美学体验和认知功能之间存在密切的联系。通过神经影像技术，研究人员发现美学体验可以激活人脑的奖励中心,提高人的注意力和专注力。

在大学美育中,认知功能是一个重要的议题。大学美育的目标之一是培养学生的审美能力和美感,使他们能够理解和欣赏艺术和文化。通过大学美育的学习,学生可以提高他们的视觉和感知能力,以及发展他们的想象力和创造力。此外,大学美育还可以帮助学生学会批判性思考,从而提高他们的分析能力和判断能力。

1. 观察能力

在美育学习中,观察是非常重要的能力,学生需要通过观察艺术作品、审美实践过程等,提高自己的观察能力。通过观察作品的细节和特点,学生能够更加深入地理解和认识作品的内涵,从而更好地理解和掌握知识。在美育学习中,学生需要通过观察作品的构成和形式等多个方面,了解作品的意义和内涵,从而提高自己的观察能力。

观察能力在大学课程中也是非常重要的能力,如在生物学、医学、艺术等领域中,学生需要通过观察和研究生物、艺术品等,了解其构成和形式,从而加深对其意义和内涵的认识。此外,观察能力也可以帮助学生更好地发现和解决问题,提高解决问题的效率和准确性。比如,在设计或美术课程中,学生需要通过观察环境和客户需求,进行创意的激发和创作的实践,提高自己的设计能力和专业技能。

2. 分析能力

美育的学习和实践可以培养学生的分析能力,即通过观察和研究作品的构成、形式、色彩、线条等元素,深入挖掘作品的意义和内涵,以及其所传达的文化价值。在分析的过程中,学生需要进行细致的剖析和比较,通过辨析和对比,加深对作品的理解,从而提高自己的分析能力。

在大学学习中,分析能力是非常重要的能力,如在文学、哲学等社会科学领域中,学生需要通过对文本和社会现象的分析和比较,深入了解其内涵和意义,从而更好地理解和应用知识。

3. 综合能力

对美育的学习和实践也可以培养学生的综合能力，即将多个元素和因素综合考虑，从而得出更加全面和准确的结论。在美育学习中，学生需要从作品的构成、表现手法、文化背景、历史渊源等多个方面进行综合分析，从而全面理解和把握作品的内涵。

在大学学习中，综合能力也是非常重要的能力，如在工程、科技、商业等领域中，学生需要将多个因素和要素进行综合考虑，进行决策和判断，从而得出更加全面精准的结论。

4. 判断能力

美育的学习和实践可以培养学生的判断能力，即通过对作品的评价和比较，对作品进行分析和评判，从而得出准确的判断和结论。判断能力对学生的学习和发展非常重要，可以帮助他们更加客观和准确地评价和比较不同的作品和理论，提高自己的思维能力和判断力。

在大学学习中，判断能力同样是非常重要的能力，如在法律、医学、教育等领域中，学生需要通过对不同情况和案例的判断与分析，进行理论与实践相结合的学习和提高。

因此，大学美育对大学生认知能力的培养是一个非常重要的环节。大学美育的认知功能在学生的观察能力、分析能力、综合能力和判断能力的培养方面具有重要的作用，可以为学生的终身发展奠定坚实的基础。

如何培养学生的认知能力和美感，使他们能够更好地欣赏艺术作品和理解文化内涵，是大学美育需要解决的一个关键问题。在进行美育的过程中，学生需要通过对艺术作品的分析和理解，发展自己的批判性思维和分析能力，这些能力也是智育的重要组成部分。另外，美育还可以通过提供多样的艺术体验和启发学生的想象力，提高学生的创造力和创新能力，这也是智育所需要的能力。在大学美育中，有一些重要的认知策略可以帮助学生更好地欣赏艺术作品和理解文化内涵。这些认知策略包括以下几个方面：

（1）比较和对比。比较和对比是一个重要的认知策略。通过比较和对比不同的艺术作品或文化现象，学生可以更好地理解它们的相似之处和不同之处，从而更深入地探索它们的含义和价值。

（2）探究历史和背景。艺术和文化是与历史和背景密切相关的。通过了解艺术作品或文化现象的历史和背景，学生可以更好地理解它们的含义和价值。例如，通过了解文艺复兴时期的艺术和文化，学生可以更好地理解它们的意义和价值，从而更好地欣赏和理解它们。

（3）引导和启发。例如，教师可以通过提问、讲解和展示艺术作品或文化现象，引导和启发学生的思考，从而帮助学生更好地理解和欣赏它们。

总之，在大学美育中，对大学生认知能力的培养是一个非常重要的内容。培养学生的认知能力和美感，有利于提高他们的分析和判断能力，以及创造力和想象力。通过不断探索和发展认知功能的理论和实践，大学美育可以为学生提供更加丰富和深入的教育和培养，帮助他们更好地理解自己和周围的世界，培养他们的创造性和批判性思维能力，这些能力在大学生的学习和未来的职业生涯中都具有非常重要的价值。

在当代社会，美育的认知功能仍然具有非常重要的价值。同时，美育也是文化传承的一种方式。通过美育，学生可以接触丰富的艺术作品和文化遗产，了解不同文化的特点和魅力，促进文化传承和发展。随着数字技术的快速发展，人们更加需要通过美育来帮助他们应对信息爆炸的时代。美育可以让人们更好地理解和解释自己所看到的和经历的世界，帮助人们从广泛的视野中思考问题。此外，美育还可以帮助人们培养创造性和批判性思维能力，这是 21 世纪中最为重要的能力之一。

二、美育的教育功能

美育能够促进学生的全面发展，包括智力、情感、意志等方面。通过艺术实践和学习，学生能够培养自己的创造力和想象力，锻炼自己的情感表达和交流能力，并且在学习过程中逐渐形成自己的人生观和价值观。大学美育的教育功能是其最为重要的功能之一，其主要体现在对学生的全面素质培养中。在现代大学教育中，美育的教育功能变得越来越重要。美育不仅仅是要让学生在审美方面有所提高，更重要的是要让学生开阔视野、提高审美能力、增强文化修养，同时美育还可以培养学生的人文素养、创造力、思考能力等多方面的素养或能力。通过大学美育的全方位培养，学生能够更好地适应社会，更好地发展自己的能力。

（一）历史溯源和代表人物观点

美育可以追溯到古希腊的教育理念中。在古希腊，艺术是整个文化的核心，这种文化价值观念被运用到教育中。古希腊哲学家柏拉图认为，教育的目的不仅仅是传授知识和技能，更重要的是培养学生的品格和智慧。他认为，美德是美的象征，美的事物可以促进美德的培养。因此，艺术和美育成为古希腊教育的重要组成部分。

中国的传统文化也有着类似的教育理念。早在汉代，就有《礼记·乐记》中的"乐"，以及《诗经》中的"风""雅""颂"等古代文艺形式，体现了中国古代美育的思想。《礼记》中的"教学相长"之说，认为教育不仅仅是向学生灌输知识，更重要的是要通过教育启迪学生的智慧和培养学生的人格品质。南北朝时期，美学理论逐渐形成，出现了以刘勰为代表的文艺理论家。到了宋代，中国美学达到了巅峰，出现了以苏轼、李清照等为代表的文艺巨匠，以及以周敦颐、程颢等为代表的理论家。在这个时期，美育逐渐成了一种重要的教育方式，即通过诗词、书画等文艺形式培养学生的人文素养和审美能力。

古希腊哲学家亚里士多德曾经提出"美育可以提高人的道德素质"的观点。文艺复兴时期，欧洲的美学理论逐渐形成，出现了众多艺术家和哲学家，如达·芬奇、拉斐尔、培根等，他们的作品和思想对欧洲文化产生了深远的影响。约翰·杜威作为美国教育家、哲学家和心理学家，主张将艺术和美育纳入学校的课程。到了近代，美育逐渐成了西方教育的重要组成部分，许多国家都将美育纳入国民教育体系，成为必修课程。

随着时间的推移，美育在教育中的地位越来越重要，这也促使美育的形式和方法不断革新和更新。在当代，美育不仅是传授艺术技能的培训，更多的是培养学生的审美意识、创造能力、综合思维能力、文化素养等方面的教育。

作为一个独立学科，美育在当代教育体系中扮演着不可替代的角色。

在现代，大学美育开始逐渐走向现代化，以人类文明史为背景，将现代艺术和文化引入其中，旨在通过现代艺术的审美和理论来培养学生的创造性思维和反思能力，提高学生的整体素质。

（二）大学美育教育功能的重要性和大学生综合素质培养

大学美育作为高等教育的一部分，其教育功能非常重要，并得到足够的重视和支持。美育在"五育"中具有独特的地位。首先，美育通过艺术形式进行教育，包括音乐、绘画、雕塑、戏剧、舞蹈等，这些形式不仅可以激发学生的创造力，还可以帮助学生理解和感受艺术的魅力。它不仅是一种独特的教育方式，还具有独特的教育效果。美育可以提高学生的创造力、想象力和表达能力，使学生更加具有创造性和创新精神。其次，美育还可以增强学生的情感体验和情感交流能力，使学生更加关注和理解他人，增进人际关系。最后，美育还可以提高学生的文化素养，使学生更加了解和尊重不同文化，促进文化交流和交融。

在当代，随着社会的发展和进步，大学美育在教育中的价值也得到了进一步的凸显。美育不仅仅是一门课程或者一种教学方法，更是一种全面的教育理念和体系。在当代，大学美育的教育功能主要体现在以下几个方面：

1. 培养学生的审美情趣

美育可以通过学生对艺术的学习和欣赏，引导学生进入艺术的世界，培养学生的审美情趣和品位。在这个过程中，学生可以了解不同的艺术形式和风格，学习如何欣赏艺术作品，提高自己的艺术素养。这种审美情趣不仅可以帮助学生更好地理解和欣赏艺术，还可以在其他方面产生积极影响。比如，学生的审美情趣可以帮助他们更好地欣赏自然美和人文美，进而提高他们的情感素质和人文素养。

2. 培养学生的艺术技能和创造力

美育可以通过对艺术技能的传授和实践，培养学生的艺术技能和创造力。在这个过程中，学生可以学习各种艺术技巧和方法，如绘画、音乐、戏剧等。同时，学生也可以通过实践探索自己的艺术天赋和创造力，并将其应用于实际生活中。这种培养艺术技能和创造力的过程，不仅可以帮助学生更好地理解和欣赏艺术，还可以提高学生的创造力和想象力，从而为未来的职业和生活打下基础。

3. 提高学生的文化素养

美育可以通过对艺术作品的学习和欣赏，传授不同文化背景下的艺术形式和风格，提高学生的文化素养。这种文化素养包括对不同文化之间的相互理解和尊重，对不同文化之间的共性和差异的认识。这种文化素养不仅可以帮助学生更好地理解艺术，还可以在其他方面产生积极影响。比如，学生可以通过学习艺术，了解不同文化之间的联系和差异，进而拓展自己的国际视野和提高跨文化交流的能力。

4. 培养学生的人文精神和社会责任感

美育可以通过艺术作品传递的社会价值和文化意义，培养学生的人文精神和社会责任感。在学习艺术的过程中，学生可以了解不同文化和社会背景下的艺术作品，了解艺术家对社会和人类生活的关注和表达。这种人文精神可以激发学生对社会问题的关注和思考，进而培养他们的社会责任感和公民意识。通过艺术的传递和学习，学生可以学会从不同的角度看待问题，拓展自己的视野和思考方式，进而更好地理解和处理社会问题。同时，美育也可以通过传授艺术知识和讲解文化背景，培养学生的文化素养和人文关怀，让他们更加懂得如何与人相处和如何为社会做出贡献，其内涵与德育的联系就更加紧密了。

5.培养学生的综合素质和实施全人教育

在学习艺术的过程中，学生需要动手实践和深入思考，这种学习方式可以促进学生的思维能力和创造力的发展。同时，学习艺术还可以提高学生的情感素质和人文素养，培养他们的品德和道德修养。这种全面的素质提升，可以帮助学生更好地适应未来的职业和生活，使他们成为一个全面发展"五育并举"的人。

总之，大学美育的教育功能非常重要，不仅可以提高学生的艺术素养和技能，还可以培养学生的审美情趣、文化素养、人文精神和社会责任感，提高学生的综合素质和实施全人教育。大学美育还有一项重要的作用是培养学生的创新思维和实践能力。艺术是一个充满创造力和想象力的领域，学习艺术可以激发学生的创造力和想象力，帮助他们培养创新思维和实践能力。艺术作品不仅是对现实的反映，更是对未来的探索和展望。通过学习艺术，学生可以学会从多个角度看待问题，想象未来的可能性，并通过实践实现他们的想法。

在学习艺术的过程中，学生需要不断地进行实践和创作，这种实践性的学习方式可以激发学生的创新思维和实践能力。学生需要在实践中不断探索，不断尝试新的方式和方法，从而培养出独立思考和自主创新的能力。此外，在实践的过程中，学生需要不断评估和反思自己的作品，这种自我评估和反思的能力也是培养创新思维和实践能力的重要环节。通过艺术的学习和实践，学生可以培养出多方面的创新思维和实践能力，主要包括以下几个方面：

（1）从不同角度看待问题。艺术作品的多样性和复杂性，需要学生从不同的角度理解和解读。这种多角度思考的能力，可以帮助学生在面对实际问题时，从不同的角度进行分析和思考，找到最合适的解决方案。

（2）发散思维和创造性思维。艺术作品往往是充满创意和想象力的，学生需要在学习和实践中培养发散思维和创造性思维的能力。这种能力可以帮助学生在面对复杂的问题时，提出多种可能的解决方案，并选择最佳的方案进行实践。

（3）解决问题的能力。学习艺术需要不断进行实践和探索，学生需要在实践中解决各种问题。这种解决问题的能力，可以帮助学生在实际生活中更好地解决各种问题，找到最佳的解决方案。

（4）团队合作和沟通能力。在学习艺术的过程中，学生需要与他人合作，共同完成艺术项目。这种团队合作和沟通能力，可以帮助学生在实际工作中更好地与他人协作和沟通，共同完成工作任务。

（5）自我评估和反思的能力。在艺术的学习和实践中，学生需要不断地评估和反思自己的作品，找出问题所在，并不断改进和提高。这种自我评估和反思的能力，可以帮助学生在实际生活中更好地评估和反思自己的工作表现，找出问题所在并不断改进和提高。

综合来看，大学美育的教育功能不仅在于培养学生的艺术素养，更在于培养学生的创新思维和实践能力。艺术作为一个充满创造力和想象力的领域，可以激发学生的创造力和想象力，帮助他们培养独立思考和自主创新的能力。通过艺术的学习和实践，学生可以培养多方面的创新思维和实践能力，包括多角度思考、发散思维和创造性思维、解决问题的能力、团队合作和沟通能力，以及自我评估和反思的能力。这对学生的未来发展和职业发展都具有重要的意义和价值。

三、美育的审美功能

美育作为一门学科，有着悠久的历史。在古希腊，哲学家柏拉图就提出了艺术教育的观点，认为艺术可以提高人的心智素质，促进人们思维能力的发展和创造力的提升。中国古代文化也非常注重审美教育，如诗词、书画等文艺形式的学习和欣赏都是重要的教育内容。

美育可以促进人们的审美体验和审美情趣，提高人们的艺术鉴赏能力。通过欣赏和鉴赏艺术作品，人们可以更加深入地理解和体验艺术家所表达的情感和思想，感受艺术之美，提高自身的审美水平和艺术素养。通过艺术欣赏的过程，学生能够感受到艺术作品的美感和艺术价值，并且逐渐形成自己的审美观点和价值观。在大学教育中，美育不仅仅是为了提高学生的艺术技能和审美素养，更重要的是要培养学生的审美能力，帮助学生从审美的角度来理解人类文化和社会现象，提高他们的社会认知能力。

（一）历史溯源和代表人物观点

审美功能的历史可以追溯到古希腊时期。柏拉图强调审美的重要性，他认为审美能力是智慧的一种形式，有助于使人的生命更加纯洁和高尚。亚里士多德在《诗学》一书中首次系统地探讨了审美的概念和美的本质。他认为美是形式和内容的完美结合，而艺术品是在形式和内容上达到完美的产物。因此，审美的过程不仅包括感知艺术品的形式，还包括对其内容的理解和感受。这种对美的追求和理解，成为后来西方美学的重要思想之一。

文艺复兴时期，意大利的人文主义运动和艺术复兴运动将审美功能推到了一个新的高度，他们强调艺术是人类智慧和创造力的结晶，有助于提高人们的情感认知能力和美感体验能力。在欧洲启蒙时期的教育思想中，启蒙运动强调个体的自由、平等和独立思考，将审美体验视为发展个体能力的重要途径。

德国哲学家康德的《判断力批判》和德国哲学家黑格尔的《美学》是审美思想史上的经典之作。康德强调审美经验的客观性，认为美是一种普遍的概念，而黑格尔认为"美是理念的感性显现""正是概念在它的客观存在里与它本身的这种协调一致才形成美的本质"。席勒在研习康德哲学和美学的基础上，以康德的"人是目的"为根基，提出通过美和艺术的审美教育来解决人性中感性和理性的矛盾冲突，塑造美的心灵，拯救封建主义和资本主义所造成的人性分裂，使人类回归古希腊黄金时代的人性完整。20世纪，美国教育家约翰·杜威在其著作《艺术即经验》中进一步阐述了美育的审美功能,并提出了"经验主义"的教育理论,认为个体通过艺术的审美体验可以获得真正的知识和智慧。

在中国,审美的概念也有着悠久的历史。早在古代,中国文化中就有"以美为美"的思想。唐代诗人杜甫曾写下"文章千古事,得失寸心知"的名句,强调了对美的追求和对文学艺术的品评。

随着现代社会的发展,审美功能也在随着时代的变化而嬗变,如在中国式现代化语境下,人们需要具备较强的审美能力,并且人们对创意和创新的需求也越来越强烈,这需要有创意的表达和创新的思维能力,而审美能力可以对此产生积极的促进作用,以此体现审美时代性的内涵与当今时代下审美的本质和特征。

(二)大学美育审美功能的重要性和大学生审美能力培养

审美功能是大学美育的一个重要功能,它关注的是个体对美的感知和鉴赏能力的培养,能够帮助学生提高审美能力和敏锐度,从而更好地欣赏和理解美的艺术形式。随着时代的变迁,大学美育的审美功能逐渐得到更多人的认可和重视。今天,美育已成为大学教育中不可或缺的一部分,其审美功能的价值也得到更深入的挖掘和探究。

首先,审美功能有助于培养学生对艺术作品的欣赏和理解能力,从而能够更加深入地了解不同文化和历史背景下的艺术风格和特点,加深对人类文化和艺术的理解和认识。其次,审美功能也有助于培养学生的创造力和创新能力,激发学生的艺术想象力和创造潜力,从而能够更加自如地进行创意表达和创新设计,让他们更加自由地表达自己的思想和情感。这种创造性表达的能力可以应用到各个领域,帮助学生更加独立和自信地面对未来的挑战。再次,审美功能可以增强学生的审美判断力和批判性思维。美育可以通过培养个体的批判性思维和分析能力,提高个体的审美判断力。学生通过对艺术作品的分析和批判,可以更深入地理解艺术作品的内涵和表现形式,并学会对其进行独立思考和评价。这种批判性思维和分析能力也可以应用到其他领域,如文学、哲学、历史等。最后，审美功能也有助于提高学生的情感认知能力，培养学生的情感表达和共情能力，从而更加深入地理解和体验人类情感及情感表达的多样性和丰富性。此外，美育和"五育"中的体育同样重要，两者都可以帮助学生全面发展。体育可以培养学生的身体素质和健康意识，而美育可以提高学生的审美能力和文化素养，让学生更加全面地了解人类文化和社会现象。

在当代社会，美育的审美功能依然具有重要的价值和意义。随着文化多样性和信息技术的快速发展，人们对美的认识和欣赏也越来越多样化。美育的审美功能不仅可以帮助人们欣赏传统的美术、音乐和文学作品，还可以教育人们如何欣赏和评价当代的艺术作品和文化产品，包括电影、数字艺术、音乐录音等。

此外，美育的审美功能也可以帮助人们培养自己的审美能力和审美素养，提升自己的文化品位和审美水平。在日常生活中，人们需要通过对环境、服装、建筑等各种美学元素的感知和欣赏来丰富自己的生活体验和提高自己的生活质量。美育的审美功能可以帮助人们学会欣赏美、发现美，以及对美的多样化理解和表达。

与此同时，通过欣赏和分析不同类型的艺术作品，人们可以学会多角度思考和观察事物，提高自己的逻辑思维和创造力。尤其是在当代社会，艺术和文化产业正在成为重要的经济和文化增长点，有着广阔的发展前景和就业机会。美育的审美功能有助于人们拓展思维和提高创造力，通过美育的审美功能，人们可以更好地适应这种变化，并在这个领域中获得成功。

综上所述，大学美育的审美功能不仅具有悠久的传统和深厚的文化底蕴，也具有广泛的当代价值和实际意义。美育通过培养人们的审美能力和审美素养，可以丰富人们的文化生活，拓展人们的思维方式和提高人们的职业竞争力，具有重要的意义和价值。美育在"五育"中具有独特的地位和重要的作用。美育不仅可以提高学生的观察能力、分析能力、综合能力和判断能力，还可以培养学生的创造力和创新精神，增强学生的情感交流和情感体验能力，促进文化传承和发展，推动社会科技和文化的进步，促进社会和谐和人际关系的发展。因此，大学美育应该得到足够的重视和关注，为学生的全面发展和社会的繁荣发展做出更大的贡献。

然而，需要注意的是，美育的功能也存在局限性。美育并不能完全解决社会、文化等问题，也不能完全消除人们的矛盾和冲突。此外，美育的培养效果还受到个体差异、文化背景、教育水平等因素的影响。因此，人们要客观认识美育的功能，充分发挥其积极作用，同时注意其局限性，避免过度夸大其作用。

第二章　人格塑造与人格完善

第一节　人格的基本特征

德国哲学家席勒于18世纪末在其著作《美育书简》中第一次提出"审美教育"这一概念。席勒的美育思想延续了康德的《判断力批判》中"审美无功利"的思想，认为美育是趣味与美的教育，强调在人的感性与理性之间架设桥梁，消解时代对人的理性极端发展的顾虑。

席勒认为："有促进健康的教育，有促进认识的教育，有促进道德的教育，还有促进鉴赏力和美的教育。这最后一种教育的目的在于培养我们感性和精神力量的整体达到尽可能和谐。"席勒对"美育"以及审美活动的性质、实现美育的途径等多个方面进行了系统性阐述。席勒结合时代，认为应该从人本主义的角度进行教育，而不是从实用主义的角度进行教育。

美育与美学一样，诞生并发展于欧洲，在20世纪初期经由日本传入中国。当时面对民族危机、社会变革，中国许多思想家将"美育"思想与"中国国民性改造"相联系，试图以此改变中国的面貌。在此过程中，中国涌现众多有名的学者，如梁启超、蔡元培、鲁迅、王国维等人。然而，由于中国古代并没有美育这一概念，因此这些学者大多用现代人文社会科学的理论来考察并提炼中国美学思想，由此在促进西方美学思想与东方文化结合的同时，也推动了近现代中国教育学的转向。

中国近现代众多思想家经由晚清时期的"西学东渐"思潮影响，逐渐将西方美学思想传入中国并吸收改造。梁启超受到席勒思想的影响，专注于个人情感与人格发展的研究，提出美育是一种情感教育，认为文学等艺术表达形式能够改造国民精神面貌；蔡元培同样受到席勒思想影响，提出"以美育代宗教"的思想，认为美育可以培养健康人格，除此之外，蔡元培还将美育与德育、智育、体育并列，认为普通教育是为了培养学生稳定健全的人格；王国维学贯中西，将康德、席勒的思想与叔本华的意志论哲学相结合，认为美育是人的情感表达，美育具有独特属性，其在于通过审美活动调动人的各种情感和心理机能，从而对人进行情感的培养和精神境界的塑造。中华人民共和国成立后，我国美学学术界在党中央的领导下在全国范围内进行了长达数年的讨论，有关美育的问题也得以提上议事日程。以朱光潜为代表的学者以马克思列宁主义、毛泽东思想为理论武器对西方美学进行分析和批判，同时对中国哲学中的美学理念和美育发展进行了历史性梳理和整合。朱光潜认为美育理论应该与实践结合，探讨了美育的社会功能，认为美育可以帮助人们更好地认识自己与世界，培养健全的心理与道德情操，促进社会和谐与文化交流等。由此不难看出，人格与美育之间存在清晰且多维度的联系。

人格的整体属性在心理学中是指一个人具有的所有个性特点以及由这些特点表现出来的行为组成的总体特征，它是一个个体在情感、需求、动机等各个方面表现出来的长期稳定性概括。梁启超等人的美学思想关注个人的发展，认为通过美育对个体的人格进行塑造后，个体可以通过社交、合作和参与等方式，促进其社会性和人际交往能力的发展。通过参与艺术、音乐、戏剧等活动，个体可以增强自己的社交技巧和沟通能力，学会如何与人相处和合作，从而有助于发展自己的社会性和人际交往能力。这些能力的发展与人格心理学中对人格外向性、宜人性、

认真性、情绪性以及智力这五大要素的研究紧密相连。此外对个体审美的教育可以向个体传递价值观、文化等对世界的多方面认知与态度。美育能够帮助个体更好地认识与接纳自己，增强个体的自尊心与自信心，促进人格的整体发展，从而达到人格完善。

另外，在人格心理学中，人格的稳定属性是指人格中的重要特质和表现出来的行为是相对稳定的、长期存在的。这些属性在个体之中的表现在于个体在不同的时间和不同的情境下会依据固定的心理动机产生具有一致性和稳定性的决定和行为反应。美育对人格稳定性的塑造主要表现在个体的情感发展并且增强情感的稳定性。例如，通过对艺术作品和艺术活动的鉴赏，审美主体能够感受到美和快乐，从而促进自己情感的健康发展。此外，通过欣赏和创造艺术作品，个体还能够培养自己的情感表达能力。同时，美育也可以帮助人们学会如何面对挫折和失败，增强人们的情感稳定性。由此可见，美育与人格的关系也体现在人格稳定性之中，通过对大学生人格情感能力的教育培养，就能达到人格完善的目的。

一、人格的整体属性

自斯马茨 1926 年在《整体论与进化》中提出整体论概念以来，整体与局部的关系就成为学术界不可回避的讨论焦点。这一讨论实则源远流长，其根源可追溯到古希腊时期亚里士多德的哲学思想，他指出"整体先于部分而存在"，这一观点开启了对整体和局部关系的探讨之门。康德提出一个视角，那就是从整体性的角度观察和理解事物，重视对象在其整体框架中的独特位置和元素间的关系。同时，黑格尔在社会政治领域也进行了深刻的探讨。他认为民族精神高于个体自由，强调个体需被整体的民族精神束缚，从而在其中实现人格的完善。他在《伦理体系》中为这个时代设定了明确的任务，一方面是将分散的个体整合为一个统一的整体，另一方面则是为统一的政府体制奠定基础。中国的哲学传统中也有类似的论述，儒家提出"立天之道""立地之道""立人之道"

的观点，由王阳明进一步发展。王阳明认为，"大人之能以天地万物为一体也"，这一观点充分显示了整体的重要性。

无论是理性主义还是先验主义，学者们都倾向于强调整体的重要性。他们通过不同的学科视角和概念探讨整体与局部的关系，涉及诸如意志、思想、人格等方面。在此基础上，感性主义成为一种集合，能够让人们通过感性理解和评价整体与局部的关系。为了实现正确的认知，个体需要有自觉的意识和完整的人格。心理学家尤其强调，要培养正确的整体意识，美育是必不可少的工具，它可以帮助个体培养人格整体性，从而实现对整体和局部关系的正确理解。

席勒在《美育书简》中对美育的功能性作用有过阐述：美育是通过对美的教育，将理性与感性相统一，从而达到成为"完满的人"的教育目标。其目的是解决人类社会在现代化进程中出现的人格分裂的问题。在人格心理学的研究范畴中，人格形成源于两大因素：先天遗传因素、后天环境刺激因素。人格心理学中的生物学学者主要关注先天遗传，而学习论与现象论等学派的学者主要关注后天环境刺激。无论是学习论学者认为个体会通过学习的方式进行人格在整体层面上的提升，还是现象论学者认为个体具有自我完善的倾向，人格心理学家在研究人格时都非常关注教育对人格的影响。美国教育学家埃德蒙·费德曼提出"教育的主旨是知善，是为了行善"，受教育个体应该具有完整的人格，才能知善，进一步行善。美育可以激发受教育者的感性思维，使得人的感性思维与理性思维处于和谐状态，形成完整的人格，人性才能得以建立并最终表现。

自人类社会进入工业化时代以来，现实社会的快速变迁和社会发展的需求让实用主义在全世界范围内流行，实用主义所代表的理性主义迅速发展，使得人类社会的感性思维与理性思维的平衡被打破，并且倾斜严重。在当代社会，这一趋势逐步严重，甚至感性思维被抛弃，人类社会对事物认知越来越片面化。所以，在当今社会，只有发展美育，让感性思维回归，使得人格完整性增强，最终才能使人格完善。席勒在关于

审美心境的论述中将人性分为两种：一种为实用功利主义者，另一种为感性与理性和谐的完美人。通过对两种人性的对比，席勒认为如果一个人陷入被规定的状态，就是陷入一种固定的模式，而美育的作用就在于让人能够多角度看待问题，不单单是面向功利，也能面向感性。

从美学角度看，人格整体性的建构对中华民族共同体意识的建构是有一定建设性作用的。如果从个体角度来考察，其道理也相通。中华民族的共同体意识是一种心理认同，心理认同是一种感性认知，感性认知触发个体情绪。美育能够对个体情绪进行梳理和引导，帮助感性认知进行整体性提升，并与理性认知共同促进人格的整体性提升，帮助人格更加完善。由此可见，其对中华民族整体意识的建构有着不可忽视的作用。

另外，通过美育提高人格的整体属性之后，集体产生一致的思想意识，让理性与感性平衡，建构民族意识共同体，让个体在审美活动中对物质欲望、功名利禄有着清晰的认知与一定的心理距离。席勒曾对人格的整体性进行论述："只要人的内心点燃起烛光，身外就不再黑夜茫茫。只要人的内心平静，世界上的风暴就不再喧响。"作为显著影响了席勒的康德，其论述更加直接准确。康德在《判断力批判》中曾经有着这样的论述："对美的欣赏的愉悦是唯一无利害关系的和自由的愉悦，因为既没有感官方面的利害感，也没有理性方面的利害感强迫个体去赞赏。"由此可见，人格在整体性提升后是有一定超越性的，并且康德和席勒都认为这种超越是一种愉悦的自由。这种所谓的超越，实际上是个体在现实生活中的一种态度。当然，这种态度不是要求个体只追求精神上的超越，不追求物质欲望，而是在追求物质功利的基础上追求精神上的丰富，或者两者并行追求。古代中国人民对这一点的认知非常准确，有一句俗语在中国流传非常广泛："仓廪实而知礼节，衣食足而知荣辱。"正所谓只有当个体满足了自身物质需要后，才能上升到追求精神的高度。这种表现为一种对个体自我认知的态度，无论是从理论角度、艺术角度还是从实践角度等进行个体的评判和选择，都可以集中视为个体对待人生的态度。除此之外，美育提升的人格整体性带来的人格超越性可以让个体不过分追求自身物质利益，在面对诱惑时能够坚守自身的底线，不会向现实物质利益低头。具体而言，个体在对待人生追求时更加丰富且富有情趣、乐观向上，在追求物质利益的同时追求精神价值，调控个体自身的情绪。

二、人格的稳定属性

人格的稳定属性是心理学研究的重要方面之一。人格的稳定性依托于人格发展。所谓人格发展，是指个体从出生到死亡这一完整的生命过程特征在时间历程中的改变。在这一历程中个体的行为具有稳定性和可变性两个维度。人格的稳定性主要受到环境、遗传特质以及两者交互作用的影响。在心理学领域，心理学家更多地从遗传和生理方面研究人格的稳定性，但是，环境和遗传特质不会作为独立因素影响人格，两者交互作用让人格表现出来的行为变得错综复杂。正是人格的这一特点，让美育对人格的影响变得相当重要。

美育对人格稳定性的作用主要体现在培养个体的感性形象体察方式上。诸多思想家和教育家有着相似的观点。蔡元培认为："鉴刺激感情之弊，而专尚陶养感情之术，则莫如舍宗教而易以纯粹之美育。纯粹之美育，所以陶养吾人之感情，使有高尚纯洁之习惯，而使人我之见、利己损人之思念，以渐消沮者也。盖以美为普遍性，决无人我差别之见能参入其中。"他认为，美育对感性思维的培养有助于培养现代人才。王国维关于美育对个体情感的培养也有相似认识。王国维借鉴康德的观点，将教育分为智育、德育、美育三个方面。美育作为整个教育体系的重要组成部分，对人的情感有着陶冶作用，即美育对人格稳定性的塑造在于对人格审美情感的塑造，其通过感性教育培养个体正向情感。

在心理学研究中，情感是人与人或者人与事物之间产生的联系。审美需求与情感之间的关系是紧密的，当审美需求被满足时，个体获得正向的情感，反之，当审美需求得不到满足时，个体获得负向的情感。

从艺术接受的角度进行分析，审美需求得到满足是受众进行艺术鉴赏的需求和动力，如果艺术作品能够满足艺术鉴赏者的审美需求就会提供给艺术鉴赏者正向的情感需求。值得一提的是，在艺术接受的过程中，艺术鉴赏者会将负向的情感进行转换、进化，从而产生一种全新的审美快感，这也是人们能够欣赏悲剧的内在动因。

从艺术创作的角度进行分析，艺术家在进行艺术创作的时候既满足了自身的审美需求，又需要让艺术鉴赏者满足其审美需求。艺术创作者需要体会自己在日常生活中体验到的情感，通过音乐、线条、图像等媒介进行传递，以满足自己的审美需求，使得艺术鉴赏者能够接受并且感受到自己的情感。

除了这两者，审美需求也能够通过"想象性满足"而得到饱满的情感体验，心理学往往将这一心理特征称为补偿性心理。如果审美需求因为某种因素的限制而不具有被满足的条件，可以通过其他媒介进行替代性满足。比如，当一个人没有去卢浮宫观看《蒙娜丽莎》真迹的机会时，他也能从网络上《蒙娜丽莎》的电子图片中得到审美满足。但是，当他得到这种替代性的满足后，会激发起对审美的更深层次的需求，即更渴望去卢浮宫进行《蒙娜丽莎》真迹的艺术鉴赏。此外，这种审美需求替代性满足在电影这门艺术中也有充分的体现。在电影理论界，好莱坞电影被普遍认为是生活的幻象，人们在观影过程中满足自己的审美需求以至于暂时地忘记现实社会中的苦难，从而让不能在现实生活中实现的那部分人格在观影过程中得以实现。

审美情感的产生与表达是一个复杂的心理过程，涉及个体经验、生物遗传等多个方面。人格倾向观点认为，人格五大维度中有三大维度，即外向性、宜人性、认真性与审美情感有关。而生物学观点认为，人类这一种群对好恶的偏向性是在发展过程中保持稳定的，这与基因传递有关。为了让"基因活下去"，人类必须做出对家族群体有利的行为，这被称为遗传的相似性，即人格的稳定性。如果符合该理论的行为产生，这无疑会带来正向的审美情感，反之则会带来负面的审美情感。另外，精神分析观点也有相关的理论论述。精神分析理论创始人弗洛伊德认为，人格存在于人体内部的相互竞争、冲突，具体表现为个体的行为。本我、自我和超我三个维度相互冲突并且竞争，如果能够达成和谐状态，其个体的生物学需求以及心理期望就能够被满足，从而引起正向的审美情感；反之，如果三个维度的和谐状态被打破，那么个体的生物学需求以及心理期望就不能够被满足，会引起负面情感。

审美情感是一种满足个体对美的需要的情感，这些情感是积极的，是审美体验中不可或缺的重要组成部分。审美情感可以使审美主体感到愉悦、激动、舒适等正向感受。

审美情感力是指产生满足个体对美的需要的情感的能力。其中有两个基本意义：一是心理动力，二是体验能力。在前者的论述情境中，审美情感力在内是一种心理能力，在外是一种情绪的冲动化表现。在人格心理学相关研究中，心理情感与心理需要、动机相互关联，是个体在进行审美相关活动中的心理过程。在后者的论述情境中，审美情感力在内是受到审美主体的认知知觉、想象、思维等因素控制、影响；在外表现为个体自身与周边环境的体验能力，在这种体验中个体对自我的感受、对周遭事物的评价与周围环境是否满足个体内部的需要、动机、期待，直接决定了审美情感力的正向与负向。

审美情感力作为一种审美心理动力，是创作主体的创作源泉。审美情感力不仅是一种感性的情绪，而且是一种理性与感性交杂的情绪冲动。它是接收到美的事物之后反映在创作主体内部的冲动，不要求改变环境的客观规律，是主体根据已有经验赋予自身一种理解世界的全新方式。可以说，审美情感力推动审美主体创造了人与环境之间的体验关系。

在美育实践方面，由于人格具有稳定性，所以美育不应急功近利，而应循序渐进地进行。在这一过程中，美育应该满足个体的审美需求，让个体的审美情感得以提升。正如孔子所言："知之者不如好之者，好之者不如乐之者。"美育可以满足个体的审美需求，给个体带来乐趣。

在个体情绪高涨的过程中，美育传授的知识也是最容易被个体接受的，从而给予个体人格上的完满与智慧的启迪。所以，美育过程应该强调受教育者的愉悦心理和美育对受教育者的吸引力，使受教育者始终保持着对审美对象/教育内容的浓厚兴趣，满足其审美需求，提升其审美情感，通过某种适当的教育手段将个体生理上的愉悦转变为心理上的高尚情操，从而达到人格完善的最终目标。

总之，美育作为一种以情感为主要教育对象的感性教育，能够促进审美主体审美情感力的发展。当审美情感力通过话语、文字等多种方式进行释放时，对审美主体本身，这是其满足审美需求的行为表现；对其他审美主体，这是促进主体与主体之间交流的方式之一，是人类社会中的重要环节，能够促进文化交流与传承。

三、人格的独特属性

人格的独特属性是个体人格差异的具体表现，通常用"个性"这一概念进行表达。在西方心理学研究领域，阿尔伯特对个性的定义是被广泛接受的。他认为个性是个体生理和心理的一种倾向性，这种倾向性通过行为综合表现在个体现实生活中；同时，他否认个性的永恒不变性，认为个性是处于持续变化中的。而且，他认为个性是一个个体行为和理想的表现，个性可以作为个体行为的动机之一进行研究。除了阿尔伯特对个性的研究，在世界范围内，不同的学者也对个性进行了研究与定义。在苏联，一些心理学家将个性与人格倾向论的相关观点相结合，认为个性是不同心理特质的综合表现，这种心理学观点在我国的部分心理学教材中被采用。但是，还有一些心理学家对个性的定义就相对较为狭窄。例如，个性只是个体心理差异的表现，是一种个别的心理特质。

综上所述，人格的独特性是指个体区别于他人的、影响个体外在行为表现与内在心理动机的综合心理特征，人格的独特性决定个体从行为到思想的差异。

而美育对人格的独特性塑造有着重要的意义，人格的独特性是个体之间差异的重要表现形式，通过美育培养出来的多元化审美人格是世界财富，能在多重维度上实现人格完善。正如费孝通先生所说："各美其美，美人之美，美美与共，天下大同。"由此可见，美育对人格独特性的培养主要表现在个体行为，主要集中在个体对审美活动不同的审美体验之中。

审美体验是指审美主体在进行审美活动时对审美对象的内心感受。审美活动中审美主体得到的审美感受就是审美体验的最终结果，审美体验是一种生命体验。在艺术鉴赏的过程中，如果审美鉴赏者没有审美体验，那么无论审美意象的表现性多么突出与强烈都无法引起审美鉴赏者心理机制的反应，所以艺术作品只能作为一种物象存在于客观现实世界中，无法成为意象性事物。它根本不可能被艺术鉴赏者的内心所接受，从而进入他们的情感世界。在艺术创作过程中，能够激发审美鉴赏者的审美体验也是艺术创作者的心理动机之一。另外，艺术创作者在相同环境中的感受是不同的，而这种不同能够让他们使用不同的现实媒介进行艺术创作，这也是不同的审美体验对艺术创作者的重要影响。艺术创作者在现实生活中的体验是一个动情而又丰富的过程，他们在审美感受力的驱动下对审美对象进行审美体验。

根据人格心理学理论，审美体验是审美活动的重要组成部分。在艺术创作活动中，审美客体需要进行一次形态上的变形，通过审美想象力和审美情感力产生的审美体验无疑是具有超验性质的。在艺术鉴赏活动中，审美主体通过艺术观察使得审美对象在审美主体内心经历一种形态上的变形过程。

（一）强烈的主观性

审美体验活动具有主观性，虽然审美体验是每个审美主体都会产生的心理活动，但是审美体验只能出现在个体心理感受过程中，以个体的形式出现，带有强烈的主观性。对相同的客观事物，不同的人有不同的审美感受与审美体验，正如"一千个读者就有一千个哈姆雷特"这句谚语所表达的内涵。另外，审美体验的主观性还表现在审美鉴赏者在审美活动中感受到的审美体验与艺术创作者的审美意图并非完全对应与一致。每个人的审美体验都是其性格、经验、知识等多重因素所塑造的，在精神分析学的理论中，在相同时间段内，每个人的本我、自我与超我的分配存在差异，这些都让每个人所能领略到的艺术境界截然不同。

（二）丰富的直观性

审美活动的产生来自审美主体在审美需求下产生的审美感知力，审美感知力就具有直观性的特征，这一特征被继承并且贯穿审美心理活动的全过程，亦成为审美体验的独特性特征。审美体验的这种直观性是一种总体的情感体验的体现。

（三）广泛的灵活性

审美体验的灵活性是指审美体验可以单独进行，如专程游历山河大海、观赏艺术作品等。审美体验也可以在从事其他实践活动中同时进行，审美体验是基于审美个体人生阅历、生活体验等的心理体验，所以中外文艺创作史上不乏无意但最终创作出有名的艺术作品的艺术创作者，这些创作者就是在进行其他的实践活动中进行审美体验。

要想从美育实践角度提升受教育者的人格独特性，主要是需要提高受教育者的创造性与行为生动性。具体而言，个体在行为中展现出来的创造性是一种非常个人化的行为。个体的审美体验具有非常大的差异，这也是符合"各美其美"的。因此在美育学习的过程中，教师应尊重个体所展现出来的已有的差异性，遵循此规律，根据受教育者所展现出来的兴趣偏好、心智发育程度等多方面的不同制定不同的教育方案，对美育内容进行创新，因材施教，提供受教育者人格成长的必需空间，让其人格的独特属性得到自由的成长与发展。

提高受教育者的生动性是指审美教育应该遵守审美认知规律，取其精华，去其糟粕，对原有的人格独特性进行优化提炼。心理学相关理论证明，在人格教育的过程中，受教育者的认识规律是由浅入深、从低到高逐步渐进的，也是从模糊的局部感性认识到清晰的整体理性认识的。因此，美育需要按照受教育者的认知规律规范组织教育内容，从易到难，由表及里。人格的独特性是受到自身遗传特质、周围环境与两者交互影响的，在这一过程中，个体的审美观会出现各种差异。相对来说，无论差异大小，不同个体的审美观都有低级和高级之分，虽然费孝通先生说过"各美其美"，但这里所指的必定是高级审美观的差异，低级审美观必然是要被取缔和摒弃的。所以，在美育学习的过程中，教师需要对受教育者对美的欣赏能力进行培育，当其低级的审美观被取缔后，给予其一定的空间让个体人格的独特性自然成长。

美育对人格的塑造是全面的，无论是对人格的整体属性、人格的稳定属性还是人格的独特属性，都需要在持之以恒的审美教育过程中反复提升，以达到完善人格的目的。在这一重复的过程中，对优秀的艺术作品的反复品味、对经典的音乐的长久流传、对具有人文关怀的文学作品的流芳百世、对自然美景的留恋与向往，都会对人格进行综合塑造，提高个体的人格整体性，突出人格独特性，不断深化受教育者的感觉过程，完善人格，达到以席勒为代表的西方美学家追求的"完满的人"或者中国哲学家追求的"以善育美、借美立善"的境界，让个体能够通过美育完善人格的三个维度与方面，追求美的人生境界，达到人与自然和谐统一、美善统一的完满状态。

第二节　人格的人文价值

"价值"一词在哲学范围内是一种具有高度普遍性和概括性的概念，一般指客体的属性和功能与主体需要之间存在的一种效用、效益或者效应关系，讨论人格价值是否存在对价值探讨来说必然是一种特殊的情形。如果人格有价值，那么它必然是针对人的。但是人格与人是否具有直接相关的关系，是探讨人格的人文价值的前提之一。马克思对人的价值与人格的价值有着较为清晰的认识。正如他所说："人的价值可以分为人生价值与人格价值。"由此可见，马克思认为人格的价值是从属于人的价值的。马克思认为，人生价值不能以自己的欲望是否得到满足为评判标准，也不能由个体的主观感受判断，而应该以是否满足社会需要与是否得到社会承认为标准。而人格价值与个体在生产劳动中所处的地位有关，他把人的尊严与人的行为的自主性结合起来，认为能够给人尊严的只有这样的职业，即在从事这种职业时人们不再如同奴隶般作为工具，而是在自己的领域内进行独立创造。

在马克思看来，人格的价值是个体或集体在一个健康的社会制度下介于价值系统与劳动系统之间的一种身份，它强调社会对人的容纳，是一种向内的价值体现。在一个健康的社会制度下，人人平等，每个个体都有应有的社会地位，能够获得相应的尊严与人格。由此可见，人格价值是个体面对社会展现出来的个体侧面之一。

蔡元培说："教育是帮助被教育的人，给他能发展自己的能力，完成他的人格，于人类文化上能尽一分子的责任；不是把被教育的人，造成一种特别的器具，给抱有他种目的的人去应用的。所以教育事业当完全交与教育家，保有独立的资格，毫不受各派政党或各派教会的影响。"由此可见，在现代民主主义教育中，教育的目的是以人为本的。美育作为"五育"之一，与智育、德育、体育一样都是为了提高个体的人格品行，以达到完满的人。美育是"五育"中最重视情感教育的教育类型。美育以艺术美感为形式，以兴趣为内在动力，是一种综合性教育。作为一种跨越多种学科的通识教育，美育在不同的学科中对个体的教育侧重点也是不同的。美育通过各学科、各领域中的共性因素进行教育，将它们的特性进行展现，具体而言，就是平衡理性思维与感性思维，避免陷入理性思维所带来的经验陷阱。美育的形态是多种多样的。蔡元培说："美育为近代教育之骨干。美育之实施，直以艺术为教育，培养美的创造以及鉴赏的知识，而普及于社会。"故艺术是美育的主要形态，艺术教育的形式是典型的美感形式教育，通过教育能够让个体在生活、劳动等多个方面对社会关系进行美化。中国古代曾对艺术教育有着深刻理解，即"厚人伦，美教化，移风俗"。美育是中国古代教育的优良历史传统，人们应继承并发扬这一传统，突出体现美育的人文价值。艺术教育能够对人格进行提升，使得个体能够在实践中向"真、善、美"的境界靠近，在这一行为模式中展现出人格的人文价值，即人格的人文价值是美育效应的体现。人格的人文价值在个体实践过程中体现在和谐的人格品性、健康的人格心理和健全的人格系统三个方面。

一、和谐的人格品性

如果对中西方美学家的美育理论进行对比以及审视，人们会发现很多共性，如都讲"以美育人""艺术育人"。但是在美育的效应体现方面，中西方美学家产生了明显的差异：中国美学家认为应塑造和谐的人格品性，而西方美学家关注美育与人性、美育与情感之间的关系，偏向于探讨"人性"的解放。

孔子主张"兴于诗，立于礼，成于乐"，以诗乐等多种艺术方法陶冶性情，培养有才之人。但是孔子的真正目的并非达到感情的完善，而是通过诗乐等多种艺术方式完善个体人格，使之表现出和谐的人格品性。这一点在中国美育的发展历程中被毫无疑问地传承了下来，无论是梁启超对美育是感情教育的初步认识、王国维认为的通过美育使人能够"超然于利害之外，而忘物与我之关系"，还是蔡元培认为的审美教育使得人的感情得以熏陶，变得高尚而又伟大。虽然近代思想家们对美育的认识和表现相较于古代的孔子更关注自我意识，更具有民主色彩，但是对美育是培养一个完满的人，完满的人拥有和谐的人格品性这一点始终贯穿于思想品德之中。综合多人之思想，中国美学家们认为，经历过审美教育之后的个体在社会实践中表现出来的和谐人格品性主要作用于道德观与世界观方面。而在集体方面，和谐的人格品性主要体现在民族精神的有序化上。

（一）以道德为本的价值观体系建构

蔡元培认为必须通过情感活动才能更加有效地推进道德观教育与世界观教育，不能够用简单、枯燥和抽象的理论说教进行。因为审美是处于物理世界与精神世界的交集，是连接两个世界的桥梁，能够使个体在物质实践过程中忽略客观世界的限制条件，使个体沉浸在超越功利关系的审美享受中。美育从个体情感入手，影响个体对待事物的态度，其中对个体的道德观影响很大。蔡元培说："人生不外乎意志；人与人互相关系，莫大乎行为，故教育之目的，在使人人有适当之行为，即以德育为中心是也。"在蔡元培的思想观念中，经过美育培养出的和谐的人格品质能够加强个体的道德观建设，使个体明辨是非，使人性的亲和力得到强化。

其实，中国传统美育观念一直强调以道德为本。孔子提出"克己复礼为仁"，认为人要提升自己的道德修养才能达到"仁"的境界。蔡元培继承这一思想，并且将它进行了一定程度上的现代化改造。他认为："价值论者，举世间一切价值而评其最后之总关系者也，其归宿之点在道德，而宗教思想与美学观念亦隶之。"由此可见，虽然无论是孔子还是蔡元培都夸大了道德的作用，但是这正可以证明在中国人文体系中以德为首的传统。经过美育培养的个体在道德观层面主要展现为两个方面：一是保证个体在生命历程中的正确方向，不做违背道德的利己主义的行为；二是培养个体在实践过程中应具备的超越利害观念和偏激的实利主义的意识，这亦是美育实现人类个体生命自由的重要表现之一。

改革开放以来，我国一直高度重视"五育"并行发展，坚持德智体美劳全面发展的教育方针。江泽民同志提出"以德治国"的思想，认为社会主义道德建设对提高公民素质、加强精神文明建设有着重大意义，能够使得国家以及社会稳定和健康发展。自从党的十八大以来，党中央高度重视美育。针对美育，习近平总书记强调"坚持以美育人、以文化人，提高学生审美和人文素养"。可见，随着我国社会主义建设的快速发展，党中央高度重视社会主义精神文明建设。

和谐的人格品性需要崇高的道德信念，包括树立健康的审美观，提高审美趣味，培养正向的审美能力与审美理想。美育能够以各种自然美、社会美与艺术美激发个体的内心情感与信念，培养完满的人格，使个体人格拥有充分的审美价值，激发个体在道德上有所进步，促使个体按照一定的道德原则形成自我的道德意识，对自己的行为能够有道德评判标准，在日常生活中懂得分辨真、善、美，远离伪、恶、丑，判断正义与非正义。

和谐人格品性能够使得个体拥有良好的道德行为。道德不是法律，不具有强制性。道德行为是指在社会生活领域中个体所展现出来的基于人格的具体行为，亦即符合当下社会主流公德的行为。当代中国对公民道德行为进行指导的根本原则是社会主义集体主义原则，实质是为广大的人民群众服务，人民群众的利益高于一切个人私利。通过美育对个体人格进行全方面塑造之后，其道德行为往往涉及个体生活的方方面面，如爱国、敬业、诚信等。反之，当个体拥有正确的自我道德意识，能够做出符合社会主义集体主义的道德行为时，该个体可以被认定拥有和谐的人格品性，是美育培养在个体层面上的集中体现。

（二）民族精神的有序化

民族精神是维护和决定一个民族生存和发展的重要前提，是一个民族在历史长期发展演变过程中能够获得成员认可的维系民族生存发展的强大力量。正如前文所述，美育能够促使个体形成和谐的人格品性，这种以情感为重点的教育模式能够根据民族实践，以社会主导的价值理念为核心，建构民族精神的系统，能够使得民族精神的内在秩序趋向和谐。这种一致性的演进与跃迁能够推动民族生存与发展的实践活动，让集体生存的意义从自然领域中脱颖而出，超越动物类的最基本的生理要求。这种和谐人格品性的集体性表现是对和谐的精神秩序与价值秩序的追求过程。这种秩序化是构成和谐人格品性的众多要素及其关系的优化表现。而美育是民族共同体追求精神秩序和谐的努力途径，它将人格塑造成有机体系，其构成要素之间的关系、整合的过程就是和谐人格品性进行优化的过程。

和谐人格品性在集体方面展现出来的民族精神有两种指向：其一为充满生命与活力。美育培养的现代人格是民族精神的精神标识，人格品性是为民族共同体提供精神动力的源泉。其二为民族文化传承的表现。在中国，通过美育培养出的和谐的人格品性承接和凝聚了中华优秀传统文化、社会主义先进文化、革命文化三种优秀文化，这三种不同的优秀文化是民族薪火相传的火种，充分体现在民族精神的三层维度与内涵之中。

故而，和谐人格品性是个体与集体的统一、历史与时代的统一，也是民族与世界的统一。它是个体绝不盲目自大、与世隔绝的优秀心理态度的表现，是集体沟通历史与现在的精神介质，是美育的效应表现之一。

二、健康的人格心理

美育对个体人格心理健康的影响是显而易见的，健康的人格心理也能彰显美育的目的与成效。教育心理学有一个分支——美育心理学，它是20世纪80年代中期由刘兆吉教授提出的，可见人格心理与美育的密切关系。美育心理学是指在美育的过程中对学生心理活动的研究，它为美育在科学理论与实践体系中提供心理学依据，通过提高个体的审美鉴赏力、审美取向、审美创造力等多方面审美能力让个体在智力、道德品性与心理健康三个方面和谐发展。近代教育学家蔡元培也在其论述中阐述了美育与心理的关系，他说："美育者，神经系也，所以传导；世界观者，心理作用也，附丽于神经系而无迹象之可求。"经过美育培养过的人格在心理健康方面主要体现在以下几点：

（一）充沛的爱心

审美对个体的培养部分来源于个体在审美活动中精神认知的提高，

正如梁启超提出的观点：美育是一种情感教育。审美活动实际上也是一种情感活动，在审美活动中，主体与客体相遇的一瞬间就会产生具有模糊性与多义性的审美感知，这种审美感知不是对事物的具体认知，而是一种情感，是对客体的情感被激发，随后通过审美活动个体进行审美情感、审美想象力的培养，从而获得一种对生命本质的理解与感知，主体能够在这一过程中获得"愉悦"。这种"愉悦"就是"爱"，其本质是个体对美的感受，但是任何情境下主体都无法直接将这种生命的感性认识显现在现实生活中，必须通过心理机制的微妙转换。这种审美与爱心的重合性亦可以认为，一个个体经过美育培养后，就能够使其人格得以完善，从而展现出健康的人格心理，在日常生活中则表现为其个体拥有充沛的爱心。

这种爱心的心理机制在学术界和相关研究组织的定义中被认定为"乐趣"。这种爱心远超伦理范畴，属于心理范畴。美育对人格的培养能够让个体具备正向的人生态度和审美情感，会让个体对自然、生活和社会等充满爱，对周围一切事物充满爱心，也会被周围的一切爱心所包围。

（二）心理调节能力增强

健康的人格心理具备突出的特征，具体表现在适应力方面，即表现为对周围生活环境、人际关系、社会关系、社会形势等多个方面的适应。这种适应具体表现在认识、情感、语言等多方面。美育通过审美活动将个体精神的力量激发，使其解放、自由、超越。在这种状态下，个体表现出超脱功利的对生命的追求；超越局限于具体事物的规定性认知，对自我生命有着更偏向于不确定性、抽象性的玄妙体验；超越一般群体对哲理性问题的普遍性认知；超越主客对立的界限，从而进一步生活化。

经历过美育之后的个体在心理层面上远离拘泥、偏执，表现出潇洒、豁然的心态，从而以更为通透的态度面对现实与各自人生，体会对生命的感知，在此过程中调节情绪状态和意志，克服心理障碍。这种旷达的心态也是中华优秀传统文化的重要组成部分，苏轼的"人有悲欢离合，月有阴晴圆缺"就是用自然美进行自我开导——当自己官场失意之时能够寄托于明月与清风，使得自己能够暂时忘却现实生活中遭遇的困难，摆脱苦恼，得到精神的逍遥。这是古代先哲通过对自然美的欣赏，将这种对生命本质的感悟通过心理机制在兴奋与抑制两种心理情绪中进行转换和调节，亦可得知对个体审美情感进行培养的美育，能够使得个体在社会实践过程中对其遇到的阻碍进行心理调节，这是人格的人文价值的表现所在。

（三）对人格的结构性塑造

健康的人格心理亦为人格的完满性表现，从反面进行分析，如果个体存在心理障碍、心理困扰等心理疾病，其人格的塑造必然是分裂的或缺失的。美育能够有效地实现人格心理结构的完善，从而培养出健康的人格心理，而人格心理的健康亦能归功于美育的进行。

席勒曾在《美育书简》中提出："只有当人充分是人的时候，他才游戏；只有当人游戏的时候，他才完全是人。"这是席勒当时对他所处的社会过于重视智育而使人性造成分裂，以至于个体与对象之间存在无形的障碍或者隔阂，导致个体心理处于相互矛盾和相互冲突的状态的阐述。由此可见，席勒所指的游戏正是美育，他认为美育是用来消除人性中缺失的部分，实现人格完善的重要措施，并且认为美育是一种治疗方式，能够在对美的观照中使得当下时代中的个体能够像古希腊人一样，将成年后的理性与青春期的感性完美结合。

在席勒的观点中，美育能够使个体体会生命的真谛。在这一过程中，生命中缺失的或者不好的人格心理部分能够被弥补或者被实现，让缺失的部分人格心理状态得到缓解，并趋向平衡，从而使得人格心理呈现出健康的状态。另外，主体与对象的同构能够使得人格心理趋向于完整并且有机统一，获得一种完满的形势。健康的人格心理是人类文明史漫长演变长河中最为精华和理想的结晶,这种变化形式调节着个体感觉、想象、情绪乃至思维等各种心理能力,使之处于共存又融洽的状态。

三、健全的人格系统

人的心理系统是由智能系统与人格系统组成的,这两个系统具有不同的结构并且执行不同的功能,但是这两个系统对人的行为系统的影响不是相互独立的,它们相互作用且相互影响。由此可见,人格系统是心理系统的子系统,同时,心理系统是现实系统的子系统,所以人格系统便兼具物质系统与精神系统的特征并将二者相互联系。自然界中的物质系统与个体心理系统的联系在于其是否能够进行"自我描述",即人格系统是一种自我表述的系统。在心理学中,心理学家对人格系统的概念有着众多的研究,不同流派有着不同的定义与相关研究。

根据弗洛伊德的相关理论,人格由本我、自我和超我三个方面组成。本我指人格中具有的本能的、原始的、完全无意识的、遵循着"快乐原则"的部分;自我指的是专注于考虑外在世界确保本我的冲动性行为能够进行有效表达的一部分人格,这一部分人格遵循现实原则;超我是父母权威以及社会价值的具体表现,包含对道德伦理的规范与标准,甚至是遵循道德原则。这三者组成人格系统的具体三个层次,在个体之中相互作用,相互影响,当三者处于平衡状态的时候,个体就能正常发展;当三者处于矛盾状态的时候,个体就会出现一系列的精神障碍或者疾病,个性发展就会受到阻碍。

20世纪瑞士心理学家荣格是现代具有影响力的心理学家之一,作为弗洛伊德的得意门生,对人格系统的理论研究是他心理学研究的重要分支。他在著作《红书》中提出了"性格哲学"和"原型与集体无意识"。这些对人格系统的理论研究是从心理学和哲学的角度进行分析与探究的。在荣格的理论研究中,人格系统分为人格面具、阴影、阿尼玛与阿尼姆斯四个方面。荣格认为,只有这四种原型能够和谐融合,其人格系统才是健康的。

在人格心理学的人格倾向观点看来，每个人身上具有非常多的特质，但是起到人格系统的关键作用的特质不多，主要为外向性、宜人性、认真性、情绪性以及智力这五个方面，它们被相关人格心理学家认为是人格系统构成的五元素。

关于美育与心理系统之间的关系，弗洛伊德亦有所论述，他认为："美学所要探讨的是在什么情况下事物才能被人们感觉为美……唯一可以肯定的便是美是性感情领域的派生物。"弗洛伊德将美看作人的本能冲动，是一种涉及人类感性生活的价值。另外，弗洛伊德在分析审美活动时说："生活中的幸福主要是在对美的享受中得到的，无论美以什么形式——人类形体和姿态的美、自然物体与风景的美、艺术创作甚至科学创造的美——被我们所感知和评价都不例外。"在弗洛伊德看来，审美活动是一种由爱的本能、冲动而产生的对美的客体的快乐与享受。而审美活动是美育的主要实践方式，这无疑将美育与本我这一人格结构相联系。

（一）美育与本我的关系

"本我"这一人格结构是由纯粹的潜意识组成的，它是在生物进化的演变历史中遗传下来的动物性本能。"本我"充满了非理性的、暴力倾向的、反社会的冲动，其承载了所有的本能欲望。"本我"只有一个目的：满足其原始欲望。一旦欲望能够得到满足，个体就能够获得快感。所谓快感，就是指个体维持生命生存与繁衍的本能欲望得到满足时的一种产生于个体心理的奖励机制，是生命对客观世界的肯定性感知。个体的快感是源于动物性本能的精神活动，并且快感能够影响个体的实践活动，是心理动机与需求的主要体现。所以，人类美感与快感之间存在密切联系。快感会为个体提供一切活动的动力，影响个体的决定与行为，在没有"自我"与"超我"的情况下，是快感决定个体所有行为。由此可见，只要是动物就能产生快感，"本我"是潜意识地为了寻求快感而存在的人格结构，它是人类获得审美快感的基础，也是美育能与

"本我"这一人格结构相连的根本。

美国哲学家桑塔亚纳认为:"美是一种价值。"他认为美是人根据主观意识对客观世界所反映出来的事物的某种价值。桑塔亚纳在其著作中曾暗示过"刺激—快感—美"的论述,在他看来,事物对个体产生刺激,使得个体的感官获得快感,从而产生对美的认知。另外,刘晓纯说"美感是动物快感的发展、升华与质变",并且用人类初期打猎所获得的动物器官举例。人类最初在满足吃的本能性欲望之后,将动物的爪牙、皮毛等制作成装饰品,即一种审美快感,那时人类就初步具备了美感。而美育对"本我"这一人格结构的影响主要体现在审美体验这一审美过程之中。审美体验是个体参与社会实践活动所产生的意识活动,在此过程中个体通过感知、理解、想象从而激发审美情感,获得精神上的愉悦。故而可以说,美育使得个体在"本我"这一最基础的人格结构中追求精神愉悦,赋予个体精神快感。个体在获得审美快感时,要调动各种生理感官进行感受,并且大脑会感受到超越生理的快感,使得其心灵沉浸在这种审美快感之中,获得愉悦,这让其在实践生活中能够通过艺术鉴赏等活动满足其精神追求,给予其不竭的精神动力。

(二)美育与自我的关系

弗洛伊德的理论认为,当人类在社会之中不断成熟与发展的过程中,个体与社会的接触不断增多,逐渐学会如何抑制自我的本能冲动,学会对生理性的想法进行控制,开始考虑个体行为为其带来的后果,考虑现实因素,在这个思考的过程中逐渐形成人格系统中的第二层结构——"自我"。例如,在个体处于婴儿时期,其完全被"本我"所控制,其思想全部为的是生存。随着婴幼儿不断成长,在家庭、学校和社会的共同作用下,其学习到的知识不断增多,与他人交往的范围不断扩大,在这一过程中,儿童不断意识到"本我"的冲动是不能够随意流露的,也不可能全部被满足,于是儿童发展出了"自我"这一人格结构来处理社会实践中的事件。因此,"自我"这一部分的人格结构是由"本

我"演变而来的，但"自我"并不能够脱离"本我"而单独存在，它是"本我"在现实活动中的中介性结构。在这一结构中，"自我"按照现实原则进行操作，尽可能地满足"本我"在现实生活中可以满足的欲望，所以二者处于相互平衡制约但是彼此共同促进的状态，当"本我"与"自我"产生矛盾的时候，个体服从于"自我"。

美育与"自我"的关系比较复杂，其原因在于"自我"这一人格结构自身的两面性。"自我"能够抑制"本我"在现实社会中无法实现的原始冲动与欲望，可以见得"自我"的理性，而"自我"作为人格系统的结构之一，其本身来源于个体的心理系统，其本质是感性的，故而"自我"具有两面性特征，美育对其影响和经过美育培养之后的"自我"在社会实践过程中的表现亦有两面性。

李泽厚在1956年提出的"美感的矛盾二重性"对美感的论述，可以帮助理解美育对"自我"的两面性。李泽厚认为，美感一方面是感性的、直观的、非功利的；一方面是超感性的、理性的与功利的。基于李泽厚对美感的论述，美育的主要途径是：艺术能够作用于审美主体的感受器官，从而产生审美感受和审美感知，这种感受和感知是模糊的、直观的，是对其形式的认识，美育能够让审美主体对审美客体与自身产生外在联系而未达到对审美对象的本质的理解或内部联系的把握，这是感性的美感，也是美育在"自我"感性方面的作用；而美育对"自我"的理性方面的作用主要体现在，美育是在审美主体对审美对象的感性认识的基础上进行一系列理性塑造与培养。美育通过对审美思维活动的培养，对审美对象的本质和这二者的内部联系进行理解和能动性反应。美育的作用主要体现在对审美趣味、审美情感、审美趋向的标准化塑造，是审美对"自我"人格层次的高级塑造。在这一美育培养过程中，审美主体将自己的主观意识主动地渗透到审美客体中去，即"自然的人化"。这种主观意识主要来源于个体以往的社会实践及其经验，也就是说美育对"自我"人格结构的塑造是个体感性认识活动和理性认识活动的统一，通过塑造之后的"自我"能够用感性与理性相统一的认识重新审视本体在社会实践中的行为与思想，在审美过程中能够对审美对象进行深度认识或者认识新的审美对象。反之，通过美育塑造之后的人格系统是健全的，其拥有完善的"自我"人格结构，能够让个体进行深度思考，在社会系统中发挥更为重要和积极的作用。

（三）美育与超我的关系

所谓"超我"是由"自我"演变而来的，是道德化了的"自我"。个体与社会文化相联系的人格结构是在个体生活实践过程中接受家庭教育、学校教育或者是社会道德教育形成的。弗洛伊德认为，所谓的"超我"是个体追求完美的人格部分，同时，"超我"与"自我"和"本我"是可能存在矛盾与冲突的，如果冲突的情况发生，"超我"便发挥作用，并且对其余两个人格系统的行动倾向给予坚定的阻止与控制。由此可见，"超我"这一人格结构在人格系统中占据主导地位。

"超我"是从"自我"中衍生而来的，其产生于儿童早期，最初产生于儿童对父权等权威形象的认识，是对父权的道德行为的认同与对社会典范的效仿。它是道德的载体，能够让人格系统升华，压制甚至禁止"本我"的原始冲动与"自我"的自私行为，按照理想的行为处事标准——"善"处事。

美育以审美活动对个体进行指导，为人格发展树立典范，如果通过美育能够在人格的发展与审美活动中达到"超我"人格层次的要求，个体就会获得精神上的愉悦和满足，反之，如果个体的行为没有达到"超我"层次的人格要求和审美需要，个体就会产生失落和自责的心理情绪。所以，美育在培养健全的人格系统中的"超我"层次时，是起到指导作用的，它引导着"超我"层次的发展，指导个体的审美等高级社会实践活动。

美育对个体的人格系统的培养是长期的，在对"超我"人格层次的培养过程中，着重于个体幼年时期的培养。其培养儿童的道德品质与审美趣味，在家庭教育、学校教育以及社会教育之中引导儿童正确地认知

美并且对道德标准进行规定与塑造，使得个体在成年之后的生命历程中能够受到其指引，在认识各种社会现象、个体实践活动等方面产生重要影响。因此可以得出的结论是：美育对"超我"这一人格结构的培养必须从个体内在入手，如果个体在社会实践之中展现出优秀的社会行为，则说明个体拥有完整的人格系统，其作用应归功于美育。

首先，经过美育培养的人格，在社会实践中体现出丰富的人文价值，表现在能够展现出和谐的人格品性，促使个体按照一定的道德原则形成自我的道德意识，对自己的行为能够有道德评判标准，在日常生活中懂得分辨真、善、美，远离伪、恶、丑，判断正义与非正义。它不但使个体有正确的道德观，展现出高尚的道德品质，而且当民族都拥有和谐的人格品质之后，还能够让民族精神得以有序化并且得到升华。它是集个体与集体的统一、历史与时代的统一及民族与世界的统一的多维度塑造。其次，其价值在于健康的人格心理，在社会实践行为中展现为个体具有充分的爱心、优秀的心理调节能力等多个方面。最后，其人文价值表现在健全的人格系统。美育能够使"本我"层次追求更为高级的审美快感，使得"自我"层次能够从理性与感性两个方面促进个体精神文明建设，更能够为"超我"层次提供道德标准，为个体提供精神指导。

第三节　完美的人格境界

王国维曾说："言气质，言神韵，不如言境界。"所谓境界，是中国传统艺术文化的精髓。中国古代传统文化追求和谐的人格境界，它被称为完美的人格境界。其表现出来的人与天地之间生生不息的和谐关系，对中国历史发展产生重要影响，而当代的人格境界的具体含义，依旧是学界热议的论题。现在，美育被前所未有地重视，美育与人格境界之间的联系成了重中之重。具体看来，美育对于达到完美的人格境界在当代主要体现在崇高的审美理想、纯正的审美观念与美好的言谈举止三个方面。

第二章 人格塑造与人格完善

有关人格境界的理论探讨,古今中外不少人对此有自己的论述。在我国春秋战国时期,孔子认为人格境界可以分为士、君子、圣人三个层次,分别对应个体的现实人格、最低理想人格和最高理想人格。正如孔子所说:"圣人,吾不得而见之矣;得见君子者,斯可矣。"孔子认为圣人境界高不可攀,所以如何从士层次上升至君子层次可以为达到最高理想人格境界做参考。孔子给予的答案即为"德"。

同一时期,孟子将人格境界分为善、信、美、大、圣、神六个层次,孟子在《孟子·尽心下》中说:"可欲之谓善,有诸己之谓信。充实之谓美,充实而有光辉之谓大,大而化之之谓圣,圣而不可知之之谓神。"可见,孟子的思想是孔子思想的继承与细化。孔孟对完美的人格境界的设想,强调道德因素的作用,人与人之间要相互帮助,相互信任,相互尊重,对父母为"孝",对朋友为"悌"。

此外,道家对人格境界的认识也有所论述。儒家提倡"克己复礼",试图规范社会中人,恢复原有人伦秩序。而在道家看来,人格境界是指人与自然的和谐相处,完美的人格境界应为"无为"。道家提出了真人、至人、德人、天人、全人、神人等人格境界。道家认为所谓神人的完美人格境界在于超越世俗功利之心,不求功,不求名,也不求利,清心寡欲,保持平和的心态,回归天地之境,成为天地之人,通过修行与内省提升自己的人格境界。正如庄子在《逍遥游》中说的"若夫乘天地之正,而御六气之辩,以游无穷者,彼且恶乎待哉?故曰:至人无己,神人无功,圣人无名"。

自汉代以后,我国传统思想对完美人格境界的论述得到了丰富与发展。在魏晋时期,著名的"竹林七贤"强调个人生命的价值,尤为重视士子的才智与应有的仪容风度。到了宋代,理学家朱熹在继承儒家传统人格境界思想的同时,综合道家思想,将人格境界分为才人、贤人、君子和圣人四层境界。朱熹认为完美的人格境界"圣人"在于"天人合一""心与理一"。圣人的行为是符合天地之间至理的,在人格境界之中"和"是完美的人格境界的核心。时间行至近代,以严复为首的知识

分子强调个体的生存与个体的独立人格意识的形成，将完美的人格境界进行现代化转向。

纵观中国传统思想对人格境界的发展，不难看出，和谐是中国文化视域中对完美人格的重要评判标准。

而在当代，美学家对人与社会、人与自然、人与文化、人与文明的关系进行不同角度的分析与论述，将对人的研究延伸到人格境界这一深层领域。而美是人类的永恒追求，是生命本质的冲动与热情，是一种近乎天性的追求。个体生活中如果没有美，虽说不一定能够对其生活造成实质性的影响，但是缺乏美的生活必然是不充实、不圆满的。所以，缺乏美育的人格在今天是不完整的，正如苏联美学家布罗夫的论述："人直接需要美，因此审美因素渗透到他的整个生活中，人不仅按照物质必然性，也按照美的规律进行创造。"如果个体在当下时代能够拥有完美的人生境界，不仅需要在道德层面进行人格境界的完善，还需要按照美的规律进行塑造，而让个体能够按照美的规律进行塑造这一任务必然交由美育进行。美育涉及家庭教育、学校教育和社会教育，美育对个体人格境界的塑造不是一朝一夕完成的，它对个体的影响贯穿其终生。美育能够促使人格中有关审美的三个方面不断丰富与提升，促使人格境界趋于完美，使得一个人达到可能达到的最高境界。

一、崇高的审美理想

2014年10月15日，习近平总书记在文艺工作座谈会上指出："把社会主义核心价值观生动活泼、活灵活现地体现在文艺创作之中，用栩栩如生的作品形象告诉人们什么是应该肯定和赞扬的，什么是必须反对和否定的，做到春风化雨、润物无声。"由此可见，美育在社会主义核心价值观培养中的重要作用。我国要在社会实践过程中将美育贯穿于社会的方方面面，将其升华为个体崇高的审美理想。我国要在社会实践过程中将美育贯穿于社会多个方面，将社会主义核心价值观的培育作为美育的目标之一，将其升华为个体崇高的审美理想。而理想是个体对文化与价值在高层次水平上的认同,其中凝结个体最精华的表达,是人格境界重要的组成部分。

审美理想与人生理想具有同向性,黑格尔认为:"艺术的必要性是由于直接现实有缺陷。"黑格尔在其著作中认为只有不完整的现实才能够激起人们的审美理想,审美理想能够激发个体改造客观现实世界的动力,这一动力让审美理想与人生理想趋同,并且相互影响,相互作用。审美理想是审美价值观的集中体现与高度凝结,在当代中国崇高的审美理想即社会主义核心价值观所缔造的审美价值观。审美理想能够帮助审美主体在社会实践过程中分辨庸俗与高雅,指导审美主体心向真、善、美,反对伪、恶、丑。美育在审美活动中,能够帮助审美主体对审美对象进行规定,树立正向且崇高的审美理想。另外,因为审美理想与人生理想的同向性,所以在美育教育的过程中,二者能够进一步融合,使得个体能够更进一步地追求自身的完美。

我国哲学家冯契将客观世界分为自然界与人类社会两个部分,并且认为审美理想是关于人的本质力量的形象化。所谓形象化,就是人将自然中对美和生命本质的模糊性、感性认知转变成为具有主观性的审美体验,也就是人化的自然,冯契认为人化的自然主要体现在艺术作品中。艺术作品是个体通过不同的物质介质对美的主观性表达,是对生活和人的主观能动性表达的主要表现方式之一。艺术作品表现了审美主体在其所处年代的崇高审美理想,是艺术创作者对理想与价值的凝练之物。美育对审美主体的情感教育能够让审美主体对艺术作品之中所蕴含的情与景有更为深入的理解,使其对艺术作品中的艺术造型、艺术理想的感受达到和谐统一。中国传统艺术作品,如诗歌、绘画、书法等所透露的天人合一的"意"就是中华优秀传统文化中对崇高审美理想的定义。在艺术作品的创作过程中,艺术创作者的审美理想统领着其艺术创作行为,艺术创作者对景的选择与其情的表达都是审美理想的现实意义,故中华优秀传统文化中"意"的审美理想并不是抽象的,它具体表现在艺术作品中,而美育就是通过让受教育者学习、认识、理解艺术作品中艺术创作者审美理想的认知,从而提升

教育对象的审美理想，尽可能地在境界层面更上一层楼，使得受教育者能够拥有崇高的审美理想，完善其人格境界。

中国传统艺术的抒情点在于"托物言志"，艺术创作者在自然界中寻找到相应的自然景色，将自己的各类情感加以灌注和寄托，以此抒发自己的理想与抱负，这种理想与抱负往往包含着艺术创作者对其生存时代社会现实的深刻反省。例如，在魏晋南北朝时期，艺术创作者用"气""风格"等词表达自己的审美理想，阐述艺术意境。美育在审美实践活动中，主要通过学校教育对学生的情感进行培育，包括感受能力、共情能力、共理能力等。

所谓"托物言志"，其志在于对真、善、美的向往，通过对现实世界自然美的人化，将其转化为社会美、艺术美，寄托于其中的审美理想内核在于真、善、美。但是，艺术需要扎根于现实，不能完全脱离现实，是现实的理想化，也是理想的具象化，故而艺术是美育与审美理想之间恰当的中介。审美理想要想变为现实，就需要获得一定的物质外壳，让审美主体能够感知到，即借助不同的物质媒介把它表现出来。美育能够使得受教育者从形式到内核理解艺术作品的艺术性表达，其必然能够获得对崇高的审美理想的认知，对如何塑造完美的人格境界就有了实质性的认识。在形式上，艺术主要通过形状与声音两种物质媒介进行表达；在内核上，艺术创作者在艺术作品中凝练的精神素养、道德理想等都能够通过美育让受教育者感知到。而在当代，美育的主要目的之一是让受教育者对艺术作品中凝练的中国传统价值观、革命文化与社会主义核心价值观有所理解和认识。例如，如果没有中国传统价值观中对"君子""圣人"的道德理想，没有革命文化中的爱国主义精神，其审美理想必然是不完整的、无力的，而且是缺乏持久生命力的。

美育能够培养个体审美情感，注重个体个性发展，培养每个人对美的个性，提升个体对美的感受能力和鉴赏能力，但是，当代一些人过度重视智育的做法导致中国社会部分年轻人掉入所谓的逻辑与经验的陷阱，只重视结果而忽略过程，只重视功利而忽视感受，缺乏美育的个性发展，使得拜金主义、教条主义等不良思想理念抬头，引发社会不良风气，这类社会群体的人格境界必然不是完满的，其审美理想必然不是崇高的，所以，美育在当下的重要性就不言而喻了。

培养崇高的审美理想是因为审美理想对个体的人生具有引导功能，美育让个体能够确立真、善、美，摒弃伪、恶、丑。崇高的审美理想包括个体的政治理想、社会理想、道德理想、艺术理想多个方面，美育对其有着关键性的综合塑造作用。崇高的审美理想能够构成个体正向的心理驱动力，推动个体将审美理想在社会实践中加以实施，进行美的实践，而美育能够促使个体将自身的行为与意志相统一，在符合美的客观规律的要求与统领下，改变自身与社会，其必然也是完美的人格境界在行为模式方面的表现。美育能够引导个体审美理想向正向、崇高的方向塑造，促进人们形成正确的审美理想，引导人们形成健康向上的人生理想，塑造人们完美的人格境界。

二、纯正的审美观念

审美观念，即审美个体对美的看法与认知。在日常生活中，人们会认为审美是一种自然行为，通过审美活动展现出来的审美观念也是天然形成的，似乎每个人对美的感知是与生俱来的。但是，马克思认为，不同国家、不同文化的人之所以能够产生不同的审美观念，是因为其受到诸多意识形态的束缚。而在马克思看来，人们在审美观念中体现的差异性来源于实践，并且这种审美观念的差异性是实践最直接的表现。他认为，人的行为，特别是创造性行为，是按照"美的规律"进行的，其本身就是为了满足客观世界中的功利性目的与行为本身进步的需要。符合历史发展的审美观念在客观现实中能够表现出正确的审美活动，能够激发人们符合历史规律的审美理想，使之成为顺应时代的崇高审美理想，在当今社会具有指导意义。

当今社会，人们越来越自觉地追求更加美好的物质生活和精神生活。美育作为塑造人们审美人格与心理人格的重要手段，其对人们精神

世界的培养与影响是不可忽视的。只有通过正确的美育方式，人们才能培养出符合历史潮流与时代步伐的审美观念以及符合时代发展的审美观念，即纯正的审美观念。

当代美育需要扎根中华优秀传统文化，只有从中华优秀传统文化的视角出发，才能对教育对象的审美观念产生深刻的影响。正如马克思所说，个体审美活动来源于实践。中国的传统审美建立在农耕文化的基础之上，全社会以农业为第一行业，人们日出而作，日落而息，自然界对人们的影响毫无疑问是最大的。自然界的高山流水，成了人们的主要审美对象，在与自然深度相融时，山林的高耸、溪流的蜿蜒、植被的茂盛都成为人们的审美对象，也就形成了以"感同身受""天人合一"为美的中国传统审美观念和以"和谐"为至高审美理想的审美观念。

到了近代，时代的发展使得中国传统农耕社会的社会形态发生了改变，人们的实践活动发生了巨大的变化，使得人们的审美观念发生了天翻地覆的改变。工业化的发展使得城市人口不断增多，人们与工业产品的接触日渐增多，而逐步脱离自然，物质条件的变化对人们心态的影响导致审美观念的巨大变化，中国传统审美观念开始向现代化转向。

美育能够使得个体对美与丑的问题有清晰的认知，个体只有能够主动且清晰地分辨美与丑，才能够形成纯正的审美观念。传统的教育主要关注歌颂美好，认为只有歌颂美好才能让个体产生向上的纯正的审美教育，认为在对个体的教育过程中，如果让个体关注丑陋就可能导致个体沉溺其中而走向堕落。实际上，美育是不能够回避美丑之间的联系的，如果在美育的过程中只关注美之一极而不关注丑之一极，受教育者就无法对美的相对性与个性产生正确的认知，就不能够让人的感性与理性相平衡，不能处于和谐状态，感性会始终被理性压制，达不到形成纯正的审美观念的目的。

（一）分辨美丑

诚然，个体如果拥有纯正的审美观念，必然需要在美育的过程中对何为美让受教育者有清晰的认知。纯正的审美观念理所应当地包含了人类对美好事物的向往，对"真、善、美"的向往，追求精神的满足超越物质的满足。所以，美育必须倡导美，才能让受教育者感知美、靠拢美、实践美，但问题在于单纯地歌颂美未必能够达到培养纯正的审美观念的目的。当今社会，随着科学的发展与技术的更新换代，生活的多样化与创作的复杂性使得客观世界中的美是复杂的，当美育因鄙视丑而忽略对受教育者丑的教育时，受教育者能够有分辨生活和创作中的美丑的能力吗？答案无疑是否定的，世界纷繁复杂，如果美育只认为社会中丑恶的一面是非正常的、偏僻的，那么这种思想指导下的美育培养出来的受教育者的审美观念也绝非纯正的。只有重视美与丑的并行教育，才能让受教育者对丑有着深刻的认识而摒弃它，自然能够从反方向促进受教育者自觉避开丑，靠拢美，才能达到对美的和谐认知，才能展现出纯正的审美观念。

（二）尊重个性美

除了对美丑有分辨能力，拥有纯正的审美观念的个体还能够尊重个性美。费孝通说："各美其美，美人之美，美美与共，天下大同。"费孝通认为，美育能够使得受教育者的人格得到提升，形成纯正的审美观念。"各美其美"即尊重各种美的存在，美是无处不在的，而且美的表现形式也存在各式各样的差异，这个复杂的客观世界构成了美的多样性、丰富性以及分歧性。在美育的过程中，教育者需要对各种各样的美给予宽容的态度，对自然美、生活美以及艺术美给予多种角度的褒奖，使得受教育者能够尊重个性美，才能体现出宽容的中国特色美育的成果，才能给予审美观念足够的宽度，使其包罗万象。所谓各美其美，即要看到世界的多样性：山川美、河流美、男性美、女性美、生活美、艺术美等。只有各美其美才是真正意义上的美，才能形成纯正的审美差异。如果只褒奖一种形式的美而贬低其他形式的美，排斥不同时代、不同民族的美，排斥差异本身所带来的美，这种主观态度本身不是纯正而正向的审美观念，是不美的观念，就无法达到高尚的审美境界。

三、美好的言谈举止

美好的言谈举止是指个体的言谈、行为是合乎礼仪的、有分寸感的、真诚的，这些内容都属于审美的范畴，也属于道德范畴，因此当人们谈及美育对个体言谈举止的影响时，必然谈及道德准则对个体行为的影响。

随着社会生活中劳动分工的细化程度越来越高，社交活动日益增多，人们对自己以及他人的言谈举止的要求越来越高，而美育是美化言谈举止的有效途径。例如，个体在与陌生人交流的过程中，能够大方交谈、礼貌待人等，这些都是美好的言谈举止的具体表现。

美好的言谈举止所透露出的优雅和得体并不是行为上的尊重，而是个体经过多次的学习能够养成的一种习惯，这种习惯表现了个体对他人的友善和尊重，所以，言谈举止的美并不是单纯外表的美，它是个体内心美在言谈举止上的表现，正如古人所说："诚于中而形于外。"古人认为个体的行为美是心美的表现，美好的言谈举止的基础是心美。

《礼记·大学》中有言："物格而后知至，知至而后意诚，意诚而后心正，心正而后身修，身修而后家齐，家齐而后国治，国治而后天下平。"儒家认为，只有强调德行的重要性，才能够形成完整的人格境界，而道德水准在中国传统文化中也是审美问题的重要部分。孔子认为修身以齐家，而中国近代美学家蔡元培认为修身基于个体实践活动。根据孔子与蔡元培的相关论述，笔者认为通过美育个体展现出来的美好的言谈举止具体表现在良好习惯、美育素养、知行合一三个方面。

（一）良好习惯

习惯是指个体在人生历程中逐渐养成的且不能轻易改变的行为。蔡元培认为美育能够使得个体了解道德知识，能够让个体在日常生活中自觉实践道德准则的要求，使得个体能够展现出美好的言谈举止，形成完美的人格境界，达到"真、善、美"的人格理想与人格境界。

美育能够让个体形成良好的道德习惯。道德是人类社会在实践生活中形成的标准与规则，能够影响个体生活中的每一个微小的细节，而习惯是个体的道德水平在客观世界的展现。个体在日常生活中处理对人、对事的态度与方式清晰地展现出其道德水平，如果一个人在日常生活中的小事上没有良好的习惯，就不可能有美好的言行举止。另外，礼仪能够造就个体习惯，美育能够使得个体对道德规范从外在转换为内在自觉。礼仪是以约定的行为规范自身的过程，礼仪涉及个体的穿着、礼貌等多个方面，是个体对自身要求的高标准，也是个体在社交过程中的具体要求，通过审美教育之后的个体能够在日常生活中表现出文质彬彬、进退有礼等良好习惯，如果个体拥有这些良好习惯，那么其在生活中就会表现出良好的行为举止。

（二）美育素养

审美是人类的一种高级精神需要，对美的天生追求与向往要求个体在生活中寻找美、感知美、创造美。通过美育，个体能够培养感性思维，提升其精神境界，以此提升自己的审美素养，而所谓的审美素养是指人的意识、情感、思想的集中体现。美育能够用它独特的教育手法激发个体的心理情感，以美去压制甚至化解人的不良本能欲望与冲动，使得个体能够提升其审美理想，追求人格境界的提升与完善。

美育是一个不断完善使得个体拥有独特审美意识，提高个体素养的过程。通过美育之后的完整的、健康的个体审美人格拥有自身独特的外在美与内在美，具有优良的审美素养，这样才能在社会生活中表现出美好的言谈举止。

第一，美育能够培养个体的外在审美意识。所谓外在美，就是言谈举止在现实生活中的直接表现，具体表现在穿着、仪态、风度等多个方面。第二，美育能够培养个体的内在审美素养，并且具体化为美好的言谈举止。个体的内在美主要表现在道德水平、学识、理想、才能、个性等多个方面，它是个体人格的主要塑造因素。奥斯特洛夫斯基认为人的

美主要在于内心而不取决于外表，如果一个人没有了内在美，人们通常也会厌恶他漂亮的外表。可见，个体的内在审美素养是美好的言谈举止的主要影响因素，个体应该注重内在审美素养的提升。随着人类社会的发展，物质世界的欲望被满足的可能性越来越大，个体被享乐主义、拜金主义影响的可能性也随之增大。在这些不良的社会思想的影响下，个体会在其中逐渐迷失自我，丧失对传统美德的认知能力，丢掉信念与理想，使其素养降低，在外在行为的表现上必然是不圆满的、不完整的。美育能够培养个体自觉认识并遵守道德标准，在日常生活中勇于奉献，在工作中追求真理，热爱国家与民族，从而提升个体的心理层次、审美素养，充实精神领域，并且自愿在社会实践活动中将此精神境界转换为实际行动，从而形成美好的言谈举止。

（三）知行合一

"知"和"行"都是中国古代哲学中的重要概念，在漫长的历史长河中很多先贤对这两个哲学概念有着自己的见解，明代的王阳明是我国心学的集大成者，正是他提出了知行合一的观念，在道德层面实现了知与行的统一，即认识与实践的统一。王阳明针对当时社会环境中的不良风气，提出"知行合一"为其解决之道，认为知是行的开端，人只有先对客观事物或者实践形成自己的认知，才会有实际行动。在王阳明看来，行为是认知过程的最后阶段，所以行也是知，知也是行，知、行是实践活动过程中的两个方面。知是行的先导者，为行提供理论基础，而行是知的现实表现，知、行之间不可相互分离，是统一体。

自党的十八大以来，党中央高度重视公民精神文明建设，提出必须将社会主义核心价值观融入社会各个方面，"五育"并行，高度重视美育对个体的塑造与对社会的影响。而王阳明的知行观作为中华优秀传统文化，能够切实促进个体道德实践的发展，同时能够提升民族文化自信。"知行合一"这一哲学概念在新时代的再分析，使得个体形成美好的言谈举止。

在"知"一侧，王阳明认为人要成为圣人，关键在于要拥有圣人的意志，有什么样的思想就有什么样的行为。在当代，"理想指引人生方向，信念决定事业成败。没有理想信念，就会导致精神上'缺钙'"，个体只有树立了坚定的理想信念，才能够在社会生活中积极进取，才能够更加从容地应对社会的各种风险与挑战。"五育"并行，充分发挥德育与美育的积极作用，对当代国民的理想信念教育高度重视，才能将理想信念的教育覆盖全体人民，指导和引导个体在社会生活中体现出尊重与关怀。在这种美育与德育并行的教育方式的指导下，要形成美好的言谈举止就必须践行社会主义核心价值观，扎根于中华优秀传统文化，所以在美育的过程中教育者要将社会主义核心价值观融入国民教育的全过程之中，深入我国社会中的方方面面，只有人们认识到中华优秀传统文化之益，将中华优秀传统文化之精华与社会主义核心价值观相融合，才能培育出与时代精神相契合的完美的人格，形成正确的价值观。这是个体拥有美好的言谈举止的基础，可以对其在现实社会中的实践活动提供理论指导。

在"行"一侧，王阳明的知行观重点强调了行对社会的重要性，认为社会的不良风气在于知而不行，导致的"知行二分"。在新时代，知而不行的问题仍然会出现在现实社会中，这要求人们在美育的过程中将道德教化与道德实践并重。如果只重视教化的作用而轻视实践的作用，就会让知而不行、只顾小家而不顾大家的精致利己主义者大批量地出现在社会生活中，使得美好的言谈举止始终处于空想之中而无法落到实处。只有将心中所想真正落到实处，保证是可行之实践，个体在现实社会中才能展现出令人舒适的、彬彬有礼的言谈举止。

当前，全国各族人民都在为实现中华民族伟大复兴而努力，中华民族伟大复兴不仅仅是当代中国人精神的目标、各族人民共同的愿景，更是中华民族每一个个体的实践目标。美育让新时代的青年在树立坚定的理想信念的同时脚踏实地，知行合一，从思想到实践都为实现中国梦而努力奋斗。

第三章　美育与人格塑造

第一节　用美育强健身心

一、美育与心理健康

美育与心理健康之间的关系是一个非常广泛的领域，目前已经受到了越来越多的关注。美育不仅可以培养人们的艺术素养和审美能力，还能够对个体的心理健康产生积极的影响。在人生的旅途中，每个人都会经历各种不同的挑战和困难。有时候人们会面临自我怀疑、失落、焦虑、抑郁等负面情绪，这些情绪可能会让他们感到失去了自信和勇气。但是，如何正确看待自己，提升自我信心，勇敢面对挫折，是人们在美育的过程中必须学会面对的问题。

（一）以美自省：学会正确看待自己，提升自我信心

面对信息繁杂的社会，人们越来越注重个人成长和自我价值的提升，这是实现个人价值和成功的关键。然而，人们常常忽略正确看待自己的重要性，从而导致自我评价过低、自卑、缺乏自信等问题。自省

是一种积极的自我反思方式，它可以让人们更好地了解自己的优点和缺点，接受自己的不完美，提高自我认知和信心，培养积极向上的心态，让人们充满自信地面对生活中的挑战和机遇。

了解自己的优势和劣势是正确看待自己并提升自我信心的重要一步。美育能帮助人们正确评价自己的优势和劣势。美育通过艺术创作、欣赏和交流等形式，让人们能了解自己的潜力和不足之处，从而建立正确的自我认知和自我评价。例如，通过参与绘画、音乐或其他艺术创作，人们可以更好地发现自己在某些领域具有天赋和优势，也可以意识到自己在某些方面需要加强和提高。

美育可以培养审美意识和素养，帮助人们从美的角度看待自己。艺术的美是一个相对的概念，每个人对美的认识都不尽相同，但美育可以帮助人们学会用审美的眼光看待自己。例如，通过欣赏一幅优秀的绘画作品，人们可以感受到艺术家在细节上的用心和独特的表现方式，从而认识到自己也可以在日常生活中通过细节展现自己的特色和优势。

除此以外，美育还可以帮助人们培养自我反思和自我成长的能力。在美育中，人们需要不断地进行艺术创作、欣赏和交流，而这些过程都需要不断反思和改进自己的作品和表现方式。通过这种反思和改进的过程，他们可以更好地了解自己，发现自己的优势和劣势，以及如何进一步提高自己的艺术水平。这种反思和成长的能力也可以转化到日常生活中，帮助他们在各个方面不断提高自己，从而使他们更加自信地面对生活的挑战。

美育作为一种教育手段，可以帮助个体建立正确的自我认知和自我评价体系，从而增强自信心。这种教育方式不仅能够在艺术方面帮助个体实现自我价值的提升，也可以帮助个体在日常生活中建立正确的人生观和价值观，从而使个体更好地适应社会的变化和发展。因此，在未来的发展中，教育者应该更加重视美育，让每个人都能够从美育中受益，并在自我认知和自信心方面实现更好的提升，也要不断挖掘自己的潜力和优势，以更加自信的姿态面对生活。

(二)以美启真：树立积极的人生观，勇敢面对挫折

音乐、艺术、戏剧不仅是文化的载体，更是人类情感世界的表达。在这些文化艺术形式中，人们可以感受到各种情感，如喜悦、感动、悲伤等，它们可以帮助人们更好地理解世界和自己，也可以引导他们树立积极的人生观，勇敢地面对挫折。美育正是利用这些文化艺术形式进行教育，以此提高他们的审美能力和情感世界，也帮助他们成为更加有创造力、积极向上和具有适应能力的人。在美育的引导下，他们可以学习到许多与生活相关的知识和技能，更重要的是可以树立积极的人生态度，更好地理解社会、历史和人性，勇敢地面对人生的挑战和困难。

美育可以引导人们树立积极的人生观。美育能够让人们认识到人生的多样性和价值。在文化艺术中，人们能够感受到不同文化和不同时代表达的不同价值观和世界观，理解和尊重不同的文化和思想。同时，艺术也是一个可以体现人性和人情的领域，通过欣赏和创作，人们能够更好地认识到人性的多样性和丰富性，更好地理解和尊重他人。在学习和欣赏艺术作品时，人们可以感受到作者的情感和态度——音乐作品可以表达作者对生活、爱情、自然等的感受，艺术作品可以表达作者对人性、社会和历史的理解。通过欣赏这些作品，人们可以感受到一种积极的、美好的情感，这些积极的情感和精神会影响人们的思想和行为，使自己更加乐观、自信和有活力，从而成为更加有价值、有尊严的人。

美育可以让人们勇敢面对挫折。面对生活中的变幻莫测，有人常常会感觉到压力不断、事情不断，无法调整好自己的身心状态，导致心理问题急剧增多，而美育能够帮助他们在文化中汲取正能量——在学习和欣赏文化艺术时，他们会遇到各种技巧和挑战，需要不断尝试和改进；在学习音乐或其他艺术形式时，他们需要不断练习和尝试，以克服技巧上的困难；在参与戏剧演出时，他们需要面对各种角色和情节，不断尝试和改进，以创造更好的演出效果。通过这样的学习和挑战，人们可以培养勇气和毅力，有力量面对人生中的挑战和困难。

网络时代的发展，虽然带来信息通道的便捷，但其负面信息带来的影响也是巨大的。面对"信息茧房"带来的困扰，人们不可避免地感到沮丧和迷茫。然而，美育为人们提供了一种途径来理解、欣赏和创造美丽的事物。当人们陷入沉闷和挫折时，美育的力量就显得尤为重要。音乐、艺术和戏剧等文化艺术形式不仅可以丰富人们的审美经验，而且可以激发内心深处的情感和激情。通过美育的引导，人们可以不断发掘自己的潜力，使自己成长为更加自信的人；通过欣赏和参与各种文化艺术形式，人们可以发现自己的价值，从而在人生中树立起积极的态度和人生观。

（三）以美养德：善于发现他人之美，促进人际和谐

美，是一种高尚的情感体验，是人类追求精神境界的必经之路，是培养良好品德和道德修养的重要途径。美不仅仅是一种视觉上的享受，更是一种道德和精神的追求。《宋史·娄机传》所说的"称奖人才，不遗寸长"，表示善于发现别人的优点并给予称赞。美育能够加强我们品德的培养，帮助人们发现他人的优点，促进人际关系的和谐。

"美育者，与智育相辅而行，以图德育之完成者也。"蔡元培先生如是说。通过美育，人们能够学习、发现他人之美。在欣赏各种文化艺术形式的过程中，人们能够感受到艺术家们所表达的情感和思想，从而理解他们的创作背后所蕴含的意义。同时，人们也要欣赏作品所表达的不同情感和思想，进一步培养自己的情感体验和包容心态。这种能力的培养可以使自己更加关注他人的需要和感受，增强同理心和关怀之心，也有助于表达自己的感受。除此之外，在生活中，美育还能够通过艺术创作的方式，让人们更加深入地了解他人。在创作过程中，创作者需要寻找创作灵感和素材，而这些素材往往来自人们对他人的观察和了解，从而发现他们身上的美好品质和特点。

在美育中，人们不仅要欣赏和创作艺术作品，还要与他人交流和合

作，以团队形式实现共同的目标，加强自我沟通能力与沟通意识，从而达成共识并取得良好的成果。这种合作精神的培养可以使个人更好地处理人际关系，建立良好的团队和社交关系，进而提高个人的社交能力和组织能力。

通过欣赏和创造美的过程，人们可以不断提升自己的修养和涵养，增强自己的道德素质和人格魅力。在当下快速发展的社会中，人们需要更加注重美育的重要性，让美育成为人们生活中不可或缺的一部分，让以美养德成为我们人生中的一种信仰和追求。

二、美育与体育锻炼

体育和美育是两个看似独立却又密切相关的领域。体育锻炼旨在增强人的体质，提高身体机能，预防疾病，提高生活质量；而美育则是通过审美教育和艺术实践，培养人们的审美能力和创造力，提升个体的文化修养和素质。然而，这两个领域有着相通之处——都可以促进个体的全面发展和健康成长。事实上，体育和美育相互融合、互为补充，可以为个体的身心健康和全面发展提供更为全面和深入的支持。体育本身的健身之美、融入礼仪的文化之美、规则条件下的竞技精神之美，都能使人真真切切地感受和体验"美"。

（一）体育中的美学（自然美、人体美、艺术美）

体育中蕴含着独特的美学，体现着人类对身体、技能、协作以及竞争的追求和创造，具体表现在自然美、人体美和艺术美三个方面。

首先，体育运动中的自然美体现在体育项目本身的动作和姿态上。在田径运动中，一个短跑选手在起跑时的神态，会让人想到奔腾的马群；一个优秀的运动员在游泳、骑行、跑步时的动作，会让人想到自然风景中的流水、鸟鸣和清晨的露珠。这些动作和姿态不仅具有流畅的美感，而且是人体能力的极致体现。运动员的身体素质、技术水平和比赛经验，共同决定了他们的动作和姿态能够达到怎样的高度。运动员在比赛中展现出完美的动作和姿态时，会引发观众的共鸣和赞叹，因为他们所表现出的美是自然、纯粹和无须人为修饰的。

体育中的美学与人体的美学有着紧密的联系。运动员的身体是体育中的重要元素，他们的身体可以被视为一种艺术品，因为它们既具有功能性，又具有审美价值。在体育比赛中，人们可以看到运动员优美的动作、肌肉的线条、力量的展示等。这些身体表现展示了运动员的身体素质和训练的成果，也体现了身体的协调和优美，让人产生一种强烈的视觉享受。

体育中的美学还体现在技能的表现上，是一种艺术之美。在运动中，运动员需要通过高超的技巧和技能完成各种动作和动作组合，这也是体育中的一种美学表现。足球运动员的突破、篮球运动员的运球、跳水选手的动作等，都需要高超的技能和技巧，才能让人产生美的感受。同时，运动员的技巧和技能的表现也需要经过长期的训练和锻炼，这也让人感受到运动员对运动的热爱和追求。

体育中的美学是一种多元化和综合性的美学，体现了身体、技能、协作、竞争和胜利等多个方面的美。在体育比赛中，运动员们通过优美的动作、高超的技巧、团队合作和公平竞争等方式，展现了自己的美学追求和创造力。观众则通过观赏和支持，体验到了运动的美妙和精神的力量。

（二）欣赏体育之美

体育是人类文明发展的重要组成部分，也是人们日常生活中不可或缺的一部分。在体育活动中，人们不仅要学会锻炼身体，还要学会欣赏体育之美。

体育运动是一个技艺高超的领域。体育比赛不仅仅是一场力量的对抗，更是一场技艺和技巧的展示。每个比赛项目都有自己的技巧和要求，每个运动员也都有自己的独特风格和技术特点。当看到一位篮球运动员高高跃起，用一记完美的扣篮将球送进篮筐时，人们会不由自主地为之赞叹和喝彩；当看到一位田径运动员在比赛中跑出优异的成绩时，人们会给予支持与尊敬。这些技艺和技巧的展示，不仅让人们感受到运动员的能力和努力，也激励着人们追求自我突破和成长，这些都是体育中的美。体育活动也是一种艺术形式：在冰上运动中，花样滑冰可以展现出独特的优美动作和舞蹈的美感；在体操比赛中，运动员们的动作也具有极高的美感和艺术感。

体育之美还在于它所蕴含的智慧和策略。体育比赛并不是简单的力量对抗，更是一场智慧和策略的博弈。在比赛中，每个运动员都需要思考自己的策略和战术，也要时刻关注对手的动态和反应。当看到一场精彩的足球比赛，人们会发现比赛中每一个传球、每一个跑位、每一个防守都蕴含着运动员的智慧和战略。当看到一场精彩的棋类比赛，人们会惊叹于选手们所展现的推演能力和决策能力。

体育之美在于它所蕴含的情感。在体育比赛中，运动员不仅仅是在展现自己的技巧和能力，更是在传递自己的情感和意志。当一个运动员为了国家、为了队友、为了自己而拼搏时，他所展现出来的精神和情感是无法用语言来表达的。他们的每一次尝试、每一次努力、每一次成功都蕴含着对生命和对自我挑战的敬意和渴望。正是这种情感的传递和共鸣，使得体育比赛成为一种情感的释放和传递。

欣赏体育之美是一种深刻的体验和思考。在欣赏体育之美的过程中，人们不仅可以欣赏到运动员所展示的技艺、智慧和策略，也可以感受到运动员所展现的情感和激情。更为重要的是，人们可以从体育比赛中汲取一些关于生活和工作的启示和思考。这些启示和思考将有助于人们更好地认识自我、追求成长和进步。学会欣赏体育之美，能够进一步感受人类智慧和力量的奇妙。

（三）体育中的美育精神

体育中的美育体现在运动精神上。体育运动所包含的不仅仅是运动员的技术和动作，更是一种文化和精神的传承。足球运动不仅仅是一个球员在球场上踢球，更是一种团队协作、互相帮助的精神，同时也体现了国家和民族之间的友谊和交流。2022年2月6日，中国女足时隔16年重夺亚洲杯冠军。在比赛的上半场中，中国队虽然处于较大的劣势，但是队员们仍不气馁，无论是在攻防转换中还是在比分落后的情况下，她们总是能够保持镇定、团结，互相鼓励和支持，在下半场她们力挽狂澜，展现出铿锵玫瑰的风采，最终以3∶2反超韩国队，拿下冠军，这就是中国女足团结协作、不屈不挠、热爱和执着的最美精神。体育中的美育精神还体现在其他运动中：篮球不仅仅是个人技术的展示，更是一种速度、力量和技巧的综合体现，同时展现了团队协作和个人英雄主义之间的平衡；田径运动则更多地体现了人类对自然和人体极限的探索和挑战。无论是哪种运动，它们所体现出来的美，都是基于人类对自然、对生命、对文化的认知和理解。

体育中的美育在于它所代表的价值观。体育比赛所代表的不仅仅是运动员的个人成就，更是一种社会和文化的价值观。体育比赛强调的是尊重、团队精神、公平竞争、拼搏进取等价值观。在比赛中，每个运动员都需要尊重对手、尊重裁判、尊重比赛规则。每个运动员也都需要具备团队合作精神、积极进取的态度和勇气。这些价值观不仅是体育比赛的核心，也是人们在生活和工作中需要遵循的重要准则。

体育中的美育精神也有助于推动社会进步和文化发展。体育运动和竞技活动是社会中重要的文化现象，它们不仅能够反映和传承一个国家或地区的文化传统，还可以通过运动员的表现和影响力传播和推广这种文化。奥运会作为全球最大的体育盛会之一，不仅是一场综合性运动会，还是一个国家或地区展示自身形象和文化的重要平台。运动员们在奥运会上通过自己的表现和形象，可以让世界各地的观众更加深入地了解自己所代表的国家或地区，也可以激发观众的热情和兴趣，从而推动文化的传播和发展。如果说2008年北京奥运会开幕式的辉煌盛典，让世界看到了一个大国的崛起，那么2022年北京冬奥会开幕式的浪漫空灵，则让世界看到了一个更自信、更从容的中国。

三、身心的和谐发展

美育作为教育的重要组成部分，不仅能够培养学生的审美情趣，提高学生的文化素养，还能够促进学生身心和谐发展。美育可以提高学生的身体协调能力和运动技能，也可以帮助学生培养良好的生活习惯和健康意识，提高学生的身体素质和免疫力，从而减少生病的可能性。在心理方面，美育可以帮助学生培养健康的心理素质，减轻学习压力和焦虑。同时，美育也可以培养学生的自信心和自我认同感，让学生更加了解自己，发掘自己的潜能，从而提高学生的自我价值感和满足感。美育作为一种独特的教育形式，可以对学生的身心和谐发展产生积极的影响。

（一）以美辅育：培育审美素养，推进"五育并举"

"敏而好学，不耻下问。"这是《论语》中孔子对学习态度的描述。对一个人来说，学习并不只是为了获得知识，更是一种精神修养和思想觉醒。而在现代社会中，人们应该更注重学生全面发展的教育理念。艺术作为人类文明的重要组成部分，其价值远不只于表面上的娱乐与享受，更是一种深刻的思想和人生哲学。因此，如何推进美育，培育学生的审美素养，已成为当今时代的一项重要课题。

"五育"包括德育、智育、体育、美育和劳动教育。这种教育模式旨在全面培养学生的素质和能力，促进学生的全面发展。美育在"五育"中具有重要的地位，是培育审美素养的重要途径。审美素养是指一个人通过对美的感知、理解、欣赏和创造等而形成的一种素养能力。它包含对美学原理、文化背景和历史背景的了解，也涉及感知、欣赏和评价的能力。人们具备较高的审美素养，就能够更好地感知、欣赏和评价不同的艺术作品和文化现象，从而提升文化品位和思维水平。那么，培育学生的审美素养需要注意以下几个方面：

首先，要鼓励学生接触和感受艺术，以此培养学生的艺术兴趣。例如，在校内设立艺术团体、参加艺术比赛、举办文艺演出，要加强对艺术修养的培养。艺术修养是指在艺术方面的素质和文化知识。教师可以通过教授艺术史、美学理论、文艺作品等方式，让学生了解更多艺术方面的知识和背景。其次，教师可以鼓励学生以多元方式体验不同形式的艺术。例如，参观博物馆、美术馆等，欣赏不同类型的文艺作品，如电影、音乐、舞蹈、戏剧等，从而增加学生的体验。最后，要鼓励学生积极参与艺术实践活动。在学习艺术知识的基础上，学生可以通过自己的创造性实践，如绘画、写作等，体现自己对艺术的理解和表达能力。通过实践，学生可以更深入地了解艺术，进一步增强审美素养。

推进"五育并举"的实践需要全社会的共同参与和支持。应该加强美育的课程设置和教育资源的分配，提高美育的质量和水平。同时，社会各界应该积极支持美育，通过各种方式推广艺术作品和文化活动，让更多的人参与美育。在学生个体层面，他们也应该积极参与美育活动，通过阅读、观赏、创作艺术作品等方式，不断提升自己的审美素养和艺术能力，积极参与各种艺术活动，展示自己的艺术作品。家长也需要关注和支持孩子在艺术方面的发展，为他们提供必要的支持和条件。

培育审美素养，推进"五育并举"，是现代教育工作的必要内容之一。在推进"五育并举"的过程中，教师应该注重学生的情感教育和多元化的艺术体验，同时要加强对艺术修养的培养和创造性的艺术实践。只有全社会共同努力，才能够更好地促进学生的全面发展，使他们更好地适应现代社会的发展需求。

（二）以美强身：欣赏健美之美，加强身体素质

"天将降大任于是人也，必先苦其心志，劳其筋骨。"一个人若想担大任，必须先要历经艰苦的训练与锻炼。身体的强健，不仅是健康的体现，更是承担任何使命与责任的基石。而健美之美，则是强健的身体所展现的独特魅力。随着社会的快速发展，人们不仅需要不断地欣赏并追求健美之美，也需要持之以恒地强化身体素质，才能在激烈的竞争中脱颖而出。

健美运动的一个主要特点就是它所体现的身体美感。健美运动鼓励人们以最佳的方式塑造身体，强调身体的线条和比例，以达到一种美的境界。欣赏健美之美不仅是对身体美感的欣赏，还包括对锻炼的认可和敬意。健美运动中的美感不仅表现在选手的身体上，也表现在他们的表演和技术上。健美运动中有许多绚丽多彩的动作和表演，选手们会在舞台上展示自己的才华和技巧，让观众感到非常震撼和激动。这些表演不仅需要选手具有良好的身体素质，也需要他们具有良好的表现力和艺术感觉，这种展示让人们不仅能够欣赏健美选手的身体美，也能够感受到运动带来的文化和艺术价值。

健美运动需要长时间的锻炼，需要坚持不懈的努力和毅力。一名运动员需要掌握不同的技术，精通不同的训练方法，以便能够在比赛中达到最佳状态。因此，欣赏健美之美也是对运动员长期坚持锻炼和付出的一种肯定。欣赏健美之美可以激发观众的热情和动力。通过欣赏健美运动员的身体美感，观众可以受到启发和鼓舞，以此为动力，开始进行更积极的体育锻炼。这种欣赏可以促使人们更加关注自己的健康和身体，进而改善生活方式并增强自己的身体素质。此外，健美运动也鼓励人们欣赏自己身体的美感，使人们更加自信和积极地面对生活。通过健美运动，人们可以塑造自己的身体，增强自己的自信心和自尊心，让自己更加有魅力和吸引力，这种自信和魅力也能够带给人们更多的机会和成功，使人们更加愉悦地享受生活。

欣赏健美之美既是一种文化，也是一种生活方式。欣赏健美之美需要人们从内心深处理解和欣赏它所传递的信息。通过欣赏健美之美，人们能够感受到肌肉与力量的美妙，体会到协调与平衡的和谐。这些感受能够帮助人们塑造积极向上的生活态度，让人们更加珍惜生命中的美好瞬间。在今天这个讲究健康和美丽的时代，大家应该树立正确的审美观，"美"的定义有所不同，不应该把畸形审美强加于每个人的身上，而要在健康的基础上理解美感，加强自身锻炼，让自己成为一个健康、美丽和自信的人。

（三）以美育心：调节个体心态，塑造健全人格

美育作为一种文化传承和思想教育，对人类心理健康有着深远的影响。心理学家弗洛姆认为，人们应始终秉持一种审美的生存态度，根据人之生存的本性法则展现自己的力量，认识自身存在的意义，并通过创造性的生命潜能，达成自我的实现，从而使生命富有美感，建构自由、幸福的美好生活。许多人在快节奏、高压力的生活中感到迷茫、焦虑、无力，美育作为一种有益于心理健康的活动，是促进人们心理健康的"良药"，正在被越来越多的人重视。

美育可以帮助人们缓解压力和焦虑，改善身心健康，提高人们对艺术作品的鉴赏能力，从而在美好的艺术作品中找到心灵的慰藉和平静。当全身心地投入艺术作品中，人们能够感受到艺术家们希望表达的情感与心境。同时，美育可以帮助人们通过艺术作品欣赏自然美。许多优秀的艺术作品都离不开自然美的灵感和源泉。在绘画、摄影和音乐等方面，自然的美妙景象和声音都为艺术家提供了灵感。通过欣赏这些艺术作品，人们可以更好地感受到自然美的存在，感受到自然的魅力和力量。

在生活中，人们往往被外界杂乱的信息所干扰，有时候也忘记了身边当下的"美感"。美育能够帮助人们发现自然之美。自然之美带给人们的是心情愉悦，把注意力放在大自然中也是一条欣赏美的路径。春日的微风、夏日的蝉鸣、秋日的落叶、冬日的阳光无不给予人们最宝贵的享受。从浩瀚的太空到细微的花瓣，它们都有着不可思议的美丽。夜空中的繁星和银河，是人们能够在平凡的生活中眺望到的最神秘和最壮丽的景象之一。波涛汹涌的大海和生机勃勃的森林，都有着千奇百怪的色彩和形态，让人们难以忘怀。人们置身于自然之中，通过发现美的眼睛观察周围的事物，会感受到当下的风景，更明白了生活的意义。追求目标的结果很重要，但是在攀爬山峰的过程中，路过的风景同样重要。美育能够帮助人们调整好心态，继续向前出发。

然而，仍有一些人对美育存在着误解，认为其只是为少数人提供的一种娱乐形式，脱离现实生活，缺乏实际意义。事实上，美育不仅可以为人们提供娱乐和休闲，更重要的是对人的全面发展和健全人格的形成具有重要意义。美育在物质生活和精神生活平衡发展以及促进身心发展中起着重要作用，使个体在紧张的情绪中得以放松，能够帮助他们调整心理平衡，辩证地看待问题。因此，教育者应该重视美育，加强和推广美育，让更多的人受益于艺术和文化的熏陶，从而推动美育在社会中的普及和发展。

第二节　用美育导航思想

一、美育与价值引领

无论是《周礼》中学校规定"以乐德教国子"，要从忠、敬、孝、悌等方面入手加强对学生美德的培养，还是老子《道德经》所提倡的至善至美，都表达了在进行正确价值引领的过程中需要美育的参与。价值引领是人类社会发展的重要动力之一，可以影响人们的行为和思想，从而推动社会进步。而美育则可以通过作品对人们的情感和精神产生影响，从而引导人们的行为和思想。通过对美育的学习和体验，人们可以更加积极地参与社会生活。

（一）培养健康的审美观

美育的真谛是审美情感的培育。人本主义心理学奠基人马斯洛在晚期完善其需求层次理论时，将审美的需要列入其中。苏联美学家斯卡捷尔希科夫表示："审美理想是审美意识的最高产物，所有审美活动都是对审美理想的实现。"审美观是指人们在实践中形成的对美的理性认识。人们从小就被各种文化艺术形式所包围，包括电影、音乐、绘画、文学等。这些艺术形式通过不同的表现形式，传递了人类的智慧、情感和思想。而对这些艺术形式的理解和欣赏，就是基于人们的审美观念。

但是，社交媒体等新媒体的普及加剧了人们的审美焦虑。社交媒体上经常出现各种美图、美食、美妆、美甲等内容，而且这些内容往往是高度美观和精致的，让人们感受到美的强烈冲击。同时，社交媒体上也存在着各种评比和排行榜，让人们产生不必要的焦虑和压力。那么，到底什么才是真正的美？如何对大众进行美的教育？到底如何培养健康的审美观呢？

首先，开阔视野、多元接触是培养健康的审美观的第一步。要想拥有健康的审美观，就必须接触不同的文化和艺术形式。人们可以通过看电影、听音乐、阅读小说、欣赏绘画等方式来丰富审美经验。不同的文化和艺术形式可以为人们提供不同的视角和思考方式，拓宽认知范围，提高审美水平。其次，持续欣赏、自我提升是培养健康的审美观的重要环节。通过不断地欣赏和体验文化艺术形式，人们可以不断地提高自己的审美能力和水平，并且要时刻对自己的欣赏和理解进行反思和总结，发现自己的不足，不断地进行自我提升。注重体验、尊重感受是培养健康的审美观的另一个重要方面。在欣赏文化艺术形式时，我们不仅要理性思考和分析，还要注重感性体验和尊重自己的感受。每个人对文化艺术形式的理解和感受都是不同的，人们应该尊重每个人的审美观点和感受，不要盲目跟风或者随意评价别人的欣赏方式。最后，关注时代、批判思考是培养健康的审美观的必要条件。文化艺术形式是时代的产物，它们反映了社会、历史和人类的思想。人们不能简单地接受或者拒绝某种文化艺术形式，而是要在时代和社会的背景下进行批判思考，要问自己：这些文化艺术形式是如何影响人类的，它们反映了什么样的价值观和思想，对自己的生活和未来有什么影响等。

一个人的审美观决定了他对世界的认识和态度，影响着他的思想和行为。学生要以开放、包容的心态欣赏和理解不同的文化艺术形式，不断提高自己的审美能力和水平，同时要时刻保持批判思考的态度，不断反思和总结自己的欣赏方式和理解方式。这样才能真正拥有健康、成熟的审美观。

（二）美育提升价值引领的实践路径

1. 美育思政

高等教育应当遵循思想政治工作规律、教书育人规律以及学生成长规律，以提高工作能力和水平。这不仅是对当下教育体系的指引，更是对面向未来培养有理想、有道德、有文化、有纪律的青年的深刻期许。时代在发展，每一代青年都带有他们成长时期的烙印。他们的特点、需求和追求与上一代都有所不同。因此，深刻地把握这些特点，才能更好地进行美育和思政教育。

美育作为一种审美教育，内涵丰富，它不仅仅是对美的教育和欣赏，更是一种人性的熏陶和引领。它通过对美的教育净化人的心灵，培养人们的健康人格。因此，高校应将美育整合到立德树人的大思政体系中，使其不再是孤立的、片面的艺术教育，而是与思政教育相互融合、相互补充的整体。美育与思政教育的结合是自然而然的。它们的目标都是培育学生的思想道德品质和价值观。在当今社会，面对日益复杂的现实问题，如何确保学生能够正确地理解和应对，就需要教师在美育和思政教育中下功夫。通过美育，学生可以更好地领悟社会主义核心价值观，更好地理解社会主义办学方向的重要性。新时代的教育不仅要培养学生的知识和技能，更重要的是要培养他们的价值观和人格。这样，他们在走入社会，面对各种挑战和诱惑时，都能坚守自己的道德底线，做到立德、立言、立行。

思政教育为美育提供强有力的思想引导和理论支撑。思政教育旨在引导学生树立正确的世界观、人生观、价值观，具有深刻的哲学和文化内涵。这些思想和理念可以为美育提供重要的理论支撑和指导。美育需要引导学生了解艺术与文化的内涵和背景，从而帮助学生领会艺术的深层次内涵，进一步丰富个人的思想内涵和人生阅历。同时，思政教育也可以帮助学生更好地理解和认识社会和人性，进一步增强对社会价值的理解和把握，从而更好地发挥艺术在社会中的作用，推动社会和谐进步。

2. 美育明德

文以载道，艺可明德。教育不仅仅是传授知识，更可培育学生综合素养和道德品质。美育作为教育的重要组成部分，可以让人们在美的世界中体验和感悟道德与价值观，成为道德高尚、文化素养良好的人。

美育可以通过促进情感发展进而促进道德发展。美育通过艺术作品的表现形式，可以引发人们的情感共鸣，让人们在欣赏艺术的过程中感受到情感的力量。这种情感体验可以帮助个体更好地理解自己和他人的感受，培养个体的同情心和关爱他人的能力。例如，通过欣赏一幅描绘贫困生活的画作，人们可以感受到贫困人群的无助和苦难，从而培养出对他们的同情心和关爱心。在这个过程中，人们的情感认知和情感表达能力得到了锻炼，这对他们的道德发展具有非常重要的意义。

美育可以通过个体创作和欣赏艺术品，帮助他们形成正确的道德观念和价值观，培养其道德意识。艺术创作需要具备创造力和想象力，也需要具备一定的自我约束和道德准则，这可以促使人们在艺术创作中树立正确的价值观和道德观念，提高他们的道德素养和道德意识。

道德教育已经成为教育的重要组成部分，而美育在其中发挥了不可或缺的作用。教育者必须树立以德育引领美育、以美育赋能德育的观念，让学生在欣赏美、体验美的过程中愈加富有内在美、心灵美。通过美育，学生可以从艺术作品中感悟道德和人文价值，培养自己的情感素质、审美意识和创造力，从而成为道德高尚、文化素养丰富的人。这种美育明德的教育理念，不仅能够提高学生的综合素质，更能够为社会培养出更多的高素质人才，为人类文明进步做出更大的贡献。

二、美育与文化自信

文化自信是指一种国家和民族的自信心和自豪感，是对自己文化、历史和传统的认同和自信,更是一种对自己所处的时代、自己的国家和民族的信仰。而美育,则是一种培养文化自信的重要途径。文化自信是美育的方向指南,美育又促进文化自信的发展。

(一)文化自信是美育的方向、指南

文化自信是美育的内在动力和目标,它使得人们更加热爱自己的文化,更加主动地接受美育和参与美育活动。同时,美育的目标之一就是增强人们的文化自信和文化自觉,通过美学教育让人们更好地理解和欣赏自己的文化,从而更好地传承和发扬自己的文化。在当今全球化的时代,各种文化交流和碰撞层出不穷,如果没有文化自信,人们就可能会被其他文化所湮没,甚至丧失自我。而美育可以通过让学生学习和欣赏自己的传统文化,如国画、民族音乐等,让他们更加深入地了解和认识自己的传统文化,进而建立自己的文化自信。

文化自信可以增强人们的精神力量和民族凝聚力。在日常生活中,文化自信能够让人们更加自信地展现自己的文化特质和风貌,更加有力地表达自己的思想和信仰,同时能够促进社会凝聚力和文化认同感的提升。而美育则是通过让学生接触和欣赏艺术品、文学作品、历史文物等,让他们感受到文化的美和力量,进而增强他们的精神力量和凝聚力。

在今天这个全球化、多元化的时代,教育者需要更加自信地面对各种文化交流和碰撞,更加自信地展示自己的文化特色和风貌,更加自信地为人类文明和社会发展做出贡献。因此,教育者需要注重美育,通过美育实现文化自信的传承和发展,让文化自信成为中华民族的精神力量和道德支撑,让中国走向更加美好的未来。

(二)美育促进文化自信的发展

1.继承中华文化,陶冶审美情操

中华文化源远流长,有着丰富多彩的历史和文化遗产。这些文化遗

产包括诗词、歌曲、戏曲、书画、建筑、服饰等，是中华民族宝贵的精神财富。它们不仅给人们留下了美好的记忆，也蕴含了丰富的文化内涵和价值观。

　　古诗词是中华文化的瑰宝，歌曲是中华文化的重要元素，戏曲是中国传统文化中的珍品，这些文化遗产不仅是中国传统文化的精髓，也是中华民族深厚的文化底蕴和智慧，更能让人们感受到中华民族的独特风情和精神气质。学习中华文化可以提高审美素养、陶冶情操。中华文化中的文化遗产是一种艺术形式，它们都有自己独特的审美价值和美学魅力，都蕴含着深厚的人文情怀和审美情趣。通过学习和欣赏中华文化中的文化遗产，学生可以欣赏和感受艺术的美，能更好地感受到其中所包含的人文关怀和精神内涵。

　　在当代中国，文化自信已经成为一个非常重要的价值观念，而美育则是实现文化自信的重要途径之一。美育的推广，可以让更多的人了解和认识自己的文化，增强文化自信心和文化素养，从而更好地应对社会和时代的变化。美育可以促进文化自信的传承和发扬。文化自信的传承和发扬需要一个具备文化底蕴和审美能力的人才队伍。而美育可以培养和提高人们的审美能力和文化素养，让更多的人成为文化自信的传承者和发扬者，为中国文化的繁荣和发展做出贡献。

　　除此之外，美育还有着重要的社会意义。艺术和文化是人类智慧和创造力的结晶，也是文化遗产和民族传统的重要组成部分。通过美育，人们可以更好地了解和体验自己的文化和民族传统，从而增强对自己文化的认同和自信。同时，美育也有助于促进不同文化和民族之间的交流和理解，为跨文化交流和国际合作提供重要的基础和支持。

　　2.歌颂民族气节，牢记历史使命

　　作为一个拥有悠久历史和文化的民族，中华民族一直以来都展现出了崇高的民族气节。这种气节表现在对国家的忠诚、对民族的热爱、对传统文化的继承以及对现代文明的探索等多个方面。同时，作为一个历

史悠久的民族，中华民族也始终牢记着自己的历史使命，不断努力着，将自己的历史文化发扬光大，在浩如烟海的世界文化中成长。

数千年来，中华民族展现出了强大的民族自豪感和归属感。在这个民族中，人们能够看到强烈的家国情怀，对国家和民族的热爱，这就是民族精神之"美"。中国人对家国的情感是深沉的，这种情感贯穿于每一个中国人的生命之中，激励着自己勇往直前，不畏艰险，为了国家和民族的繁荣发展而不懈奋斗。中华民族以仁爱孝悌为美，以勤俭节约为美，以克己奉公为美，以诚信知报为美，正是这样崇高的民族气节，才能让中华民族的精神得以传承，让中华文化屹立于东方。

中华民族历经沧桑、历经风雨，有着光辉灿烂的历史和文化。中华民族承载着无数的历史文化遗产，其中包括数不尽的历史事件和文化经典，这些都成为中华民族的精神支柱和文化底蕴。同时，正是这些中华民族"美的精神"，让中华民族也始终承担着历史使命，这种使命包括维护国家和民族的尊严、传承发扬中华文化、参与国际合作和共同发展等多个方面。中国正在以世界大国的形象屹立于国际舞台上，这个发展的过程不仅关乎我国人民的福祉，也关乎全世界的发展和繁荣。作为中华民族的一分子，每一个中国人应该继承和发扬中华民族传统美德，牢记历史使命，为中华民族伟大复兴而不断奋斗。

中华民族的历史和文化遗产深深地印在每一个中国人的心中，华夏儿女应该传承优秀的民族气节，以实际行动在维护国家和民族的尊严、传承发扬中华文化、参与国际合作和共同发展等多个方面贡献自己的力量，让中华民族在新时代中展现出更加强大的文化魅力和民族气节，为人类文明的进步和繁荣做出应有的贡献。

（三）美育促进文化自信的实践路径

1.拓宽美育媒介，构建社会资源

传统的美育媒介已经无法满足人们的多样化需求，拓宽美育媒介已经成为一个必然的趋势。现代科技的发展，如数字化技术、虚拟现实等

的应用，为美育媒介的拓宽提供了无限可能。通过数字化技术，人们可以将传统的美术、音乐等作品数字化，让更多的人了解和欣赏；通过虚拟现实技术，人们可以创造出虚拟的艺术世界，沉浸其中，获得不同的感受、体验。此外，各种形式的文化艺术节目也是拓宽美育媒介的重要手段。音乐会、舞蹈表演、话剧演出等不仅可以带给人们欣赏的乐趣，更可以在其中感受文化的气息，领略文化的魅力。

构建社会资源，是拓宽美育媒介的关键所在。社会资源的构建，可以从以下几个方面入手：第一，应该加大政策支持力度，加大对美育事业的资金支持力度，出台相应政策，推动美育媒介的拓宽和发展，优化美育体系。第二，建立科学合理的美育体系，培养更多的美育人才，推动美育事业的长期发展。第三，扩大社会参与度，通过加强社会宣传，增强社会的美育意识，让更多的人了解和参与美育活动，提高美育资源的利用率。第四，发挥企业力量，加大企业对美育事业的支持力度，发挥企业的社会责任，在资金、技术等方面为美育事业的发展提供支持。第五，加强学生对美感的主观能动性，让学生能够认识美、理解美、创造美，使学生对外在形象和内在世界的塑造都能用美的标准要求自己。总之，拓宽美育媒介，构建社会资源已经成为当前美育事业发展的重要课题。教育部门应该加大投入力度，推动美育事业的发展，为人们提供更加丰富、多样化的文化艺术体验。

2.发展个体技能，力促知行合一

美育技能的发展是提高美育质量、促进文化自信的重要保证。美育技能包括艺术创作能力、审美能力、美育能力等方面。其中，艺术创作能力是指美育工作者能够通过艺术手段表达自己的思想、感情和想象；审美能力是指美育工作者能够正确地评价、欣赏艺术作品；美育能力则是指美育工作者能够有效地传授美育知识和技能，引导学生进行艺术创作和欣赏。美育技能的发展需要美育工作者具备一定的美育理论基础和实践经验，也需要持续不断的学习和提高。

美育工作者应当着重加强持续学习的能力。美育工作者应该具备一定的美育理论基础，但理论知识在不断更新和完善，所以持续学习是必不可少的。美育工作者可以通过阅读专业书籍、参加培训班、参加学术研讨会等方式，不断深化自己的美育理论知识，同时结合实际工作进行实践操作，使得理论知识能够得到更好的应用和运用。同时，美育工作者应该注重多元化的美育实践，包括艺术创作，参观美术馆、博物馆等场所和参加教学实践活动等。这些实践活动可以帮助美育工作者更好地了解学生的需求和兴趣，也可以提高美育工作者的艺术创作能力和审美能力，促进知行合一。

在学校的教育教学上，美育工作者应该注重加强美育能力，通过教育心理学、教学方法等方面的学习和实践，提高美育的效果和质量。此外，美育工作者还可以结合实际教学工作，不断调整和优化美育方案，建立起美育的评估机制，通过考核和评估，监督和引导美育工作者不断提高美育质量。最后，美育工作者也应该将学生的实际表现和反馈作为改进和提高美育质量的参考依据，不断完善和优化美育的内容和方式。

三、美育与理想信念

（一）共产主义理想之美

共产主义理想之美在于它所倡导的一种新型社会关系，即消除了人与人之间的阶级和剥削关系，实现了人类彻底的平等和自由。共产主义理想的初心就是为了人民的幸福和繁荣，它试图通过消除私有制和阶级差别达到这一目的。

共产主义强调每个人都应该有平等的机会和权利，不受阶级和财富的限制。共产主义也认为每个人都应该为社会做出自己的贡献，通过自己的劳动获得物质财富和自由地生活。共产主义强调集体主义的价值，认为个人的幸福和自由是通过整个社会的共同努力实现的。共产主义理想之美不仅在于物质财富的平等分配，更在于建立一种全新的社会关系和文化价值观,实现人类社会的真正平等和自由。在共产主义社会里,每个人都将拥有充分的物质和精神资源,人们的生活将不再被经济利益所驱动,而是以人的自由和幸福为出发点。

共产主义理想之美在当今社会也具有重要的现实意义。随着全球化和信息技术的发展,不平等和贫富差距越来越明显,环境问题也越来越严峻。共产主义理想之美在这个背景下显得更加珍贵和重要,它提供了一种全新的思考和解决问题的方式,为人们提供了一种更加公正和可持续的发展模式。

共产主义理想之美是一种追求平等和自由的理念,是人类社会发展历程中的一个重要阶段和目标。共产主义理想的实现需要人类社会的不断探索和实践。中国人民始终坚持共产主义理想,不断探索和实践,成功地建立了一种全新的社会和经济组织形式,改善了人民的生活状况。在短短几十年的时间里,中国取得了惊人的发展成就,高速铁路、5G技术、人工智能等领域的重大突破都在向世界展示着中国速度。《中国共产党章程》明确提出,党的最高理想和最终目标是实现共产主义。为了实现这个目标,中国在坚持社会主义基本制度和道路的同时,不断完善各项制度和政策,积极推进经济、文化、政治和社会制度的现代化,逐步推进共产主义理想信念的实现。

中国共产党始终坚持实现中华民族伟大复兴的宏伟目标。中华民族是一个伟大的民族,其历史和文化都有着悠久的传承和深厚的底蕴。中国共产党通过推动中国现代化建设,让中华民族在世界上发挥更大的作用。中国共产党提出的"两个一百年"奋斗目标和中华民族伟大复兴,不仅是中国共产主义理想之美的体现,也是中国人民的共同理想。中国共产党与共产主义理想之美密不可分,中国共产党坚信,通过坚定的理想信念和中国特色社会主义的实践,中国一定能够实现中华民族伟大复兴的宏伟目标,为全球发展和国际合作提供新的思路和新的动力。

（二）树立正确的价值观

在《论语》中，孔子曾言："君子务本，本立而道生。"这句话意味着，要做一个有道德标准的人，必须从内在修养开始，从根本上塑造正确的价值观。在中国古代的儒家思想中，价值观的塑造是一个重要的过程。

美育关乎国家和民族的未来，对树立正确的价值观有着重要的影响。2013年，党的十八届三中全会明确提出了"改进美育教学，提高学生审美和人文素养"的要求；2020年，中共中央办公厅、国务院办公厅印发《关于全面加强和改进新时代学校美育工作的意见》，明确要求学校美育工作要引领学生树立正确的历史观、民族观、国家观、文化观，陶冶高尚情操，塑造美好心灵，增强文化自信。

美育能够通过审美认同和情理共在孕育公共精神，公共精神的成长依赖于对美育公共性价值的认可。美育可以提高个人的社会责任感和公民意识。在美育中，学生要学会理解和尊重不同的文化和艺术形式，从而更好地融入社会。这种能力的培养可以使个人更加有责任感和使命感，更加重视社会价值和公共利益。美育还可以通过培养人们的自我审美意识和判断力，帮助他们更好地辨别和抵制不良文化和不良价值观的影响，保持自己正确的价值观和道德标准。在当今社会，人们面临着各种各样的价值观冲突和挑战，通过美育可以帮助他们更好地面对这些挑战，并且坚持自己正确的价值观和信仰。

中国高等教育学会美育专业委员会理事长杜卫提出："只有以丰厚的学科知识和学术涵养为基础，才能有纯正的审美趣味和价值追求，才能拒绝平庸，蔑视庸俗、媚俗、烂俗，有最起码的艺术操守。"美育的实质是引导学生认知、体验和领悟经典艺术的人文意义，树立纯正的人生价值观和艺术价值观。因此，美育实质上就是一种价值观教育。在美育中倡导人文教育就是要在艺术技能教育的同时，更加突出价值观教育，培养学生纯正的审美趣味和艺术价值观。美育作为一种引导，是审美教育、情操教育、心灵教育，也是丰富想象力和培养创新意识的教育，因而美育影响人们的价值观念；美育通过一定的方式方法，让人们能够发现美、欣赏美、创造美，这就是美育的核心。

真正的美育不仅仅是教授技巧或传递艺术作品的知识，更是一种深入骨髓的人文教育，是一种使人们认知、体验和领悟经典艺术的人文意义上的教育。这种教育可以帮助学生建立一种坚实的人生和艺术价值观。换句话说，美育的核心是价值观教育。美育的重要性在于它的影响力，它不仅是审美教育、情操教育和心灵教育，还能激发人们的想象力和创新精神。美育作为一种引导，有助于人们找回真正的自我，让人们更深入地思考生活的真谛。它帮助人们发现生活中的美、欣赏生活中的美，并鼓励人们创造更多的美。当今社会，面对庸俗、媚俗、烂俗的冲击，人们更应该重视美育。美育能够帮助人们区分高低，拒绝平庸。教育者通过美育可以培养出具有纯正审美趣味和艺术价值观的一代新人，为社会注入更多的活力和创意。因此，真正理解并推广美育的核心价值是每一个教育者和学者的神圣使命。

在这个不断变化和发展的时代，美育已经不再是一种奢侈品或者附属品，已成为人们生活中的必需品。美育既关乎社会生活，又关乎每个人的道德修养品格能否得到提升，进而影响人的世界观、价值观和人生观等大问题。因此，强化美育重要的是要建设好人们的精神家园，更加注重美育的推广，让更多的人能够接触和体验美育的力量。

（三）美育坚定理想信念的实践路径

1. 扎根时代生活，实现人生价值

文化创意产业的发展，能够让美育扎根于时代生活。随着文化产业的发展和壮大，越来越多的文化创意产品开始进入人们的日常生活，成为人们的文化消费品。美育可以通过文化创意产业的发展，让艺术走进人们的生活，将艺术融入生产生活中，让艺术创意成为商品和服务，为人们的日常生活带来更多的美好和文化享受。文化衍生品、艺术品、设计产品等，都可以通过美育的引导，成为时代生活中不可或缺的一部分，为人们带来更加丰富多彩的文化体验和艺术享受。

扎根于时代生活的美育，不仅能为人们带来更加丰富多彩的文化体验，还能帮助人们在时代变革中保持前瞻性和创新性。随着时代的变迁，社会也在不断地发生变化。在这个变幻莫测的时代，人们需要具备前瞻性和创新性，才能适应时代的发展和变革。美育可以培养人们的前瞻性和创新性，通过艺术创作、设计创新等形式，让人们具备创新思维和创新能力。

在当今复杂多变的社会中，美育已经成为现代生活中不可或缺的一部分，也是实现个人人生价值的重要途径之一。因此，应该更加重视美育，推动美育的深入发展，让更多的人能够受益于美的熏陶，提高自身的审美能力和文化素养，实现自身的人生价值和社会的和谐发展。

2. 坚持立德树人，弘扬美育精神

立德树人是我国教育工作的根本任务，也是我国教育事业的立身之本。在新时代，立德树人更应该注重人的全面发展，注重人的终身发展。教师要使学生在学习过程中树立正确的人生观、价值观和世界观，培养自主学习和创新能力，成为具有人文精神、创新精神、实践精神和国际视野等综合素质的人才。只有这样，才能更好地适应社会发展的需求，更好地实现自身的价值。而美育，是教育事业中不可或缺的一环。教育者要以生动、形象、感性的方式，引导学生对艺术、文学、音乐、戏剧等领域产生浓厚的兴趣和热爱。在学生的文化生活中，加强美育的开展，可以提升学生的文化素养和人文素质，让学生的视野更加广阔，思维更加灵活。

立德树人是当代中国美育的宗旨。中华人民共和国成立后，德、智、体、美、劳相结合始终是学校教育的基本要求，特别是改革开放以来，美育在学校教育中的地位有了实质性提升。高校也在不断完善美育课程，尤其是书法、绘画、戏曲等文化也相继进入高校课堂。书法的美在于独特的气息与墨香,绘画的美在于精湛的构图与布局,戏曲的美在于优雅的旋律与韵味。学生不仅仅赏析这些作品的艺术魅力,更能感受其中的文化内涵和精神追求,为作品增添了超越艺术形式本身的内在美感。

在当今时代,弘扬美育精神更具有重要的意义。美育可以带来精神上的愉悦和满足,也可以提高人们的人文素养。美育精神会在更多的人心中萌芽生长,让社会变得更加美好,更加充满人文关怀和情感温度。

第三节　用美育完善人格

一、增强感知的能力

(一)以美启美:艺术的影响性——音乐塑造大脑

音乐学习是素质教育中的重要一环,是美育的有机载体。加德纳在《智能的结构》一书中提出,音乐认知能力是诸种重要的能力之一,是不可或缺的一项内容,音乐认知能力对人生发展具有重要影响。

近年来,脑科学、认知神经科学飞速发展,音乐心理学也逐步向脑科学靠近。1982年,美国普莱纽姆出版社出版了由脑神经科学研究者共同编写的《音乐、思维和大脑——音乐神经心理学》一书,探讨了韵律和节奏在脑半球的控制区域定位等问题,标志着音乐心理学向脑科学延伸的开始。据英国《每日邮报》报道,英国诺桑比亚大学心理学家发现,令人振奋的音乐能提高思维的敏捷性和专注度,让人工作能力提高数倍。

音乐对大脑的影响深远,不仅能够塑造人们的认知、情感,还能改变社会功能。研究证明,音乐训练与增强记忆功能有关。在美国得克萨斯大学阿灵顿分校进行的一项研究中,心理学家探索了古典音乐训练与长时记忆之间的关系。在该研究中,心理学家采用脑电图技术测量了

14位音乐家和15位非音乐家的大脑神经元电活动。通过对比大脑额叶和顶叶的电活动，他们发现音乐家在额叶中部的神经反应速度远超过其他人，具体来说，他们比非音乐家快300—500毫秒；而在顶叶，差距更为明显，快了400—800毫秒。这一发现揭示了一个有趣的现象：音乐不仅能够促进神经元之间的连接，还能提高大脑的工作效率。此外，长时间听古典音乐与增强大脑的记忆功能之间存在明确的联系。这源于古典音乐所具有的特定节奏和旋律，它能够激活大脑中负责学习和记忆的区域。例如，海马体是大脑中的一个关键区域，主要负责处理和存储长期记忆；而杏仁核则与情感和情感记忆紧密相关。古典音乐会对这些区域产生积极的刺激，从而增强其功能。

另外，听音乐时，大脑中的许多区域会被激活，这些区域通常在处理语言、空间感知和情感方面起着重要作用，可以帮助人们控制情绪。西南大学郑茂平课题组的研究表明，传统的以五声音阶为基础的具有独特韵味的中国民族音乐在情绪调节和音乐治疗方面具有积极的作用；长春理工大学张晨洁课题组的研究表明舒缓的音乐有利于降低紧张和焦虑情绪。成都医学院、成都市青白江区中医医院与成都市第八人民医院探索了音乐联合降压药物对高血压伴认知障碍的治疗，发现音乐有助于调节大脑中的神经递质（如多巴胺），这些神经递质会影响人的情绪和情感状态。音乐还可以降低大脑中的压力激素，如皮质醇，这有助于缓解焦虑和紧张情绪。此外，音乐还可以增强人们对文化和艺术的欣赏，这也有助于人们更好地理解社会交往中的文化差异。

音乐不仅是美育的组成部分，目前也成为心理治疗的重要手段。音乐治疗可以提高人们的社交能力。部分研究发现，通过音乐治疗中的歌曲分享、即兴演奏，能够提升大学生的人际交往能力，增加人们的互惠行为和社交联系，从而使人们更愿意与他人互动和分享。

尽管音乐的益处仍需进一步研究，但已经有越来越多的证据表明，音乐可以帮助塑造大脑。因此，人们可以考虑将学习音乐、听音乐作为一种增强大脑功能的方法，这对学习、记忆、情感调节和社会交往都有积极的影响。此外，鼓励人们更多地接触音乐也可以帮助人们更好地欣赏和理解文化和艺术，从而促进更加包容和多元的文化。

（二）以美充能：用美育的方式增强记忆力

大学教育不仅仅追求知识的积累，更重视创造力、想象力以及美感体验的提升。因此，美育作为教育的重要组成部分，已经成为培养学生艺术素养、人文素质和创造力的重要途径。而记忆力，则是学生学习和成长过程中不可或缺的一项能力。学生拥有较强的记忆力，能够更加深入地理解和记忆知识，从而更好地掌握学习内容。因此，探究美育与记忆力的关系，对于提升学生的学习效果和发展潜力具有重要意义。下面将从多个角度出发，探讨美育如何增强学生记忆力，以及如何有效运用美育手段提升学生的记忆力。

（1）创造记忆点。美育能够通过丰富的艺术形式和表现手法，为学生创造多种多样的记忆点。这些记忆点可以是关键词、一首歌曲、一张画作、一幅图片、一个舞蹈动作等，将艺术作品与具体知识相结合，这些点能够帮助学生更好地记忆和理解知识。创造记忆点应注意以下几点：

首先，记忆点应该建立内容之间的关系，找到事物之间的内部规律，学会把新知识和已经学过的知识串联起来，如将一幅画作背后的历史渊源、背景、代表意义，以故事的手法展现出来，会比单独讲一段历史更好记忆，也有助于把短时记忆转化为长时记忆。

其次，记忆点应该具有代表性。学生可以通过不同的关键词提示，能够对需要记忆的东西进行再认和回忆。回忆的基础是产生联想。学生通过关键词联想，有助于促进记忆力的提升。

（2）多感官体验。美育能够通过多种艺术形式的表现，让学生进行多感官的体验，如视觉、听觉、触觉等，这种多感官的体验能够让学生更深刻地记忆和理解知识。以背单词为例，如果学生只是盯着新单词背，那就只刺激了视觉区域，没有刺激到其他感官区域，达不到良好的记忆效果。如果学生此时能够结合听觉、触觉,即戴上耳机听单词的发音、手写下单词,效果会比只"看"单词的效果要更好。同样地,记歌词要比记知识更快,就是因为学生在记歌词的过程中,通过歌曲的旋律,刺激了听觉区域,大脑对此进行了深度加工,所以记歌词会更快速。通过歌词改编的方式,让知识点融合旋律,记忆会更快、更牢固。

(三)以美激趣:培养欣赏美的能力

美是人类灵魂的滋养。欣赏美是一种高尚的情感体验,可以为人们带来愉悦和满足。提升人们欣赏美的能力,也可以培养人们的兴趣爱好。

(1)阅读经典作品,体味多样人生。经典文学作品是人类智慧的结晶,包含着深刻的思想和丰富的情感。阅读经典文学作品,可以开阔视野,提高文学修养,可以感受到作家对人性和生命的深刻洞察和表达,读者也可以感受到文学作品中蕴含的美感。不仅如此,阅读能让读者更好地欣赏和理解文化、历史、社会和人类的多样性,从而更好地理解和欣赏美。

(2)欣赏自然之美,增加感情体验。自然之美是一种独特的美感,它可以是壮丽、优美、精致或是朴素、简单、自然,它的美丽来自它的纯粹、自然和真实。自然之美是人类文化中不可或缺的一部分,因为它能够让人们感受到自然的力量和人类与自然之间的关系。王国维先生在《论教育之宗旨》中表示,美育功能在于使人感情发达,以达到完美之域。美育即情育。自然之美可以体现在山水之间、花草之中、动物之上、天空之下等。一座优美的山峰或者一条清澈的溪流都能让人感到它们的神秘和美妙。在自然之中,人们可以看到蓝天、白云、星空和太阳的光芒,感受到四季更替的气息,这些都是自然之美的体现,更能够增加人们对世界的热爱、对生活的情感体验。

(3)保持平和心态,探索生命之美。人们保持开放的"中庸"心态,也是一种美。中庸之美也反映了中国文化中注重和谐的价值观,提倡一种温和、稳定的生活方式。在行为方面，人们应该做到"君子敬而无失，与人恭而有礼"，既要保持工作和生活的平衡，也要注重自我提升和学习，还要注意言行的得体，避免过度的言辞和过激的行为。在思想方面，人们应该保持一个稳定的心态，不要被外界所干扰，也要注重对他人的尊重和关爱。面对不同事物，人们需要摒弃成见和偏见，不以物喜，不以己悲，以开放的心态欣赏各种形式的美。同时，人们也需要保持谦虚和敬畏的心态，尊重每一件艺术作品的独特性和价值，学习欣赏美的方法，不断提高自己的欣赏水平。

二、深化情感的体悟

（一）以美培知：情绪体验与逻辑思维

情绪产生的生理机制较为复杂，是大脑皮质和皮质下部位协同活动的结果。皮质下部位在情绪行为中起着重要作用，而情绪认知、情绪体验、情绪控制则是大脑皮质的功能，大脑皮质在人的情感中起主导作用。

情绪体验是人们感受到的情感反应，它可以由多种因素引起，包括生理和心理刺激。情绪体验是主观的，因此它们在不同的人和不同的情况下会有所不同。这些情绪体验可能是积极的，如快乐、爱和激动，也可能是消极的，如悲伤、恐惧和愤怒。美学工作者应当注意和观察学生美感体验中情绪行为的变化，根据学生不同的学段特征选取美的事物，以激发其不同的情绪状态。这种不同情绪的美学信息在传递给学生的同时，能够让学生的情感更加细腻和丰富。

对美的信息进行加工，涉及逻辑思维的参与。思维是大脑皮质的整体性活动，其中大脑额叶对于实现复杂思维起着十分重要的作用。美育可以帮助学生理解艺术作品的结构和组织方式。艺术作品通常有自己的逻辑结构，如雕塑和建筑等，这些作品的构成方式和元素之间的关系都是有规律可循的。通过学习艺术作品的构成方式，学生可以培养自己的

逻辑思维能力。他们可以将不同的元素组合在一起，创造出新的作品。美育也可以提高学生的注意力和集中力。在学习艺术形式时，学生需要花费大量的时间和精力进行观察、分析和创作。这一过程既能够提升学生的专注力，也能够使其保持持久的兴趣。

（二）以美怡情：深化情感体验的方法

情感在人们的生活中扮演着非常重要的角色。无论是喜悦、愤怒、恐惧还是悲伤，情感都能够深刻地影响人们的生活。在不同的场景下，人们需要使用不同的情感来应对和体验生活。

情感教育是一种帮助学生掌握情感知识和技能的教育方式。在美育中，情感教育尤为重要。教师应该教授学生如何理解和表达自己的情感，如何通过艺术形式表达情感。除此以外，美育需要注重情感沟通。情感沟通是一种通过情感交流建立联系和共鸣的方式。在美育中，情感沟通可以帮助学生更深入地体验美。例如，在音乐课上，教师可以让学生听一首悲伤的歌曲，然后让他们用自己的方式表达这首歌带给他们的情感。教师应该鼓励学生与他人分享自己的情感体验，这样的练习可以帮助学生建立情感联系，并深化他们对艺术的感受。

美育需要注重情感体验的反思。学生需要反思自己的情感体验，思考它们的意义和价值。教师可以通过引导学生进行反思和讨论，帮助他们更深入地理解自己的情感体验，并更好地掌握情感表达的技巧。深化情感体验是美育中非常重要的一环。教师通过让学生更深入地感受美的存在，可以激发他们的情感共鸣，培养他们更加敏感和独立的审美能力。在实践中，可以通过文艺创作、情感互动、情感教育和情感反思等方式深化学生的情感体验。这些方法不仅可以让学生更好地理解自己的情感世界，也可以帮助他们更好地理解社会和文化。因此，对美育工作者而言，要想让学生真正深化情感体验，就需要不断地开拓创新，探索更多的教育方法和手段，也需要注重情感沟通和反思，让学生从情感体验中得到更深刻的启示和认识，从而让美育在教育实践中发挥更大的作用。

美育是培养人才的重要途径，它不仅能够提高学生的审美素养，还能够培养学生的情感智慧和社会情感能力。通过深化情感体验，教师可以让学生更好地感受美的存在，从而培养出更加优秀、有情感温度的人才。

（三）以美储善：在美育中学会表达感恩

"平生多感激，忠义非外奖。"李白在《酬裴侍御对雨感时见赠》中如是说。在生活中学会感恩，常怀感恩之心，常做让人感激之事，才能让人信服，才能被人给予忠义的褒奖。在美育中，学生不仅要学会感受美，还需要学会表达感恩。感恩是一种美德，是对生命和生活的尊重和珍视。

美育可以让学生更好地理解和体验生命的美好，感受到他人的帮助和支持，从而懂得珍惜生命、感恩他人。学会表达感恩，是一项重要的社交技能，也是一种对他人的尊重和认可。人类具有社会性，个体需要与他人建立情感联系来满足自己的需求。在生活中，个体常常受到他人的帮助和关爱，如果能够及时地表达感恩，能让对方感受到自己的真诚和认可，就能增强与他人之间的情感联系。

文学作品是一种具有感染力的艺术形式，可以让人们深刻地领悟作品中所表达的感恩之情。学生通过学习中华优秀传统文化，可以体会文化底蕴之美，在文化作品中学会感恩。"谁言寸草心，报得三春晖。"孟郊的《游子吟》表达了他对母爱的感激以及对母亲深深的爱与尊敬之情；《弟子规》中"孝悌"一篇，具体阐述了如何孝顺父母、感恩父母。对优秀文学、传统文化的学习，有助于培育学生良好的人生观与价值观，学习传统美德，在美育中学会表达感恩。表达感恩需要学生持续地练习和培养，需要不断地提醒自己要有感恩之心，积极发现身边的美好。

学会感恩不仅仅是一种情感上的认知，更是一种道德上的自觉和行动上的实践。学会表达感恩，重在行动。滴水之恩，当涌泉相报。在日常生活中，人们通过尊重他人、帮助他人、关心他人等行为来表达感恩，一句简单的"谢谢你"可以拉近人与人之间的关系。表达感恩之情并不需要特别的方式或方法，重要的是有一颗感恩的心，及时对对方的行为表现有所回应，将感恩落实到日常生活中，人们会发现与他人交往将变得和谐，生活也将变得更加美好。

三、拓展丰富的想象

（一）以美润心：美育与创造性之间的关系

20世纪下半叶，西方在美育领域的核心议题即如何通过美育提升创造力。更多的美育学者通过著作论述创造力的培养，如 Susmita Lakhyani 的《艺术、创造力与艺术教育：一项通过艺术教育提升创造力的研究》、Nava R. Silton 的《探索教育、媒介、艺术中创造力的益处》、Kerry Thomas 的《艺术教育中的创造力悖论》。就心理学而言，创造力更倾向于精神特质，这些特质或多或少地都与智力相关。美育能够培养人们的创造力和创新精神。文化艺术形式不仅是消费品，更是创造品。通过学习和参与各种文化艺术形式，人们可以激发自己的创造力和创新精神，从而在工作和生活中不断创造出新的价值。

美育的目的是帮助人们发现自己对美的欣赏能力，培养人们的审美情趣和鉴赏能力。通过美育，人们能够更加深入地了解艺术，提高自己的创造力和创新能力。美育能够让人们在观看和欣赏艺术品的过程中不断思考和反思，不断发掘自己的潜能，从而培养创造力。在教学中，教师可以引导学生通过画作欣赏它的色彩、构图、线条等要素，体验它所传达的情感和意义，从中发现自己的创造灵感。同样地，在听音乐、欣赏舞蹈等活动中，人们也可以通过欣赏艺术家的创造力，启发自己的创造灵感。

美育发展创造力的功能主要在于激发和丰富个体生命，使之具有自发涌现的创造欲望与动力、高度敏感与发达的创造能力与自觉的创新意识。承担创造力培养的最佳载体莫过于美育。在美育中，教师通过回溯过去与立足现代两个维度，在了解历史、还原历史的基础上，将传统美学与现代美学相对应、相结合，培养"此时此地"的思想观念，启发学生从自己的认知和感受出发，开辟新的意境，培育新精神。通过美育，学生能够更好地感受到艺术的美和内涵，进而启发自己的创造力，创造出更加具有艺术感和创新性的作品。

（二）以美促智：培育创造性思维

中国艺术研究院教授林若熹指出，美的重要性与人性有关。"美育之难就在于此。人性包含善恶，我们进行美育，就是要引导人性向善前进。美育最根本的就是培育创造性。"美育是人的自由精神的培育，自由精神是人的创造力的源泉。美育从来不是空洞的自由抽象，它是以科学为基础，以思维为纽带，不断升华凝练的。观察是美育的基础。教师通过倡导个性化作品欣赏、倡导艺术想象力的飞跃、倡导创作风格的多样化来培养学生的创造力。学生通过观察各种艺术作品，如画作、摄影作品等，可以锻炼他们的视觉记忆能力和空间感知能力。学生还可以通过观察各种图像和图表，提高他们的理解能力和记忆能力。这些观察活动可以帮助学生在日常生活和学习中更好地记忆和理解信息。

创造性思维使人们能够自主地想象，发现和创造新的想法、概念、解决方案或发明。好奇心是培养创造性思维的关键。保持好奇心可以激发兴趣，引导人们探索未知领域。了解新的概念、思想、技能和信息，可以帮助人们拓宽视野，提高想象力和思维能力。创造性思维需要人们放弃旧有的思维模式，寻求新的想法和解决方案。因此，人们应该尝试从不同的角度看待问题，可以运用反向思维、侧重点思维、联想思维、隐喻思维等方法，对思维进行训练，在遇到问题时，要先明确问题，再选择策略来解决问题。下面将提出两种具体的策略，帮助大家寻求解决问题的方法。

（1）逆向作业。当遇到目标明确的问题时，人们可以用逆向作业的方式解决问题，如迷宫问题、数学问题等情况。在现实生活中，警察往往通过以犯罪现场为起点，根据证据和目击证人陈述收集信息，反向推理，即可缩小犯罪嫌疑人的范围。

（2）将大问题拆分为小问题。这类似于制定长期目标与短期目标，即先把大致的方向列出来，再拆解每一段时间需要做什么，逐步推进。比如，面对论文，学生可以先列出自己的论文大纲、撰写计划，根据每一个小计划再进行拆解，根据计划逐步推进，从而使大问题看起来更加容易处理。莱特兄弟就用这种方式将人类动力飞行问题分解为若干个小部分，逐步研究升力、稳定性、动力性和方向性控制等各部分问题，再将这些研究方案聚合在一起，便解决了动力飞行的大问题。

（三）以美创新：发展创造性才能

美能开启心灵之窗，艺术可以启迪灵魂。美的艺术不仅仅是一种娱乐和消遣，更是一种精神上的享受和提高。美育的价值不仅在于对美的欣赏，也可以发展人们的创造性才能，促进个人和社会的发展。创造性不仅是艺术家们的专属品质，也存在于每个人的内心深处。通过美育的实践和探索，学生能够提高自己的创新能力和竞争力，发展创造性才能。

美育可以提高视觉表达能力。在美育的过程中，学生学习如何观察、分析和理解视觉信息，并通过视觉艺术表达自己的观点和情感。这种视觉表达能力可以帮助他们在生活中更好地表达自己的想法和感受，并通过艺术的方式解决问题和展示自己的想法。同时，美育可以培养人们敏锐的观察力和感知力。通过观察艺术作品，学生可以学会如何注意和分析细节，从而更好地理解和欣赏艺术。这种细节处理能力也能够帮助他们在成长的道路上遇到挫折时能够有信心、有能力找到更好的解决方案。美育工作者也应当注意，要多提供机会让学生展示自己的作品，如通过文艺汇演、艺术展览、民族风情展等形式，分享学生自己的创造成果，与其他学生进行交流学习，在交流的过程中再次形成思想碰撞，启发灵感，拓宽思路，提升创造性才能。

美育能够促进智力的发展。在大脑功能结构中，大脑左右两个半球具有不同的优势，但它们同时协作才能产生思维和感受。左脑以抽象思维为主，负责语言、计算、判断等功能，右脑则以形象思维为主，负责理解说话的情绪基调、感觉、艺术等功能。脑功能与躯体是对侧加工，即每一侧的脑与对侧的身体进行通信，如语言缺陷，可能是左脑损伤导致的。在美育中，学生通过促进手眼配合、协调能力的发展，可以促进大脑功能的发展，进而促进智力的发展。比如，在学习乐器时，学生往往需要双手配合、协作演奏，这种锻炼可以提高学生肢体协调能力，进而促进脑功能的发展。反之，脑功能的进一步发展，又能够促进躯体能力的提升。

第四章　大学校园的美育实践

第一节　艺术教育与美育

要分析艺术教育与美育之间的关系与联系，就要先认知什么是艺术教育。艺术教育是以文学、音乐等为艺术手段和内容的审美教育活动。1988年后，国家从战略发展的角度，针对艺术教育颁布了一系列文件，明确公共艺术教育对提升学生群体的文化修养、填补学生群体知识结构在感性教育上的空缺、提升大学生的审美水平、弘扬以爱国主义为核心的民族精神及理想信念教育等方面都具有不可替代的作用。清华大学作为一所以理工科为主的综合性大学，却也培养出闻一多、李健吾这样的文学家、戏剧家等艺术从业者。这与学校对艺术教育的普及和尽早开展美育工作有不可分割的关系。大约在20世纪30年代，清华大学建立了中乐部、西乐部，首先开启大学系统性设立通识艺术教育的先河。1946年成立的音乐室曾是中国高校唯一一个专门从事公共艺术教育的教学机构。1993年音乐室更名为艺术教育中心。北京大学在1912年就成立书法、绘画、音乐等相关方面的研究学会。为庆祝北京大学建校100周年，北京大学筹建一座功能齐全、设备先进的现代化讲堂。依托北大百年历史的悠久校园文化，百年讲堂开展各种丰富多彩的艺术活动，用以提升学生的审美水平和文艺修养。北京高等师范学校（现北京师范大学）在1915年就开设了音乐练习班、手工专修科。到2016年，北京师范大学成立了美育中心，并设置北国剧场、坚净美术馆、京师美术馆等公共艺术场所传承其悠久深厚的美育传统。

《教育部关于推进学校艺术教育发展的若干意见》中提到，学校艺术教育是实施美育的最主要的途径和内容。艺术教育能够从小培养学生认知美、追求美、欣赏美和创造美的能力，引领学生群体树立正确科学的审美观，陶冶高尚的道德情操，培养家国情怀，厚植爱国主义精神，能动地激发想象力和创新思维，促进学生成长为全面发展的人。

随着素质教育的推行，大学艺术教育逐渐被人们重视，特别是那些普及度极高的公共艺术教育。许多学校为了凸显自身特色，开设了多种与艺术相关的课程。所谓的公共艺术教育，其实就是一种在大众之中进行审美教育的方式。它融合了多种艺术形式，如音乐、摄影、舞蹈、绘画、书法、雕塑、文学、戏剧、电影和行为艺术等，目的是对学生进行全方位的情操教育。这种教育方式不仅能让学生在享受艺术的过程中收获娱乐与欣赏的双重快乐，还能帮助他们掌握艺术的基本知识，是一种真正的综合性教育。现如今，国内众多高等学校大力发展这种教育方式，旨在通过艺术的方式，深化其在常规教育中的影响，优化学生的知识结构。通过这种方式，学生的审美能力和艺术欣赏水平得以提高，他们的情操也会得到进一步的陶冶。更重要的是，公共艺术教育对学生的思维方式也有积极的推动作用。它能够培养学生的创新思维，激发他们的感知能力，使他们更容易成为全面发展的高素质人才。此外，公共艺术教育也被认为是大学生审美教育的重要组成部分。通过这种方式，学生可以在课堂上深入了解人类的艺术审美经验，真正体会到艺术之美的感染力，从而具备出色的审美素质，实现身心的全面和谐发展。另外，学校艺术教育在培养学生的审美和人文素养上也有其独到之处。它旨在实现立德树人的根本任务，进一步改进美育教学方式，提高学生的综合

素养。学校在这方面的责任不容小觑，必须全力以赴，确保艺术教育在学生的成长中发挥应有的作用。

自 2015 年《国务院办公厅关于全面加强和改进学校美育工作的意见》（国办发〔2015〕71 号）发布以来，美育成为学校教育领域的热词。2020 年 10 月，中共中央办公厅、国务院办公厅《关于全面加强和改进新时代学校美育工作的意见》（以下简称《意见》）的印发，进一步深化和推进了学校美育的全面建设进程。

从国家层面来看，《意见》为大众明确了大学美育的基本目标和培养手段。例如，《意见》中特别说明，要在高等教育阶段，开设"以审美和人文素养培养为核心、以创新能力培育为重点、以中华优秀传统文化传承发展和艺术经典教育为主要内容的公共艺术课程"，逐渐"强化学生文化主体意识"，为社会、为国家培养出"具有崇高审美追求、高尚人格修养的高素质人才"。《意见》对大学美育在精神层面的指导为高等学校的美育开展明确了方向，指引了道路。

由此也可以看出，从宏观视角看，学校的艺术教育作为大学美育的核心组成部分，已广为大众所接受，但作为以美育为目的的艺术教育和传统意义上理解的艺术教育既有联系又有区别，艺术教育随着新时代的发展不再是通识课、艺术常识普及课，大众化的课程设置及教学模式都不能适应技术融合、更具专业特色的高等教育环境。如何把握新时代对美育和艺术教育的要求，二者之间的关系是什么，如何从实践层面落实美育新任务，成为当下研究的热点问题。艺术教育与美育之间既相互融合、互相浸润，同时在概念界定、课程结构等方面又有一定区别，如何在新时代的场域中认识美育和艺术教育的关系，是本节讨论的重点。

一、二者的相同之处

20 世纪在西方教育界涌现出众多思想家，杜威便是其中一位。杜威对北美乃至世界范围内的公共教育体系及其现代教育理念的构建都做出了极大贡献。在他看来，审美教育是教育本体不可缺少的一部分。同样地，审美活动或艺术活动对日常生活质量的提升、性格的锤炼以及性情的改造都有着显性或隐性的作用，故而审美的过程以及审美本身对其客体——个人而言同样具有教育的功能和意义。正是在这个基础上，1929年，杜威发表了一篇与美育和艺术教育相关的文章《教育中的艺术和艺术中的教育》，将艺术活动与教育本身在经验发展理论的基础上融会贯通。该文指出："艺术从其内在本质而言是一种教育，教育也可以成为艺术……为了实现艺术的教育功能，必须开展与之相应的合适的教育。"对某些经验连续性的理解也让杜威产生了将美育和艺术教育相互联通的美学思想，审美活动和基本教育活动的经验提升是你中有我、我中有你的不可分割的关系，这二者之间的研究方法和问题同样也有相通性，故此杜威在理论突破的基础上又撰写了美学著作《艺术即经验》，在该书中杜威明确表达他的美学思想，探讨了美育领域更深层次的核心问题："正是通过交流，艺术变成了无可比拟的指导工具，但是，它所使用的方式与我们通常所理解的教育相距甚远，它将艺术远远地提升到我们所熟悉的指导性观念之上，从而使我们对任何将艺术与教学联系起来的提法都感到不愉快。但是，我们的反感实际上是对那些拘泥的排斥想象，并且不触及人的欲望与情感的教育方式的反思。"换言之，杜威认为，教育过程中，大众真正排斥的并不是在教育中的艺术教育本身，而是把艺术教育放置在一种不适合艺术知识走入学生学习生活和日常生活的场域中，教学环境的氛围塑造影响了学生形成良好的审美能力，而审美能力的培养又需要相对宽松自由且能让人发散想象的思想的公共场合，所以杜威提出的这一观点不免让人思考，美育与艺术教育都不能够拘泥于现行的教学框架和思维模式，将想象力发挥在教学过程的每一个环节，因为想象力是审美能力提升的关键，也是杜威心中美育和艺术教育发展的根本动力。

美育是审美教育，也是情操教育、德行教育和心灵教育，其与艺术教育相同之处就在于，二者都是在培养人认知美、理解美、创造美的能力。所以人们可以从以上三点认识美育和艺术教育的相同点。

（一）认知美

感知和认识是大众认识发展的基础和前提。认知美是审美过程最初的步骤，也是非常重要的一个环节。朱光潜说："美感起于形象的直觉。""形象的直觉"就是看到某些事物具象化体现后，大脑的直接反应和感受。对一些自然现象，人们会感受到来自自然界非常原始的吸引力，看到一望无际的海上风光或者浩瀚无垠的满天繁星，心情愉快，立刻就会感叹自然之美，这种对美的感受是非常直接的，不需要经过任何修饰和描绘，所见即所得。但人们对美的感受并不仅限于自然美。受到社会地位、受教育程度、文化环境等各种因素的影响，每个人都有自我审美意识。但学界对美的讨论和话题从未停歇，对艺术的追求也在不断精进和寻求突破。

首先，审美意识是否形成取决于每个人的心智发育情况，而心智的成长又依赖于人的大脑，大脑中错综复杂的神经活动在思考过程中不断连接交会的神经元逐渐形成了美感产生的生理基础，所以理解美的定义、人为什么能直接地感受到美之前要了解审美活动产生的第一个场景——大脑神经活动。柏拉图说"美是难的"。的确，从西方哲学先贤对它的思考和疑问中就可以得知，美学问题困扰大家数千年之久。人类追逐美的脚步从未停歇，既让人沉醉，又让人心碎。随着科技的突破和技术的飞跃，神经科学领域为人们提供了一个与大脑对话的通道，可以让人们一探人类心智活动的冰山一角，其中也包括人类审美活动时的神经机制。审美的过程并不是由单一的某个大脑神经元触发的活动，它是由多个大脑区域共同作用的，如感知和运动系统、情绪系统、理解与价值判断系统以及默认网络系统等，在各个系统之间的活动中，审美互动才能够由大脑发出信号，人们才能够得知对审视对象的感受是什么。

其次，认知和感受美需要人们拥有丰富和充沛的感知觉。罗丹曾说："生活中并不缺少美，而是缺少发现美的眼睛。"有人看到随风飘下的落叶便可一叶知秋，有人眺望月亮能够留下"明月几时有？把酒问青天"的佳句。无论是面对风景旖旎的山水、苍茫辽阔的草原、层峦叠嶂的山峰等自然景色,还是面对富有力量的雕塑、写意的画作、叹为观止的古建筑等艺术佳作,如果欣赏者没有用心贴近它,那么审美活动也就不复存在。2022年北京冬奥会开幕式是一场美的盛宴,表演精彩纷呈,令人目不暇接,在开幕的倒计时环节就给全世界留下了非常深刻的印象。由于2022年北京冬奥会开幕当天恰逢中国传统二十四节气当中的立春,立春也是一年中的第一个节气,用立春来开启冬奥盛会,春意盎然的气氛迅速感染了每个人。二十四个节气的倒计时画面配合描绘节气的诗句、景色和体育场景,将诗词文化与自然景观以及竞技之美完美地融合在一起,用传统文化向世界展示中国地理之美、文化之美。

无论是自然界还是人为创造的艺术作品,大众对其都有一个复杂且漫长的感受过程。自然界中一些离奇古怪的现象在一开始被大众发现时是难以理解的,但经过时间的检验和认识的不断深入,有了"横看成岭侧成峰"的多样视角之后,认识美的难度就会降低。一些艺术作品在一开始问世时同样并不被大众所认可,如荷兰后印象派画家凡·高的画作在其生前无人问津,在他生活的年代他的画风过于超前,领先于时代的发展,超出了当时的评判标准,自然而然地被遗弃于艺术殿堂的门外。经过历史的沉淀,后来其留存下来的佳作逐渐走进大众视野,在其去世几十年后人们才认识到他极高的艺术造诣,并将其存世的画作尊崇为经典。

(二)理解美

对美的认知与鉴赏只有经过时间的沉淀与反复的体验才能达到更高的层次。人们接触各种自然景物、社会产物或艺术作品时,都会有直接的感受并受到潜在的影响。审美赏析来自对美的深入感知。每当人们与美好事物接触时,心灵都会被深深触动。法国美学家狄德罗指出,鉴赏能力是经验的积累和敏捷的反应,它让人在面对真实和美好的事物时能够迅速而深刻地被感动。这种能力并不是与生俱来的,而是在不断的实践中锻炼和培养出来的。在理解和评价事物的过程中，鉴别与欣赏是相辅相成的。只有具备了鉴别能力，人们才能真正欣赏事物的内在美。而对美的形态和程度的评价，则需要更深入、更系统的理解。审美鉴赏分为基础层次和高级层次。基础层次的鉴赏更偏向于直观和感性，如评价事物的外观、判断穿着的得体与否等。这种鉴赏往往是直接和简单的，容易为大多数人所接受。而高级层次的鉴赏则涉及对美的不同形态，如生态美、社会美、艺术美和科技美的评定。这需要对美有更深入的了解，能够洞察美的深层含义，评判其程度和高低。

爱美之心，人皆有之。但不同的人对美的鉴赏力和理解力有不同程度的差异。这种差异的形成除了审美观念、审美情趣以及审美文化素养不同等原因，人的鉴赏力的高低之分也是十分重要的原因。具备较好的鉴赏力和理解力的人不仅能够辨别事物的美丑，将不同审美对象区别开来，更能透过对事物的观察、品鉴，看到深入事物内部的本质意义。一般情况下，越是生活经验丰富、文化素养良好、艺术修养深厚、知识结构完善的人，对美的理解力越强，鉴赏角度也异于常人。他们有自我的独到见解，因而在欣赏、创造性活动中能够极大程度地发挥自己的主观能动性。

无论个体鉴赏力的高低，人们在面对审美对象时都会有对应的标准和衡量尺度，标准一般由领域内掌握话语权的权威制定，对美的判断力标准也通过鉴赏个体的审美感受而表达，因此理解美具有个性化和差异化的特点，需要因人而异、因地制宜。面对同一鉴赏对象，不同的人会对其做出相对的评价和判断，因此理解美也具有普适性和相似性的特点，被公众所认同。这就说明鉴赏力标准是差异性和普遍性的统一。

学校在培养学生美的鉴赏力时，一方面要着重发展美的个性化，尊重每个个体的自由选择和对美的偏好；另一方面也要推进引导机制，培养学生符合时代需求、国家和民族意志的审美意识。个人离不开社会运行的大框架，所以美的标准也要因时而进，受到当代的和民族的普遍要求的规范和制约。故而在面对一些不符合时代架构或以尊重个体差异为借口的事物或作品时，教师要以传统的、经典的审美趣味要求和衡量，使学生的鉴赏力与时代要求、民族风采相结合。2023年动画作品《中国奇谭》陆续登上各种社交媒体的热搜，这部动画作品的制作方——上海美术电影制片厂曾经产出多部伴随几代中国人、对中国动画影响深远的作品，如《天书奇谭》《大闹天宫》《宝莲灯》等。《中国奇谭》由8个根植于中国传统文化的独立故事组成，将很多耳熟能详的故事以更具时代性、贴近大众生活的动画方式讲述出来。上海美术电影制片厂在大众心中一直都是"只要出手必属精品"的制作者，此次出品的《中国奇谭》能够真正打破桎梏而"出圈"，首先是因为其动画作品一贯优质，本身吸引了部分忠实受众，赢得了注意力。其次是因为在传统故事的基础上进行了改编和深加工，选取独特视角呈现多元化经典。例如，第1集《小妖怪的夏天》是在西游记的背景下讲述普通小妖怪的故事，将人类社会的磨难和不易放入大家非常熟悉的文学环境中。最后是因为它延续了中国艺术和动画作品一贯的绘画风格，以中国式审美赢得了受众的欣赏。动画作品共8集，每一集都由不同的艺术团队构思故事并制作，画风各有特色，引人入胜，这便是美的个性化与普遍性在时代背景下的完美结合。

德国作家歌德说："鉴别力不是靠欣赏中等作品而是靠欣赏最好的作品才能培育成的。等你在最好的作品中打下牢固的基础，你就有了用来衡量其他作品的标准，估价不至于高，而是恰如其分。"培养美的鉴赏力，就要引导和鼓励大众多走进经典的文艺作品，随着时间的推移和知识积累得越来越丰富，鉴赏力和理解力自然而然会"水涨船高"得到提升。美的事物并不会单一存在，美和丑是相伴而生的，现实生活中有美就会有丑，它们相互作用又不停地发展。法国作家雨果说："丑就在美的旁边，畸形靠近着优美，粗俗藏在崇高的背后，恶与善并存，黑暗与光明相共。"培养人的鉴赏力和理解力，特别是提高大众对事物的辨别能力，可以通过相互的对比、鉴别和评价，让大家真正理解什么是美、为什么美。

（三）创造美

认识世界的目的在于能动地改造世界。同样地，人们不断地认识美、理解美的目的是创造美、表达美。事实证明，一个人如果能够依托自身的学习内化与发挥想象力而创造美，他的审美水平、美的感知能力才能够得到巩固和完善。因此，美育和艺术教育的一项重要任务，就是透过实践活动进一步培育和提升人们依据规律突破认知创造美的能力，能动地改变自己的内心世界与周边的客观世界，在此基础上创造出物质文明和精神文明相统一的理想世界。

个人有创造美的冲动是因为其对美的认识和理解形成了体系，在认识事物的过程中产生主动的想象空间和表现欲望。美育和艺术教育都能够引导大众热爱美，欣赏美，追求更高层次的理想，敢于突破，形成勇敢创新的冲动以及想象能力。他们渴望利用自己的思想和实践能力改变周遭的客观环境，同时改造自身的思想空间，在对未来发展的美好愿景的设定中，尽力发挥创新性，同时不放弃对各种必需的、具有规律性的知识的内化与熟练运用，逐渐掌握一定的表现美的手法和技巧。《只此青绿》登上 2022 年春晚舞台，让这部舞蹈诗剧真正走进千家万户，让一幅画活在所有观众的脑海中。《只此青绿》创作灵感来源于《千里江山图》，是将十大名画之一《千里江山图》以意念流动的形式构建出画家王希孟和画中的人物及山水在一方舞台之间精神交流的舞蹈作品。这一作品通过人物之间的古今交融、传统文化与现代艺术的有机融合，让许许多多从未走进过剧院的人打开了艺术殿堂的大门。随着受欢迎热度的不断升高，在各种媒体都可以看到对这部舞剧的讨论和解析，很多在民间技艺或非遗传承方面有一定造诣的专业人士针对其中的表现技艺做出分析和讲解，让大众更深入地了解许多在现实生活中很难触及的领域。同样地，在深度挖掘《只此青绿》IP 的层面，制作方和受众方都贡献了自己的力量，联名产品、数字藏品、特色服饰、对剧中形象的二次创作等都是对美的创造性思维产出的艺术作品。在现有的美的基础上继续发掘唤醒内心的感情,正是美育和艺术教育未来发展的方向。

二、二者的不同之处

艺术教育是美育中不可或缺的一个环节,是进行美育的主要内容,也是美育的主要方式和手段。离开了艺术教育,美育就会显得苍白、空虚,失去了生机。然而,旨在反映审美本质特征的艺术教育,并不能全面地概括美育的所有含义。长久以来,艺术教育已经形成了一套自己完整的体系,具体包括艺术史、艺术技能、艺术批评、艺术创作等,这套体系是为了培养专门的艺术人才而设立的。而美育的理想境界是培养一个全面、和谐的人,如果它在艺术方面的要求能够与艺术专业教育的标准相匹配,这无疑是一件锦上添花的事情。但是,总体来说,美对艺术的要求并不是很专业,也不是很深奥。另外,美育的目的是通过多种方式、多种渠道达到的,把艺术教育视为唯一的方法是有失偏颇的。特别是当今时代,美育和艺术教育等已深入社会生活的方方面面,甚至连被传统美学忽视的"自然之美"的问题也日益凸显出来。这说明现代社会的美学需求并非只有在艺术中才能获得满足。因此,美育如果仅仅局限在艺术教育中,势必会对人们的美学素养造成不利的影响,尤其是非艺术方面的审美素质的培养,而这方面恰恰是我国美育实践的薄弱环节。

三、二者的紧密联系

(一) 教育目标一致

马克思主义关于人的全面发展学说为我国社会主义高等教育树立了清晰而坚实的目标。这一学说认为,人并不仅仅是经济的生产者,更是社会、文化、心灵的体现,故而人的发展应当是全方位的。在此基础上,我国高等教育的宗旨不仅仅局限于学术或技能的培训,更要追求人的全面、和谐成长。美育和艺术教育是这一哲学理念的重要组成部分。

美育旨在培养学生对美的敏锐觉察力和深入理解，使他们能够在自然、生活和艺术中发现并欣赏美的存在。而艺术教育则通过各种艺术形式，加深学生对艺术的理解与鉴赏，进一步提高其艺术涵养。这两者虽然在方法和手段上有所区别，但其最终目标是提升学生的审美观念与能力，使他们在精神层面得到丰富与升华。

（二）教育内容相近

美育在教育中的地位越发受到重视，它能够培养学生的审美观念，使其明辨美丑、善恶，为其人生增添涵养。当学生深入了解和体验美后，他们会在日常生活中展现出更为高尚的品质和行为，懂得在人际交往中展现出美好、优雅的风度，并在面对卑鄙、丑陋的现象时持有批判与鄙视的态度。在美育领域中，无论是大自然的壮丽景色，还是社会文化的多彩纷呈，以及各种艺术形式，都可以成为其教育手段。但其中，艺术无疑是最直接、最有效的方式。艺术涵盖了丰富的领域，从舞台上的表演，到画布上的造型，再到文字中的表达，它们都带有浓厚的审美教育意味。因此，虽然不能简单地把美育与艺术教育画等号，但艺术教育绝对是美育的核心和主体。学校艺术教育内容主要包括表演艺术、造型艺术、语言艺术等。艺术教育是美育的一个重要组成部分，而美育则是对艺术教育的补充和拓展。

（三）教育形式相通

学校是人们接受教育的主要场所，美育和艺术教育作为有组织的教育活动，都是以学校教育为基本形式。高等学校的美育或艺术教育形式又可以分为专门的、学科教学中的、课外活动中的。教师可以通过课堂教学、课外文化艺术活动、大自然、日常生活等手段进行美育或艺术教育。简言之，艺术教育最主要的手段就是各类艺术活动，这也是美育的重要手段。

第二节　第二课堂与美育

第二课堂的概念最早是由教育家朱久思、蔡克勇、姚启和于 1983 年在《高等学校管理》中提出的。该书提出"在教学计划之外，引导和组织学生开展各类有利于学生成长的课外活动，包括政治性、知识性、学术性、公益性、健身性的以及有酬性的活动，就是第二课堂"。2016 年，团中央印发的《高校共青团"第二课堂成绩单"制度试点工作实施办法》提出将第二课堂作为第一课堂的有机补充、作为高校人才培养的重要组成，"第二课堂成绩单"制度要推进第二课堂与第一课堂互动互补、互相促进。对第二课堂的关注与重视顺应培育新时代大学生德智体美劳"五育并举"的人才培养发展要求，也是"知识本位"的思考模式转向"人的全面发展本位"的变革趋势。

美育是高校培养全面发展的人才的重要教育环节。在如今多元且复杂的现代化社会中，提升大学生对美的认知、形成科学的美学思维与价值观、将美的意识融入人生发展轨道进而达到对美好生活的追求是学校大力发展美育所不懈努力探索的目标。美育的概念和载体与第二课堂之间既有相同点又有不同之处，美育对大学生的涵育作用在课程教学中也有所体现，同时以"润物细无声"的方式浸润于第二课堂的每个环节之中；第二课堂同时对美育教学与审美活动也有促进作用，其作为高校美育的重要阵地和平台，对落实高校立德树人的根本任务发挥着重要作用。

本节将对第二课堂与美育之间的关系加以说明，论述第二课堂相较于第一课堂的异同、美育在大学的广阔空间以及丰富多彩的审美活动。

一、独特的第二课堂

第一课堂和第二课堂都是学校开展美育工作的重要载体，是提高学

校美育、德育工作的创新性、实践性、多样性和综合性的重要途径。两者相辅相成，相得益彰。第一课堂是教师开展课堂教学的重要场所，又是受教育者获取理论知识的主渠道。第二课堂是对第一课堂的一种拓展与补充，是学生开展课外活动的一个重要平台。随着高等教育改革的不断深化，高校德智体美劳全面发展的人才培养方案的不断推进，高校第二课堂在育人过程中也变得越来越重要。第二课堂的实践活动内容丰富，活动类型多样，教育方法符合学生的成长和发展规律。第二课堂在提高学生的综合素质和实践能力方面起着不可忽视的作用。

2016年12月7日至8日在北京召开的全国高校思想政治工作会议上强调"要重视和加强第二课堂建设，重视实践育人，坚持教育同生产劳动和社会实践相结合，广泛开展各类社会实践"。与第一课堂相比，第二课堂具有教授内容轻松、教学方式灵活、传授渠道多样等独特的优势，其对受众群体综合素质的提升和全面发展都有极大的推动作用。第二课堂能够为学生补给第一课堂缺乏的"养分"，特别是在塑造正确的世界观、价值观和人生观方面，在文化育人、实践育人层面产生的影响比在课堂环境中接受专业知识的传授效果更佳。第二课堂更加侧重于学生综合能力的培养，所以在授课教师、教授内容、课程载体、受众群体以及教学效果方面都有其独特性。

（一）教学活动形式独特

第二课堂从直观层面有别于第一课堂的表现，即不拘泥于课堂教学一种形式，它是培养学生思想道德、创新观念、实践能力、社交水平等各方面素质的重要环节和载体。高校会根据学校自身具备的教学资源和教学计划制订第二课堂的内容和形式，第二课堂主要可以分为以下几种形式：

（1）思想道德类。第二课堂的形式具有更多的灵活性，它可以让青年群体对世界大势、时事变化以及相关的政治理论、道德修养等有更清晰的认知。在第二课堂的实践中，教师要不断地引导大学生群体树立正确的世界观、人生观、价值观，并在此基础上进一步地树立共产主义理想与信仰。此类型第二课堂主要内容包括主题团日活动、思想政治教育、党团学校的训练，以及讲座、论坛等。学校还会在各种重要节庆日组织学生参加以爱国主义、集体主义、优秀传统文化、爱校荣校、道德规范为主题的仪式教育、演讲比赛、知识竞赛等活动。第二课堂还通过"青马工程"培训班、"青年团干部"培训班等专题培训班，强化政治理论知识的学习。

（2）社会实践类。学习的过程其实也包含实践，二者之间是不可分割的，社会实践的过程可以让大学生在真正进入社会之前，通过学校组织的一些社会实践活动提前与社会接轨，认识和了解社会，同时能够以这种走进社会基层的沉浸式体验，了解基层群众的生活状态，更加深刻地理解国家实施的政策与基本国情。大学生社会实践多以自身家庭所在地为中心，辐射到周围地区开展"三下乡"社会实践活动，或者开展国际交流与合作，以更好地形成认知世界的正确观念，增强大学生群体的社会责任感。

（3）志愿服务类。青年志愿者群体已经成为大学第二课堂必不可少也是非常重要的一种活动形式，青年志愿者行动也成为广大青年服务学校、服务社会、服务国家的重要平台，大学生不仅能够在帮助他人的过程中获得自我成长，还能通过各类志愿服务活动和比赛丰富大学生活。近年来许多国际体育赛事在我国举办，2022年北京冬奥会、2023年世界大运会和亚运会等都有非常多的大学生志愿者参与其中，他们在学校以外的平台探索不同的体验，也在实际生活中感受第二课堂的魅力。

（4）创新创业类。第二课堂里的创新创业主要指的是学生参与各类创新创业竞赛和活动的形式，以及通过比赛和论坛发表一定的学术论文、专著和获得专利等情况。教师通过鼓励大学生对他们在第一课堂学到的知识进行转化利用，了解如何以更科学的管理理念和创新思维将学生思维打开，引导学生形成自己的创业观和就业观。学校应不断搭建创新创业实践平台，服务学生成长成才，使他们成为社会真正需要的人才。

（5）文体活动类。第二课堂中占比最大同时开展最广泛的活动类型就是文体活动类。文艺活动、体育比赛是一所大学培育精神文明的重要载体，也是传承和发扬优秀传统文化的主要体现。良好的文体活动氛围能够让大学校园充满朝气和活力，调动更多人积极参与其中，丰富校园生活。许多大学立足自己学校的特色与文化品牌，打造独具特色的校园文化。

（6）技能特长类。"技多不压身"，在自我学习和管理的过程中，学生应该通过学校提供的各种渠道和学习方式，根据自己的需要和未来发展方向进行相应技能的特长训练。技能培训是学校组织或联合企业教授的关于大学生如何适应社会、高效展示自我所需要的各种技能训练，如就业指导、职业生涯规划等，大学英语四、六级考试，普通话水平测试，国家统一法律职业资格考试，教师资格证考试等其他技能证书的相关考试也是大学第二课堂技能培训的内容。

（二）学习活动场景特殊

互联网时代，场景思维已经成为一个重要概念，校园内充满了来自各种层次的交流碰撞，这个过程少不了在设定好的场景中进行，适合或能够满足大家需求的场景构建能够为校园提供一些新鲜教学方式。第一课堂与第二课堂开展学习和活动的场景设定有很大区别。第一课堂以授课教师、学生在特定的时间进入特定的地点开展教学活动，以传统的教授方式实现教学目标，这种场景模式是固定且统一的，第一课堂主要依靠这种偏向于灌输式的教学方式系统地完成相关教学工作。场景思维用到的内核是场景的建构，对第一课堂而言，其主场景必然是课堂空间。在大众认知中的第一课堂教学中，教学多局限在教室环境下的物理空间里，它的特点是空间小，改造意义微弱，利用教室的场景很难激发学生群体对某些课外知识的想象力和体验感。第二课堂则具有适合不同层次、不同需求的学生参与的多种模式，多体现为实践式、体验式、互动式、探究式、参与式等多样化场景模式。基于第一课堂表现出的特征，第二课堂的场景特殊性就体现出来了。第二课堂可以对教学场景进行空间重塑，因为课堂空间重塑的过程也是课堂的一部分，学生成为参与者，可以对授课内容产生不同于观察者视角的内化反应；教师能够在场景设定与创造的过程中实现突破，将课堂空间无限外延，从而更加贴近学生心理需求以及社会需求。

（三）教师队伍结构特殊

第一课堂的教师队伍通常是由具有相关学科专业职称、具备教师资格的专业课教师组成，但第二课堂的育人工作不仅要掌握丰富的学科知识，同时对组织学生、形式创新、沟通交流等方面都要具备更专业化的要求。高校要想开展好第二课堂文化育人活动，增强第二课堂文化育人实效，不仅需要主管部门的组织管理，还需要建设专业化队伍，即思想政治教育教师和辅导员相结合的高素质队伍。专业教师在学生参与第二课堂文化活动的时候能够提供专业理论的指引，坚定学生的政治信仰信念，增强学生的学科专业性，提升学生的思想道德水平。辅导员在与学生日常的相处交流、谈心谈话的过程中能够了解学生的个体差异，他们在第二课堂文化育人过程中就能够因地制宜、尊重个体差异，为学生参与第二课堂文化活动选择类型、学习内容等方面提供专业的意见或建议。组建专业教师与辅导员队伍相结合的高素质队伍不仅能够顺应党和国家在第二课堂育人和文化育人方面的发展要求，紧跟时代要求，也能够与学生紧密联系，关注学生的日常学习生活，以因地制宜、设身处地为学生参与第二课堂文化育人活动提供指引和建议。第二课堂文化育人不仅需要政策引导、主导部门的统筹以及专业化教师队伍的指导，还需要学生主体的参与，以学生为主要构成成分的班级团支部、学生社团组织建设也是提升第二课堂文化育人实效的重要组织形式。班级团支部和学生组织向上承接学校组织、学院组织的政策要求、活动安排，向下将政策精神、活动内容传达给班级成员、社团成员。由学生群体进行组

织、策划、参与的文化育人实践活动，在整个过程中既能保持工作队伍的链接完整性，也能保证学生主体的高度参与性，使得工作队伍的组织机制越来越健全，学生文化认同感、社会实践能力、领导组织能力都能得到锻炼提升。

组建一支由"校级组织统筹规划—院级辅导员、专业教师实施指导—班级团支部参与实行—学生组织协作拓展"的链接式工作队伍的优势是：既有明确的分工也有层级式的协作，还有专业化的指导，能够在帮助建立健全分工协作机制的基础上落实高校立德树人的根本任务。

（四）教育对象特殊

对第一课堂的学习，学生对课程的选择会受到学时学分、培养计划、学习内容等方面的限制，但第二课堂的选择权很大程度上掌握在学生手中。因此，在不同的环境中，虽然是同样的学生主体，但目的、兴趣以及计划的不同都会改变他们在此场域中的角色。学生群体的主动参与能够提升第二课堂的育人成效，丰富第二课堂文化育人的活动内容和形式，能够为学生提供良好的学习环境和氛围，增加活动的吸引力，充分调动学生的积极性和主动性。学校根据实际情况，建立激励机制，如在校期间的评奖评优、推优入党等不同形式的激励可以提高学生参与第二课堂的主动性，进而提升高校第二课堂育人的实效性。自我教育是大学生成长成才的内在驱动力。第二课堂文化育人是学生依据自身兴趣主动参与、自主实践的育人过程。通过主动参与第二课堂文化实践活动，学生能够在自我反思的过程中提升个人水平，实现自我教育，在潜移默化的学习中主动接受并践行符合社会要求的思想观念、价值准则、道德规范、行为准则，从而提升自身的人格品质、人文素养、实践能力。自我教育能将高校第二课堂文化育人的成效转化为学生内在自身的成才发展动力。同时，第二课堂文化活动参与主体自我教育能力的提升有助于大学生更加积极主动、有效地参与第二课堂育人活动，提升高校第二课堂文化育人实效。

二、美育的广阔空间

(一) 以美培元

在《意见》中,国家在关于学校美育改革和发展的顶层设计当中增加了"以美培元"的表述,这里的"元"有"主要、根本""为首的、居首的"等意思。此外,《广韵·元韵》:"元,大也。"即"元"表示"大"的意思,指作用大,具有超出一般的重要性。综合起来可以这样理解:"以美培元"就是要发挥美育对人生命形态塑造的首要作用、根本性作用和整体性作用。这与美育育人的根本特性是相符的。

首先,所谓的首要作用可以从两方面理解:一方面,当代人在社会发展中所面临的精神困境显现出一定的迫切性,所以美育作为化解"人的危机"的良药,应该将美育放在育人的重要位置;另一方面,美育作为贯穿整个人生命过程的"成人"教育,应当对人生初始阶段高度重视。因为人的生命是不断特定化、社会化和完善的过程,而人的一些重要品质往往与人生最初阶段所受到的教育息息相关,例如,品格、素养、情操等的养成。所以,要将美育对人的基本能力塑造的作用放在首要位置。其次,根本性作用是指美育的本质特征是作用于人的感性方面,通过审美活动将人的感知、情绪、情感、想象等各种心理因素达到彼此相适的和谐状态,从而使个人的精神整体处于"美的状态"。正因为其作用的是人更为基础的组成要素,这些要素不仅在审美活动中产生作用,在科学求知、道德实践、体育运动等方面也发挥着作用,但从效果来看,美育确实促进了这些要素在个体其他活动和能力方面的发展。所以,美育作为发展审美情感的根本特质具有多元的价值取向。最后,整体性作用是指美育应该立足于人格塑造和人性完善,而不是强调某一机能的片面性。通过美育培养的审美人格是一种具有整体性的人格,也是健康的人格。所以,学校在有组织、有计划、有目的地"按照美的规律"进行美育,这是全面育人的教育活动。

需要注意的是,"以美培元"的育人理念在实践指导中要"把握美育对象主体的现实具体性与历史普遍性的关系"。美育所要培养的"元"是现实具体人的"元",也是具有人的历史普遍意义上的"元"。"以美培元"首先体现的是一种个性教育,它需要对每一个个体的身心状态和存在境遇予以关注。同时,大部分的育人理念是一定历史积淀的结果,对每一个个体具有普遍的效用。这是因为人有一定的历史普遍性,尤其是人的一些本质性规定并没有在时代的潮流中发生变化。而且人是社会性动物,会在社会实践中吸收文化,建构价值观念,从而成为一个社会性的人、具有历史感的人。所以对当代的美育实践而言,在直面人的生存现状的同时,也要联系美育育人的历史普遍意义。这样才能提升美育的实践效力。人们期待的由"以美培元"理念引导培育的人,应该是一个在日常生活中生命形式充满活泼样态的人,一个在人生价值追求上有高远境界的人。

(二)以美化人

"以美化人"之"化"与文化之"化"之间存在着密切的关系。人之所以可以被"化",是因为人是社会性动物,存在于形色各异的人类社会中。人在后天成长过程中一直受到文化的熏陶,人的素质、品行、价值观念等方面的养成都与所处的文化语境息息相关。但人会以主观能动性积极介入文化世界中,从而推动文化的创新和发展。所以,美育可以通过"以美化人"推动当代社会文化的发展。

"以美化人"与"以美育人"在育人的形式上有所不同。后者体现的是美育育人的教化、培育功能,而前者主张的是在潜移默化、"润物细无声"中实现育人的效果。"以美化人"之"化"是感化人、化育人。其中包含着内化和外化的双重过程。内化过程就是通过一定的实践方式实现对审美对象美感的触发,使主体在精神上获得陶冶,在熏陶感染中形成一定的心理积淀,构成人本质当中的固有力量。所以,这种育人途径具有一定的"化人"深度。而外化过程则体现为人与世界取得和谐统一。因为"化人"的目的是使人的各种能力得到发展，从而成为一个完整的人，进而可以以审美的方式对待外部世界。所以，"以美化人"是对人社会性的发展。从对文化的促进作用来说，外化过程深化"以美化人"的育人理念更有力度。因为美育的"化人"过程可以有效地消除人与世界的紧张关系，可以促进社会秩序的和谐稳定。这对被"现代性"困扰的当代是弥足珍贵的。所以，"以美化人"理念是对超美育功能的提倡，也就是发挥美育对社会文化的建设作用。

从实践角度出发，当前有两条思路值得探索：一是通过"以美化人"来实施德育。"立德树人"是国家教育观中的核心认识，它是育人的目标。而"以美化人"可以作为一种推动以德育人的途径。美育的化人方式是通过情感的触发感染受教育者的，使其在感同身受中获得认识和理解。所以，在德育过程中辅以美育，就会提升受教育者对品行、德行等价值观的信任度。康德在美的分析上将人的快感分为感官上引起的快感、道德上的赞许或尊重而引起的快感，以及由于欣赏美的事物引起的快感三种。其中道德上的快感需联系客体，由客体的性质决定。所以，它需要有利害的考量，通过理性的方式尊重或践行善的行为。而审美的快感是"自由的愉悦"，它不受任何利害关系的限制。所以，在德育中，"以美化人"的价值就在于以"化"的方式，在自由自觉中使人明白完善人的价值和意义，而不是依靠强大的意志力来践行善。二是通过"以美化人"与社会主义核心价值观有效衔接。社会主义核心价值观是我国凝聚广大人民群众共识，应对西方价值体系冲击，推动社会主义文化建设的重要举措。美育所培养的审美价值观作为人的价值观的一部分，与社会主义核心价值观有一定的共通之处。我国社会主义核心价值观的十二组观念涉及人与自身、人与社会、人与自然关系方面的价值引导。而审美活动提倡的人"诗意的生存""审美的生存"等观念其实就是人与自身、人与社会、人与自然的和谐相处。人们会发现，很多时候价值观念往往不是在正式的教学场合中形成的，而是在日常生活的实践中被环境熏陶而成的。所以，我国提倡社会主义核心价值观，可以借助

美育的"化人"作用。因为美育作为一种情感体验活动，可以使受教育者在学习过程中被情感所触动，在认知过程中获得审美的愉悦。在一定程度上，人们价值观的养成得益于人类情感的认同。所以，我国应当积极通过"以美化人"的方式来深化社会主义核心价值观的理解。

（三）以美育才

可以看到，近年来美育研究有两个重要趋势：一是在整个校园阶段的美育研究中，高校美育成为热门课题；二是在高校美育研究中，对美育与创造力、创新思维的培养的研究成为热门课题。这表明国家对高层次人才的渴望，也说明美育对于培养适应当代社会发展的人才有重要价值。随着我国高等教育的不断大众化和普及化，社会对人才的要求越来越高，这种人才既要在某一领域成为高级专业人才，也要具有一定的人文素养和健全的人格。

美育对人才培养和社会服务的作用是隐性且间接的，尤其是对一些科研方面的人才培养。所以，美育的育才功能只能体现在更为基础的两个方面：一是基本素质的培养，二是创造能力和创新思维的培养。前者强调的是一个合格的时代之才要具备基本的素质和向上的精神风貌。例如，一个科研人才不仅要具备一定的科学能力，还需要具备沟通协调能力、团队协作能力等；不仅要掌握一定的科学知识，还要具备诸如相关法律知识、历史知识等，从而使其成为一个富有道德情操、历史使命感的人才。其中美育的作用在于培养其在生活和工作中的审美素质，如审美观念、审美情趣、审美能力等，使主体能够以正确的审美态度面对生活和工作。而这种审美的价值又会发挥其特殊的综合特性，将道德、科学等方面的一些基本素质一同内化于心、外化于形，使人格达到完善。

而从美育对创造能力与创新思维的培养方面而言，创造能力作为人类参与实践的基础性能力，也是推动人类社会不断向前发展的动力。当今时代对"创新"的呼唤，将美育对于培养人的创造能力和创新思维的特殊作用提高到特殊位置。而审美和艺术作为极富创造性的活动，对于促进人的创造能力、造就杰出人才上是可以在现实当中找到事实依据的。但这种认识更多的是依靠过往经验性的总结,并没有一个清晰的科学描述。具体来看,面对个体的复杂性和多样性,人们并没有找到可以全面推行的育才路径,处在一个"摸着石头过河"的阶段。"以美育才"所要体现出的对美育对象的针对性,必然要将这种育人理念渗透在国家的育人机制中。所以,学校美育是推行"以美育才"理念的重要阵地,而高校作为为社会输送人才的培育基地,所肩负的使命重大。

面对新时代高等教育改革发展的需要,积极探索高校美育的规律,使美育在校园的广阔天地中发挥实效是落实高校立德树人根本任务的应有之义。

三、多样的审美活动

在校园文化中,审美活动展现出其独特的魅力与价值。这种活动不仅是丰富的感性文化的体现,还是一所学校文化内核和精神风貌的真实写照。审美活动将学生带入一个超越现实的世界,让他们对美的事物产生深深的共鸣和敬畏。这种对美的追求和欣赏,对现代社会中的教育工具化和功利化倾向,起到了纠正与平衡的作用。当今社会,人们往往忽视内心的需求和精神的滋养,过于注重物质和效益。而校园中的审美活动,让他们重新审视和欣赏生活中的美好。审美活动是校园文化的一个不可分割的部分。它同其他的文化元素紧密相连,构建了一个丰富、多元、和谐的校园文化体系。这一子系统的存在,为学校提供了强大的文化支撑。身处其中的学生,会不自觉地被这种文化氛围感染,从而受到深远的教育与熏陶。最为重要的是,与其他的教育方式相比,审美活动能够实现多种教育的统一:以文化人与以美育人的统一、理性教育与感性教育的统一、教育与自我教育的统一。

(一)实现以文化人和以美育人的统一

审美活动,既深受文化的影响,也影响着文化的形成。它同时呈现出文化和审美的双重特质，彰显其人文和审美的内在统一性。文化是价值的载体。而在学校这一特殊的文化环境中，审美活动也自然成了培育社会主义核心价值观的载体。学校不仅是一个传授知识的地方，也是一个培养价值观和审美观的地方。校园审美文化具有深厚的历史和人文背景，它不仅是学校历史和文化的感性表达，也是学生的精神风貌和人文素养的体现。审美活动始终围绕着人的感性生活、全面发展和价值实现展开。通过这种活动，学生不仅可以学到关于艺术和美学的知识，还能够学到关于人和文化的知识，这也为其发挥"文化育人"的作用提供了契机。审美活动的人文内涵尤为重要。审美活动不仅能够提供一个培养学生人文素养的平台，还可以帮助克服教育的工具化、功利化倾向。文学、艺术和其他形式的审美活动，都能够为学生提供一个深入探索和体验人文的机会。审美活动不仅是艺术和文化的载体，它们还有着深厚的人文意蕴。通过这些活动，学生可以更加深入地理解和体验到人文价值，从而实现"以文化人、以美育人"的教育目标。

审美活动不仅是一种文化现象，还是一种审美现象，无论是在创作过程中，还是在审美过程中，人们都能获得美的体验。审美活动的形象性、情感性、自由性、愉悦性和超功利性等特点强烈地体现了其纯粹的审美性质。这种审美特性不仅增加了活动的趣味性和吸引力，更为"以美育人"的宗旨奠定了坚实的基础。苏霍姆林斯基的观点深刻地揭示了美的本质，即美如一面镜子，能反映出人的内心世界。面对这面镜子，人们能看到真实的自己，进而对自己产生不同的认知和态度。这一点再次证明了审美活动中蕴含的深厚教育价值。

（二）实现理性教育与感性教育的统一

审美，作为人类文明进程中一个至关重要的领域，无疑成为培育人类情感、情趣和精神追求的关键。它不仅是人们对美的追求和欣赏，更是对生活的深度体验和理解。将审美融入教育中，它便具有了激活人类情感、开启想象和深入心灵的力量。这种教育方式称为感性教育，它通过生动、形象的方式，直接触动人的内心。感性教育不仅是为了满足人们的审美欲望，还是一个培养人们全面、均衡发展的重要途径。它以直观、形象的方式，触发人的感官，激发人的情感，从而促使人们产生对事物的深入认知和理解。这种感性的培养方式，不仅可以开启人们的想象力，还可以深化人们对社会、文化、自然等方面的理解和感悟。社会主义核心价值观作为社会主义核心价值体系的核心，集中反映了全体人民的共同价值追求。但在实际的教育和传播过程中，人们不能仅仅关注其理性的一面，更应该重视其感性教育的作用。因为，核心价值观并不是一个抽象、冰冷的概念，它同样蕴含着人们对生活、对个体、对社会的感性追求和期望。社会主义核心价值观的教育，需要做到理性和感性的结合，这样才能够真正实现人们对价值观的深入认同。而审美活动恰恰提供了这样一个平台。在审美活动中，人们既可以感受到美的力量，也可以深入地思考和探索美的本质和意义。审美活动，如同一个桥梁，连接了人们的理性与感性，使得人们在追求美的过程中，也能够对生活、对社会有更深入的认知和理解。审美欣赏则需要有形象的感受、活跃的想象、情感的体验和理智的引导，这样才能真正走入美的境界，从中获得感官的享受、精神的愉悦和理性的满足。在当前的教育背景下，审美活动不是一个附属品，它在大学生的成长过程中扮演着极其重要的角色，实现了理性与感性的有机结合。大学生处于一个特殊的时期，他们的心智正在成熟，而他们的感性认识和情感体验又极为丰富。在这样一个时期，教师通过审美活动来引导他们，可以说是非常合适和必要的。审美活动可以使学生通过更加生动活泼的方式来理解和认识世界。它不是单纯的理论教育，而是通过实际体验，让学生在感性的认识中加入理性的元素，从而形成一个更加全面和深刻的认识。这样的教育模式不仅仅局限于艺术教育，在其他领域的教育中也可以体现这样的理念。教师通过创建一个更加生动、更加有趣的教育环境，可以激发学生的兴趣和热情，从而使他们更加主动地参与到学习中。因此，审美活动不仅是一种教育方式，还是一种能够深入人心、打动人心的教育方法。它能

够把理性和感性完美地结合在一起，为学生提供一个更加全面、更加深刻的教育体验。在大学生的教育中引入审美活动，无疑可以使教育变得更加丰富和多元，也可以为学生提供一个更加全面和深刻的学习体验。

（三）实现教育与自我教育的统一

在大学的审美活动中出现了一种独特的现象：教育者与被教育者之间的界限不再是那么清晰。传统上，人们常认为教育者为教师，而学生则为被教育者。但在大学的审美文化中，这一界限被打破，学生不仅可以是被教育者，他们的创作和贡献也可能使他们成为"教育者"。想象一下，一个学生通过自己的努力和探索，创作了一件出色的艺术作品。这件作品被展示出来，同学们和老师都为之折服。在这种情况下，该学生不仅是被教育的对象，更是通过自己的创作教育和启发了他人。这就是审美文化的魅力：它有可能从一个意想不到的地方传递知识和启示。大学的审美活动不仅是一个简单的"学与教"的过程，而且是一个动态的、互动的过程，涉及学校、教师和学生之间的交互。在这个过程中，学校和教师的角色并不是直接的，他们可能通过提供资源、提供一个良好的环境或提供指导来起作用，但真正的创作和探索是由学生完成的。这种教育方式有其独特的优势。它鼓励学生主动参与、自主探索，而不仅仅是被动地接受知识。它更能激发学生的兴趣和热情，帮助他们发展独立思考的能力和创造性。如果学生在审美活动中能够充分发挥自己的主观能动性，他们的学习经验将更为丰富、更有深度。但这并不意味着学校和教师的作用被边缘化。他们为学生提供了必要的资源、平台和指导，帮助学生更好地实现自己的审美追求。他们不再是传统意义上的"主导者"，但他们的价值和作用是不可或缺的。这种新的教育方式有着广泛的应用前景，它不局限于审美文化，还可以应用于其他领域，如科学研究、技术开发等。通过这种方式，学生将能够更好地发掘自己的潜力，成为真正的知识创造者和传播者。

第三节 环境创设与美育

作为社会公共领域的重要组成部分，教育具有公共性内涵。公共性是一种公有性而非私有性，一种共享性而非排他性，一种共同性而非差异性。作为现代教育的必然理念与价值追求，教育公共性包含以下两层含义：一是作为现实社会公共事务的教育公共性。教育公共性关乎教育的供给方式、资源调配、财政支持等（再）分配方式在国民教育体系中是否遵循与实现公开、共享、平等和正义等理念，并最终成为衡量政府公共教育服务的价值尺度。二是作为自身规定性的教育公共性。"人是什么"是教育的起点与归宿，也是教育的"阿基米德支点"。每个人都是承载生命的个体存在，是一个独特的"我"，同时是实现单个的社会存在，是和社会、他人不能须臾相分离的人。因此，实现个体社会化是教育的质的规定性的应有之义。教育公共性正是在培养个体社会化的教育进程中历史地展现出来的。特别是在教育现代化进程中，教育公共性正是借由公共教育体制完成全体社会成员的社会化，从而实现社会成员基于主流价值观的共同认知与价值体系，最终走向全体社会成员在多元化社会生活基础上的共有、共享与共生。

长期以来，我国教育界普遍认为美育是丰富和陶冶个体情感，促进个体身心和谐发展，培养个体感受美、鉴赏美和创造美的能力的独特教育活动。美育的目的指向个体审美能力的培养，强调对个体个性化的作用。而在学校教育中，美育往往被窄化为艺术教育，限缩在狭小的艺术场域中，美育活动与社会生活严重脱节。美育作为教育的有机组成部分，理应展现公共性。2020年中共中央办公厅、国务院办公厅印发的《意见》也明确指出："将学校美育作为立德树人的重要载体，坚持弘扬社会主义核心价值观，强化中华优秀传统文化、革命文化、社会主义先进文化教育，引领学生树立正确的历史观、民族观、国家观、文化观，

陶冶高尚情操，塑造美好心灵，增强文化自信。"在社会生活呈现出视觉化、图像化、泛审美化的当下，重新厘清美育对个体社会化的作用与价值，重新审视美育的公共性问题，尤为重要。

一、美育的多种载体

"载体"这一概念在不同的领域和背景中有着不同的含义，其核心是承载和传递某种内容或信息。在教育领域中，特别是美学教育，载体更是显得尤为重要。它不仅仅是一个物质的介质，更是文化、思想、价值观的传递者。一个合适的载体能够更加深入地将美学知识和理念渗透到学生的心中，使他们在不知不觉中接受美的熏陶。大学教育中存在着一些不同于其他教育模式的特殊载体。

（一）基本载体：艺术课程的课堂教学

基本载体对学校美育具有至关重要的意义。美育涉及学生的审美教育、情感培养以及人的全面发展。学校美育是一种相对独立的教育方式，它涵盖从学生的审美观念培育到实践技能的训练。而这一切，其最基本和最根本的载体便是课堂教学。正因为如此，课堂教学成为学校向学生灌输教育精髓的主要渠道。在现代教育体系中，学校艺术课程尤为重要。这些课程不仅仅是为了传授艺术知识或技巧，更多的是为了培养学生的审美情趣，丰富他们的精神世界。在这种教学模式下，教学内容是在科学的教学理念、明确的教育目标以及合理的课堂组织安排的基础上进行的。作为学校美育的核心内容，艺术教育是最直接、最有效的手段，是学校美育的最基本载体。

学校艺术课程主要由两大部分组成：美术课程与音乐课程。这两者是对美的不同维度的探索与解读，为学生的审美觉醒提供了充足的土壤。音乐如同涓涓细流，穿越时间与空间，滋润人的内心。对人类而言，音乐无疑是一种最直接、最原始的情感表达方式。学生在音乐课中不仅可以通过听音乐来放松心情、缓解压力，更可以通过自己的创作表达自己的情感和想法。音乐教育应从鉴赏开始，使学生从中深入理解音乐作品所蕴含的情感，进一步培养和加深其对音乐的喜爱与热情。而美术则是形象的直观展现。在美术的世界中，画家们用细腻的笔触、鲜明的色彩将他们对世界的感知与情感呈现出来。无论是风景如画的山水还是栩栩如生的肖像，都充分体现了人类对美的追求与欣赏。而学生在美术课上除了鉴赏外，还可以亲手创作，通过绘画、雕塑等手段，将自己的情感、想法、审美倾注于作品之中，体验创造之美、艺术之乐。音乐课程与美术课程，各有特色，但它们的目标是一致的——培养学生的审美能力和艺术修养。在这样的教育下，学生不仅能够更好地理解和欣赏艺术作品，还能够培养更为丰富的情感、更为敏锐的审美意识。而且，艺术修养不仅是关于美的感知，更是与人的人格发展息息相关。艺术修养的高低，既可以提高个体的审美价值观，也有助于促进个体的人格成熟与完善。

（二）一般载体：美的校园文化

一般载体指的是最普遍和最通常的载体。而大学教育最普遍和最通常的载体便是校园文化。

学校作为培养人才的重要基地，不仅是传授知识的场所，更是一个全面培养个体的综合体。其核心目的是为学生创造一个促进身心、智力和情感发展的环境，帮助他们成为能够独立思考、有责任感和品行良好的公民。校园文化和学校美育在培养学生过程中起着至关重要的作用。校园文化不仅仅是学校的一种外在标志，更是一种内在精神的体现。它为学生提供了一个学习、生活和发展的良好环境，使他们在知识、情感、人格和技能等各个方面都得到全面的培养。校园文化的每一个元素，无论是校训、校徽还是校风，都是学校的教育理念和价值观的具体表现。而学校美育则是对学生进行心灵教育的重要手段。它旨在培养学生的审美情趣，激发他们对美的追求和创造，使他们在日常生活中能够感受到美的存在，并在实际行动中追求美。学校美育不仅培养学生的审美鉴赏力、对美的感受力和审美创造力，还促进他们的情感、人格和社

交能力的发展。校园文化和学校美育之间存在着天然的联系。它们都是学校教育的重要组成部分，都致力于培养学生全面的、有深度的人格和能力。在实践中，这两者往往是相辅相成的。而从校园文化的构成要素来看，它是一个兼容并包、多元化的系统。它既有理性的一面，也有感性的一面；既有实用性，也有艺术性。这种多样性使校园文化成为一个充满活力、不断发展的系统，为学生提供了丰富的教育资源。

校园文化包含三个层次：物质文化、精神文化和制度文化，这三者之间相互影响、相互渗透。不论是哪一层面的文化，它们都遵循"美的原则"。美是人类永恒的追求。在学校这个特殊的环境中，这种追求变得尤为重要。物质文化中的一砖一瓦、一草一木，都尽可能地展现出美的韵律，使人感受到和谐与宁静。而学校的精神文化，则在于推广正面、积极、向上的价值观，鼓励学生追求真、善、美。这种对"美"的追求，实际上是对审美理想的追求。它体现了人类对美好、和谐、完美的向往。正因为如此，校园文化充满了高度的审美特征和意义。这种特质不仅在视觉上使师生愉悦，更在心理层面产生深远的影响。它会潜移默化地塑造每个人的审美价值观，进而影响其情感和态度。

（三）特殊载体：教师的言传身教

特殊载体在美育过程中发挥着重要作用，而其中最具代表性的无疑是教师的言传身教。一个拥有健康人格和审美情趣的教师，在日常的教学活动中，不仅通过教授课本的知识，更通过自己的日常言语和行为给学生带来深远的影响。当学生看到他们的老师在遇到困难时保持冷静、乐观，或者在他人需要帮助时伸出援手，他们自然会对这种行为产生赞赏之情。而当他们在生活中遇到相似的情境时，他们会不自觉地模仿老师的做法，因为在他们心中，这就是值得效仿的典范。这种从言语和行为中学习的方式，与传统的教学相比，更为直观、生动，也更容易为学生所接受。教师的每一句话或每一个行为，都可能成为学生心中一颗闪亮的星，引导他们前行。而这种指引是建立在真实、具体、直观的基础上的，所以其影响力也是不可估量的。正因如此，教师被视为美育中对学生人格培养的特殊载体，他们不仅传授知识，更重要的是通过自己的言传身教，培养出一代代有着健康人格的学生。

大学生处于人生关键的时期，他们的心智正在形成，同时他们也正在树立自己的价值观和世界观。在这个特殊的时期，他们对周围的环境、事物和人都会进行模仿。这种模仿不仅仅是在学习方面，更是在生活中的方方面面。他们的社会经历较少，使得他们的人际关系和社会关系相对简单。因此，教师在他们的生活中扮演着举足轻重的角色。无论是教师的言行举止、衣着打扮、处理事务的方式，还是与他人交往的态度，都在不经意间影响着学生。教师在学生心中所占据的位置远远超出了知识的传播者，他们更像是大学生人生旅途中的指引者，用自己的行为和经验指导学生如何面对生活的挑战，如何成为一个有价值、有品质的人。正如孔子所说："其身正，不令而行；其身不正，虽令不从。"大学生有着敏锐的观察力，他们能够从教师的举止中，感受到教师身上所散发出的优秀品质。这种品质对学生会产生一种积极的影响，激发他们追求真、善、美。因此，教师不仅要有扎实的专业知识，更要有高尚的人格魅力，以及独到的审美观。为了能够真正影响学生，教师需要不断地提高自己，不只是在专业知识上，更是在人格修养上。只有这样，教师才能以言传身教的方式感染每一个学生，使他们深受启发，激发他们对生活的热爱和对真、善、美的追求。

（四）复合式载体：其他学科的美学渗透

复合式载体是将两个或多个不同的美育载体相结合，使其互相补充和增强，以达到和谐而又高效的教学效果。这种有机融合的方式利用各个载体的优势，确保学生从多个角度、多种方式接收信息和知识，从而更加深刻地理解和吸收。在大学教育中，比较典型的复合式载体便是其他学科的美学渗透，它综合了课堂教学和教师言传身教等不同类型的美育载体。

为了培养学生全面的素养，美育显得尤为重要。然而，美育并不局

限于艺术学科。它是一种综合性活动，涉及多个学科，包括但不限于音乐、美术、舞蹈、文学等。但在学校的日常教学中，由于学生培养方案和专业课的压力，美育课程经常被忽视，甚至一些学校完全没有单独的美育课程。这就导致一个误区，即很多教师片面地认为美育仅仅是艺术教育。但实际上，感受美、欣赏美、创造美需要各个学科的支持和配合。与此同时，现代科学技术的飞速发展使得课程设置、教学大纲、教学方法都在不断地更新和变革。这不仅给教师带来了挑战，也为整个教育体系带来了机遇。在这样的背景下，要想真正做到对学生的全面培养，单靠专业课和通选课是远远不够的。尤其是对大学生，他们正处于心智成长和成熟的过渡期。他们对专业知识有着浓厚的兴趣，但这并不意味着他们对美的认识就可以忽视。简单地进行一些美学分析或机械地灌输一些美学概念、术语对他们来说是远远不够的。真正的美育应该是融入他们日常生活和学习的每一个环节。事实上，每一个学科都包含了丰富的美育资源。从数学的几何图形到生物的生命律动，从历史的人文关怀到文学的艺术创造，美无处不在。因此，在各学科教学中渗透审美教育是完全切实可行的。因此，为了实现这一目标，教师需要找到科学、合理的方法和途径，在学科教学中自然渗透美育。

二、可见的审美文化

"审美文化"的概念最初是我国学者提出的，这一词语组合最早出现在叶朗主编的《现代美学体系》一书中，该书将审美文化表述为："审美文化，就是人类审美活动的物化产品、观念体系和行为方式的总和，它是审美社会学研究的中心课题。详细点说，审美文化是由三个基本部分构成的。第一是审美活动的物化产品，包括各种艺术作品，具有审美属性的其他人工产品，如衣饰、建筑、日用工艺品等，经过人力加工的自然景观，以及传播、保存这些审美物化产品的社会设施，诸如美术馆、影剧院等。第二是审美活动的观念体系，也就是一个社会的审美意识，包括审美趣味、审美理想、审美价值标准等。第三是人的审美行为方式，也就是狭义的审美活动。这种独特的人类行为方式，通过审美创造和审美鉴赏两种行为，不断地将审美观念形态客体化，又把物化的审美人工制品主体化，形成审美对象，产生审美感。"

无论是何种形式的文化，它的内核都需要搭载人与社会之间的互动，故而"研究审美文化，关键是对审美活动规律的研究，首先是对审美价值的创造者、审美活动主体——人的研究"。大学教育本身就是以人为本，培养全面发展的人，审美文化是在伴随人类社会的发展进程中不断自我创新、自我发展的范畴。随着时代更迭和教育理念的创新，审美文化的具象化表现是在稳定的框架中自我革新的。学校天然为审美文化提供了突破的土壤。学校在社会审美文化方面的作用是不言而喻的，它是审美教育的一种重要的手段之一，它在造就审美文化的主体的同时，赋予教育、教学过程一定的审美定向。

关于如何将审美文化和美育理念更好地融入大学环境之中，可以参照叶朗教授提出的三个部分，即物化产品、观念体系和行为方式。而在高等教育中，审美文化可以转化为学校顶层设计、大学校园文化和美育课程体系。美育的任务，就是要使受教育者具备健全的人格，成为"生活的艺术家"。通过不同维度、不同层次的设计与构建，高校美育能够更好地突出其在大学教育中的实际地位。

（一）重高度，抓住顶层设计指挥棒

当今的教育改革对高校美育的重视和探讨日趋增多。要真正加强高校美育，首先要做的就是在顶层设计中嵌入美育的理念。美无处不在，它存在于人们生活的各个领域。自然美、社会美、艺术美等审美对象，为高校美育提供了丰富的材料来源。因此，美育的实施不应仅限于公共艺术教育课程和通识教育。真正的美育应当是多元化、综合性的，以便培养学生的审美情操和创造性思维。为此，在进行顶层设计时，高校应该将美育理念纳入各学科的教学大纲中，使之成为教学活动的一部分。此外，高校还应该重视课外实践和校园文化在美育中的角色，形成课堂

教学、课外实践、校园文化的育人合力,建立全面综合的审美教育。

美育的顶层设计呈现两大特点:美育的社会化与社会的美育化。美育的社会化,要求教育者不仅看到学校在其中的角色,更要看到文化、政治、经济、科技等领域在美育中的不可替代性。社会的美育化则要求每个社会成员,无论其身份、职业、背景,都应有责任和义务参与美育活动,感受和传播美。未来的美育应该更加注重学校、家庭、社会三者的协同育人。这种协同不仅仅是资源的共享,更是理念和实践的深度融合。为此,高校需要建立一个开放的美育平台,与各政府单位、社会机构、艺术团体等深度合作,以确保学生不仅在校内,在校外也能够享受到丰富、多元的美育体验。通过打造这样一个开放合作的美育环境,学校与社会可以实现真正的互动互联,确保每一位学生都能在广泛的社会背景下,深刻体验到美的魅力,培养全面的审美能力。

(二)挖深度,打造交叉性课程体系

推进教学与课程改革是高校美育建设的核心。美育并不仅仅局限于某个特定的课程,而是一个完整、相对独立的教育体系。当前,为了更好地实现美育目标,高校必须在整合现有的文化艺术类课程的同时,寻求新的教育体系。美育的内涵丰富多样,它不仅仅是对美的教育和引导,更是一种情感的培养、一种审美的磨炼。为了使其深入学生的心中,高校应当在教学计划中给予美育足够的位置,突出其重要性,并将其纳入学分体系,使之成为标准化的教学内容。高校美育课程的建设可以分为两个层次。在第一层次中,美育学和美育的基础理论课程是关键;第二层次则涉及文化艺术课程,包括文学、美术、音乐、影视、戏剧、舞蹈以及园林建筑等多元领域。艺术是美育的重要组成部分。为此,美育课程建设应以艺术课程为中心,提供诸如艺术鉴赏、艺术史论、艺术批评、艺术实践等方面的内容。课程设置应符合教育的一般规律以及高校学生的身心发展需求。这不仅要求重视基础的美育知识学习,也要求在知识、技能和素养三者之间找到平衡。需要明确的是,高校美育的最终目标不在于培养专业的艺术家或美学家，而是希望培育具有完整人格和卓越审美素养的高素质人才。在实际教学中，这就要求教育者注重学生的艺术感受力、审美能力以及思想感情的培养，多使用启发式和引导式的教学方法。除了常规的课堂教学，以美育为主题的跨学科教育也非常关键。各学科都有其独特的美学元素和价值，这为高校美育提供了一个机会——将这些内容有机地结合起来，增强课程的综合性，并随着社会文化的发展，及时地更新教学内容。实践性是美育的一个显著特点。这意味着除了理论教学，实践活动也是不可或缺的。这不仅有助于学生更好地理解和体验美育，还能进一步巩固其所学。高校在这方面应采取积极措施，强化美育实践活动，将其纳入标准的学生培养方案中，并采用课程化管理。此外，根据条件，利用地方美育资源，建立实践基地也是一个值得考虑的方案。

（三）引活度，培育校园文化创造力

校园文化环境被视为美育的重要载体。它是"大美育"格局的组成部分，展现了学校办学的理念和特色。当走进校园，所见之处都应该是对美的追求和展现。无论是建筑的设计、园林的布局，还是校园里的艺术品，都反映了学校、管理者以及师生的人文素养和文化品位。它们共同塑造了一个具有浓厚文化氛围的环境，为师生提供了一个充满美感的成长空间。这样的校园文化环境对师生的审美教育起到了至关重要的作用。它悄无声息地影响着每一个人，帮助学生形成对美的认识和欣赏。学生在这样的环境中成长，他们的审美观点、艺术欣赏能力和创造力都会得到培养和锻炼。这对高校美育的导向和质量有着深远的影响。根据《意见》的要求，各级学校应该充分利用各种媒体资源，如广播、电视、网络等，以及学校内部的空间资源，如教室、走廊、宣传栏等，营造一个格调高雅、充满美感、富有朝气的校园文化环境。这样的环境不仅能够给予学生良好的美感体验，更能够将社会主义核心价值观、中华优秀传统文化基因融入学生的日常生活中，使他们真正地领悟到自然之美、

生活之美和心灵之美。为了更好地实现这一目标，高校应当注重其文化场馆和设施的建设，如美术馆、博物馆等。这些场所不仅能够给学生提供更多的学习和体验机会，还能够使他们更加重视文化和艺术。而且，学校还可以与地方政府合作，将更多的文化建设项目引入学校，这样不仅能够为学生提供更多的文化资源，还能够实现校内外文化资源的共建共享。

三、直观的大学精神

大学精神是在大学的办学与发展过程中通过一代一代师生校友不断努力、不断累积，逐渐形成的代表学校的独特的思想体系。大学精神是一所大学源远流长的生命之源，是根植在每一个师生员工及校友心中的精神动力。大学精神集中地展现在一所大学的校园文化建设的过程中，它是校园文化建设的灵魂与内核，从大学的精神文化、物质文化、制度文化及行为文化中，人们都可以直观地感受到大学精神的存在与发扬。

（一）培育大学精神文化，扶持文化活动品牌

大学精神文化是校园文化建设长期积累逐步形成的观念体系，是通过大学精神，教育理念、校风、学风、教风等外在表现形式而存在的大学文化，是大学文化的灵魂与核心。"大学的精神文化要依据学校的特色文化和优势文化，从学校的学科与专业体系出发来发展。"高校应通过弘扬大学理念、校风、学风培育发展大学精神文化，为第二课堂文化育人活动的开展提供独具特色的校园文化内容，增添实践活动的文化意蕴、精神内涵，因地制宜打造独具特色的校园文化活动品牌，促进高校大学精神全面性发展。

将高校独具特色的大学理念、教育理念融入精神文化建设中，能最大限度地提升第二课堂文化活动的内容质量。大学理念、教育理念是经过长期的历史积淀而成的观念体系，将其蕴含的文化观念融入第二课堂文化活动，不仅有利于学生了解学校精神文化内涵，也有助于将精神文

化、价值观念内化为学生的行为准则,运用文化的软约束功能帮助学生形成文化自觉,促进大学精神文化发展。

高校应结合学科特点、学科属性,挖掘学科专业文化知识、学科研究精神,将学科专业文化与第二课堂文化活动相结合,打造特色专业文化活动品牌。学校可以将特色专业、优势学科的发展精神、师生榜样与校园活动融合,通过组织开展趣味知识活动、学科竞赛、专业发展历程的知识讲座、名人堂等一系列品牌活动,让师生在组织参与文化活动的过程中了解校园专业文化,内化为师生内在行动力,形成积极向上的精神力量,同时促进学科专业的建设发展,丰富校园文化建设的内容。

(二)依靠大学物质文化,烘托大学精神

大学物质文化是大学文化的重要组成部分。物质文化是指在教育教学过程中有助于教学的设施器材、景观、建筑物、教学设备等。这些物质是大学开展教育教学活动不可或缺的载体,是大学精神意蕴的展现。建设大学物质文化,可以借助文化载体传播发扬校园文化历史积淀、学术学问、院校精神。

(1)依托物质文化载体,增强文化育人活动效果。"校园是文化和教育发展的产物,其自身既是文化的一种存在方式,又是实现教育的一种场所。"校园的一物一景、一草一木都蕴含着丰富的文化韵味,在时间、空间上对师生产生潜移默化、持久深远的影响。很多一流大学的大学精神与校园文化都体现在校园设施、建筑、景观上,对学生产生着"润物细无声"的作用。高校可利用大学育人的载体,将大学精神与大学物质文化相结合,推动第二课堂文化活动内涵式发展,如组织浏览校园景观,邀请设计景观、雕塑的专家开展校园建筑文化主题讲座,可以在增强育人活动的趣味性、创新性的同时提升大学精神具象化对广大师生影响的实效性。

(2)依托物质文化载体,营造良好的育人氛围。良好的文化氛围、文化环境有助于学生身心愉悦地参与活动,感受活动的文化熏陶。物质载体作为校园文化建设中可视、可触碰的设施,有助于学生身临其境地感受校园文化氛围，提升文化修养。高校图书馆作为大学必不可少的建筑设施，是高校历史文化、学术精神、价值观念的重要展示。高校利用图书馆、校史馆、艺术馆等文化场所开展文化活动，组织开展学校历史探索活动，借助校园文化载体开展独具特色的文化活动，可以营造良好的文化育人氛围，提升第二课堂文化育人实效。

（三）引导大学精神，践行大学制度文化

大学制度文化是建设大学精神的重要内容，是大学精神文化在校园建设中的物质载体和产物，以物质文化的存在为发展前提。在大学建设与发展过程中，大学的规章制度、政策文件都体现着学校的办学理念、精神文化、主流文化。在教育教学过程中，通过践行大学制度文化规范引导第二课堂文化活动的目标方向，学生能够通过规章制度的硬约束，将其内化为内心的价值准则来约束、管理自己的行为。大学制度文化也在指引、改善学生的思想和行为方式。

大学制度文化体现了高校的办学要求、价值理念，将制度文化融入文化活动有利于保证活动的有效实施。凝练大学精神的文化活动的展开需要行之有效的规章制度、条例。首先，各高校共青团可依照共青团中央、省级共青团相关文件精神，按照高校实际情况制定第二课堂文化育人的规章制度，确保第二课堂文化活动的目标方向、价值追求、文化内涵是符合高校大学理念、教学理念的。其次，学生组织、学生社团作为第二课堂文化活动的主要组织者和参与者，在制定、修改社团章程的时候不仅应该遵守贯彻校训、校规，也应该在此基础上根据社团的性质制定目标定位清晰、活动内容创新、活动形式丰富的社团章程，让学生主体在了解社团章程的过程中认识社团文化，并能够以此作为开展社团活动的准则，在开展校园文化活动的过程中不断内化为自身的行为准则，指引、指导学生个体的价值观念、思维方式以及行为手段。

（四）建设大学行为文化，规范大学精神

行为文化是指主体在无意识或是有目的地进行长期活动过程中形成的经验总结。大学行为文化是指在校园内，师生进行的有目的或者无目的的行为活动而积累形成的大学理念、精神面貌、行为方式等文化形态的总和，是大学精神文化的外在表现，同时是校园文化建设的重要一环。

高校行为文化建设离不开大学精神文化、价值理念的引领。新时代中国特色社会主义教育事业，要求以社会主义核心价值观引领第二课堂文化育人活动，将社会主义核心价值观的内容注入学术讲座、社团活动、志愿服务等实践活动过程，不断进行文化创新，形成崭新的精神面貌。高校应以社会主义核心价值观为引领，增强学生对校风、校纪、校史、校训的认识了解，传承中华优秀传统文化，规范自身行为方式，以此完善大学文化行为建设。新时代中国特色社会主义教育事业的发展也离不开新媒体的支撑。新兴的大数据技术、新媒体为增强高校第二课堂行为文化建设提供了崭新手段和平台。第二课堂文化活动运用新媒体手段拓展文化活动空间，建设文化育人网络新阵地，能够促进中国先进文化多渠道的网络传播，同时运用大数据建立学生参与第二课堂的记录评价体系，可以反映学生的成长轨迹。

第五章　大学美育的形式创新

第一节　美育与"五育并举"

从 2015 年《国务院办公厅关于全面加强和改进学校美育工作的意见》到 2020 年中共中央办公厅、国务院办公厅印发的《关于全面加强和改进新时代学校美育工作的意见》，一系列文件的出台为新时代高校开展美育工作提供了指导。从"五育并举"的视角出发，研究"美"与"德、智、体、劳"的内在联系，具有重要的现实意义。

一、以"五育并举"为基础

（一）推进"五育并举"，确立美育地位

随着社会的发展和进步，人们对教育的需求也在不断提升。传统的知识传授已经不能满足现代社会的需求，人们对综合素质的培养更加看重。"五育并举"是指德育、智育、体育、美育和劳育相互关联、相互渗透、协调发展的教育理念。以往的教育过于注重智育，而忽视了其他方面的教育，导致学生的发展不均衡。"五育并举"则强调了全面培养

学生的素质，促使学生在德智体美劳等方面得到全面发展。

德育构建美育的伦理基础。德育强调个体的道德品质和社会责任感的培养，为美育的伦理基础提供了坚实的支撑。德育教授学生诚实守信、正直守法，培养他们的自律和自我约束能力。这些道德价值观对美育至关重要，它们引导学生在艺术创作和欣赏过程中坚守道德底线，遵循艺术的伦理规范，不断追求更深层次的审美境界。德育引导学生关注社会问题、参与公益事业，培养他们的社会责任感和公共意识。在美育中，学生通过艺术的表达可以传递关怀社会群体等正能量信息，发挥艺术在社会进步和改变中的积极作用。德育可培养学生积极参与社会活动的能力，为美育的伦理实践提供了坚实的基础。

智育形塑美育的知识基础。智育提供了美育所需的知识基础，通过知识的积累，学生可以对艺术作品进行多维度的解读，从不同学科出发来思考和分析艺术作品。首先，智育为美育提供了广泛的知识背景。学生通过智育，掌握了各个学科的知识，如历史学、文学等。学习这些知识，有助于学生形成理解艺术作品的文化背景和历史渊源的能力，使他们能够更好地理解艺术作品的内涵和表达方式。其次，智育注重培养学生的思辨和批判能力，注重培养学生的创新能力和创造力。学生可以利用自己的创造力和艺术感知，创作出具有个性和创新性的艺术作品。智育可使学生在美育领域中展现出独特的创造力，推动艺术的创新和发展。

体育夯实美育的生理基础。体育锻炼对学生身体素质的提升起着至关重要的作用，具体而言，它有助于增强学生的肌肉力量、心肺功能和灵活性，以及协调性和平衡能力。良好的身体素质是参与美育活动的基础，它使学生能够更好地参与舞蹈、音乐等艺术表演活动。此外，体育锻炼能够促进大脑的血液循环和氧气供应，提高学生的注意力和专注力。体育锻炼能够改善学生的学习状态，增强他们的学习兴趣和学习能力。在美育中，学生可通过学习音乐理论、舞蹈技巧等知识来提升自己的艺术表现能力。通过体育锻炼，学生可以更好地集中注意力，为美育提供更好的生理基础。

劳育构成美育的价值基础。劳育培养了学生的劳动精神和实践能力，培育了学生勤劳、坚韧和有耐心的品质，这些品质对美育实践至关重要。美育需要学生付出大量的努力和时间，通过反复的实践和探索来提升自己的艺术表现能力。劳育使学生具备了一定的劳动意识和坚韧的毅力，使他们能够在美育的实践过程中坚持不懈，克服困难，不断提升自己的艺术水平。除此以外，劳育也培养了学生的实践能力，为美育提供了重要的价值基础。劳育注重学生的实践经验和实际操作，通过劳动实践培养学生的实际动手能力。在美育中，学生需要通过实践来表达自己的艺术创作。

美育在"五育"中享有重要地位。美育不仅仅是对艺术知识和技能的传授，更是对人文精神和人类文化的传承。美育对于培养学生的情感和情商具有重要意义。在现代社会中，情感管理和社交能力成为人们成功生活的重要因素。美育能够帮助学生更好地理解和表达自己的情感，培养他们的情感智慧和情商。通过不同艺术形式的表达，学生能够体验和理解不同的情感，进而提高自身情感表达和沟通的能力。这对学生的人际交往和心理发展具有积极的影响。

（二）落实立德树人，深化"五育"融合

党的二十大报告指出："全面贯彻党的教育方针，落实立德树人根本任务，培养德智体美劳全面发展的社会主义建设者和接班人。"作为教育的根本任务，立德树人旨在培养德智体美劳全面发展的优秀人才。为了更好地实现这一目标，深化"五育"融合成为必要的举措。通过在教育中融入德育、智育、体育、美育和劳育，构建起全面的教育体系，培养具备全面素质和创新能力的未来人才。

落实立德树人是深化"五育"融合的基石。高校应该强化思想政治教育，培养学生的社会责任感。通过开设思政课程、组织社会实践活动，高校可以引导学生深入了解党的方针政策、国家发展战略和社会主义核心价值观，使其树立正确的世界观、人生观和价值观。此外，高校

还应该鼓励学生参与公益活动，关注社会热点问题，培养他们的公民意识。德育应贯穿于整个教育过程中，通过思想道德教育、班级管理等方式，培养学生的道德品质。立德树人的落实为深化"五育"融合提供了价值导向和道德基础，使其成为全面育人的核心。

高校作为培养德智体美劳全面发展的社会主义建设者和接班人的重要阵地，必须注重立德树人的任务。而在落实立德树人过程中，美育发挥着重要的作用。美育通过培养学生的审美情感、艺术鉴赏能力，引导他们积极向上、健康向善的发展，从而实现立德树人的目标。深化"五育"融合需要加强学科知识的有机融合。各学科之间应有有机的联系和交叉，美育在深化"五育"融合中扮演着重要的角色。美育通过音乐、绘画、舞蹈等艺术形式，培养学生的审美能力。美育不仅能够激发学生的艺术天赋，还能够提升他们的情感表达能力和文化素养。在"五育"融合中，美育应与其他教育相互渗透、相互融合，在科学教育中融入艺术元素，通过将实验与创作相结合，激发学生的创造力和科学探索精神。例如，在文学教育中融入美术元素，通过将绘画与写作相结合，培养学生的想象力和表达能力；在历史教育中融入音乐元素，通过将音乐与历史相结合，让学生更深入地感受历史文化的内涵；在文学教育中融入体育元素，通过将阅读与运动相结合，增强学生的情感表达能力和身体素质。通过将学科进行有机融合，学生能够更全面地理解和运用知识，提升综合能力。

落实立德树人、深化"五育"融合有助于提高教育的质量，对社会的发展也具有积极影响。立德树人是教育的根本任务，通过道德教育和价值观培养，为学生的全面发展提供坚实的道德基础。深化"五育"融合能够使教育更加全面，使学生能够在实践中学习和应用知识，提高学习的质量和效果。培养德智体美劳全面发展的人才，能够为社会提供更多具备创新能力和实践能力的人才资源，推动社会的进步和发展。这些人才能够适应多样化的社会需求，具备解决问题的能力，为社会的可持续发展做出积极贡献。

高校落实立德树人的过程中，美育扮演着重要的角色。美育可培养学生的创新精神和实践能力，促进学生情感发展和身心健康。因此，高校应该重视美育，加强艺术课程设置，为学生提供一定的艺术体验和创作机会。只有通过美育的引导和影响，高校才能更好地实现立德树人的目标，培养德智体美劳全面发展的优秀人才，为社会的进步和繁荣做出贡献。

推进"五育并举"，深化"五育"融合不仅是一种教育理念，更是一种责任和使命，旨在培养具备高尚品德、广博知识、健康体魄、艺术修养和实践能力的新一代人才，让每一个学生都能够在德智体美劳的全面培养中绽放光彩。在这种教育中，学生不再是被动的接受者，而是积极的参与者和创造者。高校要让教育成为一座涵养智慧、培育人格的花园，让学生在这里茁壮成长，成为社会栋梁。

二、以美好人格为示范

（一）崇尚美好人格，对标榜样人物

每个时代都有楷模，那些以坚韧、奉献和善良的人格品质，为我们树立了榜样，激励着我们去追求更美好的生活。黄大年，是一位杰出的中国科学家，也是一位坚韧不拔、无私奉献的慈善家。正是这样一位人格榜样，他的生平和品质，为我们提供了尚美人格的完美范本，他的故事是人格高尚、奉献精神和不懈追求的典范。

黄大年的一生充满了坚韧不拔的追求。他出生在一个普通的农村家庭，家境并不富裕，但他从小就展现出卓越的智慧和学术天赋。他的求学之路并不平坦，充满了挑战和困难。然而，黄大年的坚韧精神使他能够坚持不懈地追求知识和梦想。他离开家乡，前往美国攻读博士学位，面对文化差异和生活的不适应，他并没有退缩，反而更加努力学习和工作。他在纳米科学、纳米技术和材料科学方面的研究被认为是世界领先水平，而且对应用科学和工程技术的发展也产生了深远影响。他的成就

为新材料的开发和利用提供了重要的指导和支持，对能源、医疗、环境等领域都有着积极的影响，为科学界树立了一个杰出的典范。

黄大年不仅是一位杰出的科学家，还是一位坚守善良和奉献精神的慈善家。他和他的妻子共同创立了"黄大年科学与艺术教育基金"，旨在资助贫困地区的学生接受高质量的教育。这个基金为数以千计的孩子提供了机会，让他们能够获得优质的教育，追求更好的未来。黄大年的慷慨善举也包括资助中国的乡村教育、支持科学普及教育，以及为贫困家庭的儿童提供医疗援助。他的慈善事业不仅改善了许多人的生活，也为社会公益事业树立了榜样，激励着更多人投身公益事业，为社会做出贡献。

黄大年一直强调科学家应该对社会负有责任。他认为科学家不仅仅应该追求知识，还应该积极参与社会事务，为社会做出贡献。他的言行体现了公民意识和社会责任感，激发了更多人投身公益事业。他的故事鼓舞着许多人，尤其是年青一代，激发他们追求卓越、奉献社会。他的精神品质和慈善事业的传承将持续影响未来的社会发展。

黄大年的人格品质和精神观念，是我们每个人都可以效仿的尚美人格的典范。他的坚韧、善良、奉献和社会责任感，为我们树立了伟大的榜样。通过将这些品质融入自己的生活，我们可以为社会做出更多的贡献，实现个人价值，让世界变得更美好。

黄大年的一生，永远是我们学习和敬仰的对象，他留下的精神遗产将继续激励人们不懈追求更美好的未来。他的故事告诉我们，崇尚美好人格并不是一种遥不可及的理想，它是可以通过努力和坚守价值观来实现的。

（二）教师美好人格的示范作用

高校教师作为学生的引路人和榜样，具有重要的示范作用。教师的言谈举止、道德品质和专业素养直接影响着学生的成长和发展。在高等教育中，教师应该发挥自身的示范作用，以其美好的人格影响和引领学生的成长。

高校教师应该具备高尚的道德品质。作为学生的榜样，教师应该始终秉持诚实、正直、守信的原则。教师应该坚守职业道德，严格遵守教学规范和学校规章制度；教师要注重自身的修养，以身作则，做到言行一致。教师只有做到这些，才能引导学生成为具有社会责任感和道德意识的人才。

高校教师应该具备专业素养和学术品质。教师作为知识传授者，应该不断提升自身的教学能力，丰富自己的专业知识，保持对学科的热爱。身为人民教师，其应该具备扎实的学科基础和广博的知识面，能够给予学生一定的指导。同时，教师也应该注重独立思考和创新精神的培养，引导学生发展自主学习和创新能力。教师的专业素养和学术品质将直接影响学生的学术追求和职业发展。

高校教师应该具备关爱与尊重的品质。教师应该真诚关心学生的成长和发展，倾听学生的心声，了解他们的困难和需求。教师应该以平等、公正和尊重的态度对待每一位学生，鼓励他们发挥潜能，给予他们充分的支持和帮助。此外，教师还应该注重学生的个性差异和多样化的发展，尊重学生的选择和兴趣，为他们提供适应个体发展的多样化教育方式。教师通过关爱与尊重的品质，能够建立良好的师生关系，激发学生的学习热情和积极性。

高校教师应该具备开放与包容的态度。教师应该尊重学生的不同观点和意见，鼓励他们独立思考和表达自己的观点。教师应该创造宽松、开放的教育环境，鼓励学生进行自主探索和创新实践。此外，教师还应该乐于接纳具有不同文化背景的学生群体，促进文化交流和跨文化理解。

高校教师应该甘于奉献与积极激励。教师应该以奉献的心态从事教育工作，将学生的发展放在首位，不断探索适合学生的教学方法和方式。教师要关注学生的学业进展和成就，给予他们及时的肯定和鼓励，激发他们的学习动力和自信心。此外，教师还应该积极参与学生的综合素质评价和个性发展指导，帮助他们发现自己的优势和兴趣，促进个体发展和价值实现。

新时代高校美育不再限于传统课堂教学，在第二课堂和第三课堂中，美育被越来越多提及。在高等教育中，第二课堂和第三课堂扮演着重要的角色，为学生提供了一定的社会实践机会。作为学生的引路人和榜样，高校教师应在这些课堂上展现出美的力量，以成为学生心目中的美的榜样。高校教师可以在第二课堂中积极参与社团和俱乐部的活动，选择自己擅长或感兴趣的领域，担任指导教师或顾问，与学生一同探索和实践。无论是音乐、舞蹈、美术、体育还是社会服务等，教师都可以通过自身的热情和专业知识，激发学生对美的追求和创造力的发展。同时，教师也可以通过与学生的互动和交流，了解他们的需求和困惑，并给予积极的指导和支持。高校教师可以在第三课堂中积极参与社会实践和志愿服务活动。通过组织学生参与社区服务、环保行动、公益活动等，引导学生关注社会问题。教师作为学生的引路人，应带领学生走出校园，面对真实的社会，通过实践的方式培养学生的人文关怀和社会情怀。教师应通过自己的行动，表现出对社会的关注和参与，成为学生心目中的道德楷模。在第二、第三课堂中，教师应注重自身的言谈举止，做到举止优雅、谦逊有礼，用自己的行为诠释美的价值，积极参与文化活动和艺术表演，展示自己的艺术修养和审美眼光。此外，教师还应以身作则，坚守道德底线，坚持正义和公平，通过自身的美好品质和高尚行为，来激发学生的美好情感以及树立道德观念。

美育的内涵已经从过去的狭义界定发展到涵盖高等教育的各个层面。其并不局限于形式上的仪容仪表和言谈举止，还渗透到了当前的网络语境，如流行的网络语言和表达方式。这都是美育的新战场，呈现出其跨时代、全面的特质。在高等教育场景中，大学生处于一个模仿和探索自我身份的阶段，他们常常把教师视为榜样，将其行为、言辞甚至价值观视为参照和学习的对象。这也意味着，教师的一言一行都会在学生心中留下深刻的印象。因此，教师不仅仅是教授知识的人，更是塑造学生审美和人生观的关键角色。基于此，教师有责任提升自身的美育认识，无论在显性教育中，如课堂教学，还是在隐性教育中，如日常行为，都应体现出高尚的审美情趣和人文情怀。只有这样，教师才能真正成为学生心中的"美的榜样"，引导他们走向更为美好的未来。

三、以师生共创为主干

（一）以师生互动促进美育

美育是培养学生综合素质和美好人格的重要途径之一，而师生互动是实现美育目标的关键要素。师生互动有助于培养学生的审美能力，并帮助他们树立正确的美的观念和价值观。在这个互动过程中，教师不仅是知识的传授者，更是学生的引路人和启发者，通过与学生的交流和互动，共同探索美的世界。

我国高校美育工作目前仍面临一系列挑战，其中最为明显的问题是对美育体系还不够重视，美育的推广和发展受到限制。美育途径单一，专业任课教师和辅导员不能为学生提供全方位的美育指导等。

师生互动是美育的核心环节。教师应该创造积极互动的学习环境，以激发学生的主动性和积极性。通过师生互动，教师能够了解学生的兴趣和需求，从而有针对性地进行教学设计。同时，学生也能够在与教师的互动中获取艺术知识和技能，提升自己的审美水平。师生互动不仅仅是单向的知识传授过程，更是双向的学习和合作过程。在当今数字化时代，技术在美育教学中发挥着越来越重要的作用。教师可以引导学生运用数字工具和软件进行艺术创作，如数字绘画、影像编辑等。通过技术的运用，学生可以拓展自己的艺术表达方式，创造出独特的艺术作品。同时，教师也可以利用在线平台和社交媒体等工具，与学生进行及时的互动，促进学生的学习和成长。教师可以利用虚拟现实（VR）和增强现实（AR）技术创造沉浸式的艺术体验。通过使用 VR 头盔或 AR 应用程序，学生可以进入虚拟艺术展览等，以全新的方式感受艺术作品，并与之互动。

在师生共创活动中，要注重学生审美意识的培养。在课堂上，教师可以和学生讨论经典艺术作品，引导他们理解艺术的多样性。

在课下，教师要引导学生观察自然和社会环境中的美。教师可以带领学生进行户外写生、观察和摄影活动，引导他们发现日常生活中的艺术元素。除此以外，在第二、第三课堂中，教师可以组织参观活动。教师可以带领学生参观艺术馆、画廊或展览，让他们亲身感受艺术作品的魅力，并与他人进行交流和讨论。

在师生共创活动中，要鼓励学生进行表达。通过自我表达，学生可以形成自己的审美观念和艺术风格。教师通过设立创作任务，鼓励学生从自己的生活、经历和观察中获取灵感，并且独自进行艺术创作。教师要给予学生足够的自主权和选择权，让他们选择感兴趣的艺术项目和主题进行创作。教师可以提供相关的技术和资源支持，在学生创作过程中给予适当的指导和反馈，同时鼓励学生发挥自己的创造力。教师可以对学生进行一对一指导，引导他们发展自己的艺术语言和风格。教师要帮助学生克服难题，同时，也可组织学生进行小组讨论、合作创作等活动，让他们互相学习和启发。

为了促进师生互动和美育发展，学校可以组织展览活动，让师生共同参与。通过举办校内艺术展览的方式，展示学生和教师的艺术作品，以此促进师生互动。

在师生共创的过程中，教师应该体现对学生作品的赞赏和尊重，激发学生对艺术的热爱和自信心。这是一个相互学习和成长的过程。教师可以从学生的作品和创意中获得灵感和启示，不断提升自己的教学能力和艺术素养。学生则可以从教师的指导和反馈中不断提高自己的艺术技巧。另外，学校和社会各界需共同努力，提供更多的艺术资源和机会，为师生共创提供更加丰富多样的平台和展示空间。

（二）在师生共创的过程中完善人格

教书育人，莫善于美育。如今，在快节奏和高压力的社会中，促进学生全面发展的需求日益凸显。现在的美育不仅仅关注学生的艺术素

养，更关注其美好人格。因而师生共创美育成为塑造学生心灵和品格的一片沃土。通过艺术的熏陶与创作的探索，师生共同涤荡灵魂的尘埃，促使人格完善。

在师生共创美育过程中，学生不仅能获得知识，还能够培养自己的价值观、人际交往能力和自我意识，从而完善自己的人格。

教师的言谈举止、教学方式对学生的人格形成起着至关重要的作用。教师应采用积极、鼓励性的教学方式，给予学生足够的关注和支持，关注学生的潜能和特长，培养学生的自信心。一个有修养、正直的教师能够影响学生的道德观念和价值观念，引导他们树立正确的人生观和价值取向。教师通过言谈举止向学生传递诚实守信等美德，潜移默化地塑造学生的人格，并通过提供积极的学习环境，帮助学生培养自主学习和解决问题的能力，从而促进其人格的全面发展。

教师在学生日常交往中的指导和支持也对其人格的形成产生重要影响。教师应耐心倾听学生的困惑和烦恼，关注每个学生的发展需求和个性特点，给予个性化的指导和支持。通过与学生的互动和交流，教师能够引导学生树立正确的人际交往观念、培养良好的沟通和合作能力，从而培养学生的社交技巧和情感智慧。教师的关怀和支持能够增强学生的自尊心和自信心，提高他们关爱他人的能力，从而使他们形成积极向上的人格特质。

在师生共创美育中，需要教师和学生共同努力。学生应该积极参与课堂讨论、艺术实践和合作创作，表达自己的想法和创意。学生应该勇于尝试、接受挑战、克服困难，积极改进自己的作品。只有通过持续的努力和探索，学生才能够在师生共创美育中逐渐完善自己的人格，实现个人的艺术成长和发展。在师生共创美育中，还增强了学生的自我意识和自我管理能力。学生不再是被动接受知识的对象，而是成为积极参与者和创造者。通过艺术表达、合作创作和教师的指导，学生能更好地了解自己的兴趣、优势和价值观。让他们学会自我评估和反思，逐渐建立自信和自尊心。

古往今来，美育一直被誉为培养美好人格的瑰宝。师生共创美育的实践在当今社会中越发重要。教师在学生人格引领方面具有重要作用，他们通过言谈举止、教学方式等多个方面，直接或间接地影响着学生的人格发展。因此，教师需要时刻关注自己的言行和教育方式，以身作则，成为学生的良师益友。通过教师的引领，促进学生形成健康完善的人格，为社会的进步和发展做出积极的贡献。教师的使命不仅在于传授知识，更在于引导学生成为品德高尚、充满爱与责任感的社会人才。当师生共同用心诠释美育之韵，心有灵犀地奏响和谐的乐章，便能真正实现美育的价值，完善美好人格。

第二节 美育的育人方式

一、课堂教学的美育

（一）以知为美：艺术教育课堂"夯基础"

中国高等教育体系近年来已经对艺术教育的重要性有了明确的认识，这也反映在各级政策和指导思想中。艺术教育不再被简单地视为传授艺术技能和知识的渠道，更多地被视为一种培养学生全面发展、提高其人文素养的方式。我们要贯彻"以美育人、以文化人"原则，美育不仅可以培养学生的艺术才华，还可以培育学生的审美观，提高他们的人文素养，使他们成为德智体美劳全面发展的社会主义建设者和接班人。尽管艺术教育在政策上得到了越来越高的重视，但在实际的教学中，它与其他学科相比存在不少挑战。

高校要高度重视学生艺术气质与人文素养的培育，推进艺术教育进课堂。高校要发展艺术教育课程，开设美育精品课程，培育学生欣赏美的能力。在中国高校的课堂中，美育是不可忽视的。美育不仅仅是教授

美术、音乐、舞蹈等艺术类学科，更重要的是通过艺术的鉴赏、创作和表达，培养学生的审美情趣、创造力和情感表达能力。

中国高校需要在课堂中充分发挥美育的作用，从艺术理论、美学鉴赏和创作实践等方面开设艺术类课程：既有介绍艺术史与艺术基础理论的课程，如"大学生审美教育与美学基础""美学原理""大学生审美教育与马克思主义美学原理"等；也有文化艺术赏析类课程，如"英文影视赏析""精品川剧赏析""书法鉴赏"等；还有艺术实践课程，如"数码摄影及后期制作""创意工作坊""生态旅游与自然摄影"等。美育发展也要打破学科之间的壁垒，促进学科融合和跨学科的发展。艺术教育课堂应该成为学生全面发展的重要场所，不仅要关注技能的传授，更要培养学生的审美情趣和艺术素养。课堂中可以引入艺术鉴赏、艺术史和文化传统等内容，让学生了解和欣赏不同类型的艺术作品，培养他们的艺术鉴赏能力和审美观念。同时，通过艺术创作和表演实践活动，激发学生的创造力，让他们在艺术实践中体验到创造的乐趣和成就感。

此外，高校课堂中的美育还需要与社会资源和实践结合起来，开阔学生的视野。高校可以与艺术机构、文化组织和社区合作，为学生提供参与和展示的机会。通过参观艺术展览、与艺术家交流和参与社区艺术项目，学生能够深入了解艺术创作的过程和实际应用。同时，与社会资源的结合也能够为学生提供更多的实践机会和实践平台，让他们将所学的艺术知识和技能应用于实际中，增强自己的实践能力和创新能力。

总之，中国高校发展艺术教育，需要高校教育者积极探索和努力。教师应当不断提升自身的艺术素养和教学能力，激发学生的学习热情和兴趣。高校还应加强师资队伍建设，提供更多的培训和支持，培养更多具有艺术教育专业背景和实践经验的教师。高校还应加强与艺术行业的合作，为学生提供实习和就业机会，以及更广阔的发展空间和平台。

（二）专美相融：专业教育课堂"促融合"

在当今高等教育领域，美育与专业教育的融合被越来越多的学校重视。这种融合旨在将艺术与文化素养贯穿学科专业教育的方方面面，提升学生的综合素质和创新能力。跨学科的融合能让专业教育与美育相结合，能够培养出更具创造力的人才，为社会发展提供更多的创新力量。

高校可以通过开设跨学科的课程和项目，促进理工科教育与美育的融合。跨学科的课程可以将理工科教育和美育进行有机结合，如在工程课程中加入艺术设计的要素，或者在艺术课程中引入科学原理的解析。这样的跨学科学习能够激发学生的新思路，提高他们解决实际问题的能力。同时，高校可以与社会艺术机构、创业孵化器等合作，为学生提供艺术创作和实践的机会。这样的实践体验能够让学生将所学的理论知识应用到实际中。

高校可以在科研和创新项目中融入美育元素。在科研项目中，可以考虑将艺术设计和美学原理融入产品设计和工艺制作中，提高产品的美观性和用户体验。在创新项目中，可以鼓励学生团队将艺术创意与科技创新相融合，开发出具有美学价值和实用性的作品。这种融合能够激发学生的创新潜力，培养他们的创造性思维和审美意识。

在专业教育与美育融合过程中，还应该注重实践与体验教育。除了理论学习，高校还应该积极组织学生参与美育活动。例如，组织学生参观艺术展览或文化遗址，通过亲身感受和观察，提升学生的观察力和感知能力。学校还可以组织设计竞赛、模型制作比赛等实践活动，让学生运用所学知识解决实际问题。

此外，高校还可以创建学术交流平台，鼓励学生进行学术研究和分享成果。高校可邀请行业专家、学者和从业人员与学生进行面对面交流与讨论。这样可以促进学术思想的碰撞，激发学生创新灵感，同时加强学生对艺术的理解和探索。

总之，高校美育与专业教育的融合需要从课程设置、跨学科合作、实践体验和学术交流等方面入手，将美育理念渗透到专业教育中，这样学校可以培养出更具艺术素养、创新能力和社会责任感的专业人才。这样的融合不仅可以提升学生的综合素质，还能推动专业教育走向更高的

水平，为社会发展和文化传承做出积极贡献。

(三) 优势培美：资源整合优化"强改革"

教书育人，德才并举。在千百年的教育长河中，教师被誉为人类文明的传承者。而提高教师队伍的美育水平，正是引领学生追求卓越艺术之路的重要任务。提高教师队伍的美育水平已成为高校的重要使命。在教学中，教师发挥着培育学生美感、启发创造力的重要作用。通过提高教师队伍的美育水平，能够开启学生心灵的艺术之窗，让他们在美的熏陶中成长，展现自己的独特风采。那么，应该如何提高高校教师的美育水平呢？

第一，为教师提供专业培训和学习机会。教师在美育方面需要不断更新自己的知识和技能。学校应提供专业的培训，以帮助教师提升艺术素养和教学能力。此外，学校还可鼓励教师参与学术研究和交流活动，开阔他们的视野。

第二，建立良好的美育支持体系。学校应建立起完善的美育支持体系，为教师提供必要的资源和支持。这包括艺术教育教材、教具、设备的配备，以及专门的美育教研团队和指导者的指导和辅导。通过这样的支持体系，教师可以更好地开展美育，提高教学水平。

第三，引导教师提升艺术修养和实践经验。学校应引导教师不断提升自己的艺术修养和实践经验，以更好地理解和传达艺术的美。学校应鼓励教师参与艺术创作、演出等实践活动，让他们亲身体验艺术的魅力，并将其融入自己的教学实践中。此外，学校还可以邀请艺术家、文化人士等来校举办讲座和工作坊，为教师提供与艺术家交流的机会。

第四，建立教师间的合作和交流平台。教师间的合作和交流对其美育水平的提升至关重要。学校可以定期组织教师交流会、教学观摩活动等，让教师分享彼此的经历。此外，学校还可鼓励教师参与学术研究和交流活动，建立在线平台或社交媒体群组，促进教师之间的交流和沟通，让他们能够相互学习、相互帮助。

第五，鼓励教师开展创新教学实践。教师在美育中应积极探索新型教学方法和手段。学校应鼓励教师开展教学实践研究，设计并实施富有创意的美育课程。同时，给予教师充分的教学自主权，鼓励他们根据学生的特点和需求，灵活调整教学策略，提供丰富多样的学习体验。

第六，建立教师评价和激励机制。为了提高教师队伍的美育水平，学校应建立科学有效的教师评价和激励机制。教师的美育成果应纳入综合评价体系，以此考核教师的专业能力和教学质量。同时，通过奖励、表彰等方式，激励教师在美育方面做出突出贡献。

总而言之，提高教师队伍的美育水平是一项长期任务。教师应通过持续的学习和努力，不断提升自己的艺术素养和教学水平。同时，他们应在教学实践中注重个体差异，因材施教，激发每个学生的艺术潜能和独特个性。教师应坚守初心，不断追求卓越的教育，用心灵的火焰照亮学生成长的道路，让美育课堂成为学生绽放才华、塑造灵魂的花园。

二、校园活动的美育

（一）欣赏文化，助力传承：高雅艺术进校园

高校作为培养未来社会各领域人才的重要场所，承载着培养学生全面发展的使命。通过开展美育浸润计划，高校可以为学生提供丰富多样的艺术和文化体验，培养他们的审美意识和创造力。

当前国内各高校开展了丰富多样的高雅艺术进校园活动，以满足学生对艺术的需求，提升他们的艺术素养和审美能力。例如，音乐会、艺术展览、戏剧演出、舞蹈表演、诗歌朗诵等活动。

音乐会是高校高雅艺术活动之一。学校可邀请国内外知名音乐家和乐团来校进行音乐演出。学校可举办古典音乐、现代音乐、民族音乐等不同类型的音乐会，为学生提供聆听高水平音乐的机会。学校通过音乐会不仅能够培养学生对音乐的欣赏能力，还能够激发他们对音乐的创作和表演的兴趣。

艺术展览是高校高雅艺术活动的重要形式之一。学校可通过举办绘画、雕塑、摄影等艺术作品展览，展示学生和专业艺术家的创作成果。这些展览为学生提供了观摩和欣赏艺术作品的机会。同时，学校也可以通过与博物馆和美术馆的合作，将珍贵的艺术品展示给学生，加深他们对艺术历史和文化的了解。

戏剧演出和舞蹈表演也是高校高雅艺术活动的重要形式。学校可邀请专业戏剧团队和舞蹈团队来校演出，呈现经典剧目和现代舞蹈作品。这些演出不仅展示了艺术家的才华和技巧，还激发了学生对戏剧和舞蹈的兴趣。通过观看精彩的演出，学生能够领略艺术表演的魅力，培养自己的审美情趣和表达能力。

诗歌朗诵也在高校中得到广泛开展。学校可组织诗歌朗诵比赛，鼓励学生展示自己的诗歌创作和朗诵才能。

高校高雅艺术活动的重要性不言而喻。首先，它们丰富了学生的精神生活，提供了多样化的艺术体验和文化享受，使学生能够沉浸在美妙的艺术世界中，放松心情，愉悦身心。其次，学校可通过这些活动培养学生的审美情趣和艺术鉴赏能力，提升他们的文化修养。通过开展不同类型的文化活动，学生可以加深对艺术的理解。再次，学校通过高雅艺术活动能够激发学生的创造力和想象力。学生通过参与艺术表演、艺术交流活动，有机会展示自己的才华和创意，培养自信心和表达能力。这些经历不仅对学生的学术研究和创新有帮助，还为他们将来的职业发展打下良好的基础。最后，学校通过高雅艺术活动促进了学生的综合素质发展。通过参与艺术活动，学生不仅能够培养自己的审美能力和艺术技能，还能够锻炼自己的团队合作能力、表达能力和创新思维能力。这些素质对学生的综合素质提升和未来的个人发展至关重要。

（二）建设美地，营造氛围：强化校园文化建设

高校应当坚持广泛参与、百花齐放的原则，大力支持文艺社团建设，开展形式多样、特色鲜明、学生广泛参与的艺术活动，营造"向

真、向善、向美、向上"的校园文化氛围。

首先,学校可以发挥基层团组织的力量,强化美育在校园中的实施,促进学生全面发展。基层团组织可以定期举办社团文化节、读书节、书画大赛、草地音乐节等一系列活动。基层团组织可以建立艺术社团或艺术团队,为对艺术有兴趣的学生提供更多参与和展示的机会。学生可以根据自己的喜好和特长加入音乐、舞蹈、绘画等不同类型的社团,进行集体排练和表演,培养他们的艺术技能和舞台表演能力。此外,基层团组织还可以组织艺术志愿者团队,让其参与社区和学校的艺术服务活动。例如,组织学生参与文化交流活动、社会公益演出等,通过艺术表演和艺术互动,传递美的力量,为社会做出积极的贡献。学校通过这样的活动不仅能够增强学生的社会责任感,还能够提高他们的人际交往能力。

其次,学校应创建艺术氛围浓厚的校园环境,包括美化校园景观、设置艺术展示区域、提供艺术设施和器材等。这样的环境能够激发学生的艺术创造力。学校可鼓励学生参与文化创业和创新创意活动,如艺术市集、创意设计比赛等。通过提供支持和资源,帮助学生将自己的创意转化为商业产品,并推动文化产业的发展。

最后,在学科文化建设上,高校应鼓励不同学科之间进行合作,开展跨学科的文化项目。学校可举办"文化育人与立德树人"发展论坛,让教师共同探讨探索如何在艺术教育中更好地实现立德树人的目标。论坛的成果和经验可以为高校制订更科学有效的艺术教育计划提供参考。同时,通过论坛的交流与合作,可以建立跨学科、跨领域的合作网络,推动艺术教育工作的创新和发展。在新时代,高校应当紧密关注学生的艺术教育需求,培养出更多具有创新思维、综合素养和人文关怀的优秀人才。

(三)顺势而上,美美与共:新媒体助力美育宣传

随着信息技术的快速发展,新媒体已经成为人们获取信息和进行交

流的主要渠道之一。在高校中,新媒体的广泛应用为美育宣传和推广提供了全新的机遇和平台。打造高校新媒体阵地,充分发挥新媒体的力量,对于加强校园美育工作、丰富学生的艺术修养和推动社会文化进步具有重要意义。

创建高校新媒体阵地可以实现美育宣传的立体化和多样化。通过官方网站、微信公众号、微博、短视频平台等多种形式的新媒体渠道,学校可以充分展示美育活动的丰富内涵和精彩瞬间,运用短视频打造美育景观。通过发布艺术展览的图片和视频,学生可以在线欣赏展览作品,这样有助于提高艺术鉴赏能力;通过播放音乐会或戏剧表演的现场视频,学生可以感受艺术的魅力。新媒体的立体化展示方式可以更好地吸引和引导学生参与美育活动,同时能够加深社会公众对校园美育的了解和关注。

学校可通过新媒体实现与学生的互动。通过高校官方微信公众号或学生社团的新媒体平台,可以开展在线投票、答题互动、分享作品等活动。例如,学校可以组织在线艺术比赛,鼓励学生拍摄和分享自己的作品;学校可以举办线上艺术讲座和交流活动,让学生就艺术理论和实践进行互动。通过新媒体的互动性和参与性,学生可以更加主动地参与美育活动,增强对艺术的兴趣和热爱。

新媒体可以扩大美育宣传的覆盖面和影响力。相比传统的宣传方式,新媒体具有广泛的传播渠道和快速的传播速度,可以迅速将美育活动的信息传递给更多的人。通过精心策划和设计,学校可以将美育宣传内容转化为吸引人的多媒体形式,如精美的短视频、创意十足的海报和图文并茂的文章,以吸引更多人的关注。学校还可以与文化机构、媒体合作,共同推出系列专题报道或合作活动,通过跨界合作和联动效应,将美育宣传推向更广阔的舞台。

此外,新媒体还可以提供个性化的美育服务。学校可以利用新媒体平台搭建线上学习资源库,为学生提供丰富的艺术教育资源和学习资料。通过开设在线学习课程、进行艺术作品解读等方式,帮助学生扩大知识面，提升艺术技能。同时，学校也可以通过新媒体平台定期发布学生作品展示和评选结果，为学生提供展示自我、交流分享的机会，激发他们的创作热情和艺术潜能。

要实现有效的美育宣传，学校需要做到以下三个方面：第一，建设专业的美育宣传团队，包括具备艺术素养和媒体素养的人才，以确保宣传内容的质量；第二，学校需要定期进行美育宣传计划的评估，根据实际情况进行调整和改进，以确保宣传效果的持续和提升；第三，学校需要充分利用新媒体平台的数据分析和反馈机制，了解受众的需求和反馈，以更好地满足他们的期望。

高校新媒体阵地应当充分利用新媒体的力量进行美育宣传，这样可以扩大宣传覆盖面，提升宣传效果，促进学生艺术修养和创造力的培养。通过精心的策划，新媒体成为高校美育宣传的有力工具，为学生提供更多艺术交流和学习的机会，推动学校美育工作走上新的台阶。

三、校外实践的美育

（一）打造品牌支教团队，传递中华美育精神

将中华美育精神传递给更广大的受众作为高校的重要使命之一，成为摆在高校面前的一项重要任务。在这个背景下，打造品牌支教团队在高校校外美育实践中成为一种创新的方式，旨在通过团队的协作，传递中华美育精神，推动美育事业的发展。

首先，打造品牌支教团队需要建立团队宗旨。团队成员应当明确，他们的目标是通过支教活动传递中华美育精神，激发受教育者的艺术潜能和创造力。这种宗旨的确立可以增强团队成员的凝聚力和责任感。

其次，打造品牌支教团队需要招募具备专业素养和热爱美育事业的成员。团队成员应具备相应的专业背景和知识。他们应具备良好的沟通能力和教学技巧，能够有效地与受教育者进行互动和交流。通过招募具备专业素养的成员，团队能够提供高质量的美育服务，为受教育者带来

更丰富的艺术体验。

再次，打造品牌支教团队需要建立一套完善的培训和评估机制。团队成员应接受系统的培训，提升他们的教学能力和专业水平。培训内容可以包括美育理论、教学方法、文化传承等方面的知识。团队还应定期进行评估和反馈，不断优化培训方案和提升培训效果。通过培训和评估机制，团队成员能够不断提升自身素养，提供更加专业和优质的美育服务。

最后，打造品牌支教团队需要与社会组织进行合作。团队可以与当地的学校、文化机构等建立合作关系，共同推动美育的发展。团队可以定期举办美育讲座、文化展览等活动，为受教育者提供多样化的艺术体验。同时，团队也可以与社区组织、志愿者机构等合作，开展社区美育项目，将美育的影响力延伸到更广泛的社会层面。通过与社会组织的合作，品牌支教团队能够充分利用各方的优势和资源，扩大美育的影响力和覆盖范围。

在打造品牌支教团队的过程中，需要高校、社会组织和团队成员的共同努力。只有通过专业化、合作化的方式，才能够更好地传递中华美育精神，培养出更多具有艺术素养和创造力的人才，能够在传递中华美育精神的道路上不断创新与突破，为美育事业的繁荣做出积极的贡献。

（二）走进红色教育基地，接受革命传统教育

红色教育作为一种特殊的教育形式，融合了美育和革命传统教育的元素，为大家提供了深入了解革命历史、感悟红色精神的机会。通过参观红色教育基地，人们可以亲身感受革命先烈的无私奉献精神。

美育在红色教育基地中发挥着重要的作用。在红色教育基地中，美育的重要性体现在多个方面。红色教育基地通过展示革命时代的艺术品和文物，激发大家的审美情感，使其深入了解红色文化的内涵。在红色教育基地的展厅中，观众可以欣赏到反映革命英雄形象的雕塑、绘画和摄影作品，这些艺术品以美的形式传递出英雄甘于奉献的精神。

与此同时，革命传统教育在红色教育基地中起到了关键的作用。革命传统教育强调对革命历史的学习和传承，通过纪念馆、陈列馆和实践活动，向参观者传递革命精神和红色基因。红色教育基地通过作品展览、多媒体展示和讲解等形式，将革命的光辉历史呈现在参观者面前，让他们深入了解和感受那个英勇斗争的时代。参观者可以通过英雄的事迹，了解他们的奋斗历程、崇高品质和不朽精神。这种深入接触和亲身体验，使参观者更加珍视革命先烈的牺牲和付出，进而激发起对国家、社会和人民的责任感。

革命传统教育的核心在于培养和弘扬红色精神。红色教育基地通过革命先烈的事迹、红色文化的符号，向参观者传递了勇往直前、坚定信念、无私奉献和为人民服务的精神价值观。这种红色精神不仅是一种历史的传承，更是一种道德的引领和人生的指南。通过红色教育基地，人们不仅可以了解历史，更能够从中汲取智慧和力量，培养自己的爱国情怀和社会责任感。

美育和革命传统教育相互促进、相得益彰。美育通过艺术的形式展示了革命历史的伟大，让学生更加深入地了解红色文化的内涵。革命传统教育则为美育提供了相关主题和素材，使艺术作品具有更加深刻的内涵。美育可通过实践活动将艺术融入革命精神的传承中，使之更具有感染力和生命力。

在革命传统教育中，学生可以回顾历史，思考革命先烈所追求的理想和信念的重要性。这种思考和反省有助于学生审视自己的人生价值观和行为准则，激发起对社会、人民和国家的责任感。

红色教育基地不仅是一座展示历史和艺术的场所，更是一所培养公民素养的学校。在这里，人们不仅可以学习历史知识，还能从中感悟到追求真理的意义。通过美育和革命传统教育的结合，红色教育基地培养了一代代年轻人的家国情怀和社会责任感，引导他们成为具有良好道德素养和社会责任感的公民。同时，红色教育基地也成了培养文化自信和国家认同感的重要场所。通过红色教育基地，人们不仅能够感受到革命精神的伟大，还能够深刻了解中华民族的优秀传统和文化底蕴。通过对文化认同感和自信心的培养，使人们更加坚定地热爱国家，珍视中华文化的瑰宝，并为实现中华民族伟大复兴而努力奋斗。

走进红色教育基地，接受革命传统教育，是一次融合了美育和革命传统教育的体验。通过美育的艺术表达和革命传统教育的深入学习，学生可以更加全面地了解和感悟革命历史，领悟到革命精神的伟大意义。这种体验不仅可以激发学生的情感共鸣，更重要的是培养了公民素养，促进了文化自信和国家认同感的培养。因此，走进红色教育基地，接受革命传统教育，对学生塑造良好的价值观具有重要而深远的意义。

（三）组织各类竞赛，以赛促学贯穿美育

组织各类竞赛，以赛促学贯穿美育，是一场文化与艺术的盛宴，一场知识与创新的角逐，是高等教育的一道亮丽风景线。在高校中，组织学生参与各类竞赛活动，以赛促学，不仅能够激发学生的学习热情和创造力，更能够贯彻美育的目标和理念。高校作为这一竞技场的策源地，扮演着重要的角色。它不仅是知识的灌溉者，更是创新的孵化器。通过组织各类竞赛活动，高校为学生提供了展示才华、锻炼能力的平台，将美育与实践相结合，让学生在竞争中成长，在创新中绽放光芒。

学校组织各类竞赛活动有助于激发学生的学习兴趣和主动性。竞赛活动往往蕴含着一定的挑战和竞争，这对学生来说是一种积极的刺激和激励。通过参与竞赛，学生会感受到来自其他学校或团队的压力，这激发了他们不断学习和提升的动力。同时，竞赛活动也提供了一个展示自我的平台，学生可以通过竞赛展示自己的才华和能力，增强自信心，激发更多的学习兴趣。

竞赛活动促进了学生的艺术素养和技能提升。美育的核心目标之一是培养学生的艺术素养和创造力。通过参与各类竞赛，学生不仅可以在专业技能上得到锻炼，还能够在艺术表达和创新思维方面有所提升。例如，音乐、舞蹈、美术等竞赛项目要求学生具备扎实的专业技能和创造

性表达能力。在参与竞赛的过程中，学生会不断探索和尝试，从中积累经验，提升自己的艺术修养和创作能力。

竞赛活动对学生的团队合作和组织能力也提出了一定的要求。在参与团队竞赛时，团队需要协作配合，合理分工，充分发挥每个人的优势，以达到最佳的团队效果。在竞赛活动中，学生需要学会有效沟通和协调，学会倾听他人的意见和建议，学会解决问题和处理冲突，这些都是他们未来职业生涯中不可或缺的能力。

此外，竞赛活动还为学生提供了一个展示和交流的平台。学生可以通过竞赛与来自其他高校或机构的学生进行交流和竞争，这有助于学生之间分享经验。学生参与竞赛活动时可相互学习和借鉴，从中获得启发和灵感，不断提升自身的专业水平和艺术表达能力。

在高校层面，组织各类竞赛活动有利于提升学校的美育水平和影响力。高校通过组织学生参与竞赛，不仅能够展示学校的教学成果和培养成果，还能够为学校树立良好的品牌形象。优秀的竞赛成绩和参与者的表现将有助于提升学校的声誉和影响力，吸引更多的有才华的学生和艺术家来校学习和交流。

以赛促学的理念贯穿美育，使得高校成了知识创新的摇篮，学生在这里汲取智慧的源泉，展现个人的才华与潜力。通过组织各类竞赛，高校不仅培养了学生的专业技能和创造力，更培养了他们的团队合作意识和领导能力。在这个充满挑战和机遇的竞技场上，学生不断超越自我，展现出无限的潜能。美育与竞赛的结合，让学生在追求卓越的道路上迈出坚实的步伐。通过组织各类竞赛，高校可引导学生在艺术的熏陶中领略生活的美丽，用才华和创意书写属于自己的精彩篇章。美育与竞赛的融合，在高等教育的土壤中绽放出更加绚丽多彩的花朵，为社会的进步和文化的繁荣贡献着无尽的力量。在美育与竞赛的交汇点上，高校与学生相互成就，共同开创着美好的未来。人们将用创造与艺术的力量点亮世界，为人类的进步贡献智慧与力量。

第三节 大学美育的创新

一、美育课堂的创新

大学美育课程应当围绕大学生人格养成这一目标来设定。在美育课堂创新中,应坚持循序渐进的原则,在理念上更新,在更新中建设。各参与主体应更新对美育的认识,深刻领悟美育育人思想,把握新时代美育课程建设与高校高素质人才培养的特点和要求,进一步完善美育课程建设,要坚持目标导向与问题导向相结合,让美育课程建设兼具时代特色。

(一)探索融合育人模式,提高学生个体素养

教育的目标不仅仅是传授学生学科知识,更应该注重培养学生的个体素养,使其具备创新思维、沟通能力、团队协作能力和社会责任感。在这样的背景下,探索融合育人模式成了教育改革的重要方向。

融合育人模式是将美育与其他学科和实践活动相融合,形成全面育人的教育模式。它突破了传统学科之间的界限,注重学科间的融合与协同,使学生能够在跨学科的环境中进行综合学习和实践。融合育人模式注重培养学生的综合素质和综合能力,使学生具备全面发展的能力和素养。融合育人模式的特点包括以下四点:

第一,跨学科融合。将不同学科的知识和技能相结合,形成有机的学习体系,使学生能够全面理解和应用知识。

第二,实践导向。强调学生在实践中学习和应用知识,注重培养学生的实际操作能力和解决问题的能力。

第三,个性化教育。融合育人模式注重根据学生的兴趣、特长和需求进行个性化的教育,激发学生的学习动力和积极性。

第四,综合评价。融合育人模式通过多种评价方式,综合评价学生

的知识、能力和素养，不仅关注学生的学科成绩，还注重学生的创造力、合作能力和社会责任感等方面。

在探索融合育人模式的过程中，提高学生个体素养成为一个重要的课题。那么具体应该如何操作呢？第一，学校应提供多样化的艺术体验，即提供丰富多样的艺术活动和课程，让学生有机会接触不同形式的艺术表达，并参与其中。第二，学校应当将艺术与学科教学相融合，即将艺术元素融入学科教学中，使学生能够在学科学习中体验到艺术的美。例如，在语文课堂上进行文学欣赏和创作，或者在科学课堂上进行科学实验的艺术展示，激发学生的学习兴趣和创造力。第三，学校应引导学生参与艺术创作和表演活动，以提高艺术能力和自信心。第四，学校应通过团队项目和合作活动，培养学生的团队合作和社交能力。学校还可组织学生参与艺术创作团队、学科竞赛队伍等，让学生学会与他人合作、交流和分享。第五，学校应通过艺术表达和艺术体验，培养学生的情感表达能力和价值观。学校应通过情感教育让学生学会感知、理解和表达情感，培养良好的价值观和社会责任感。

在探索融合育人模式的过程中，教师应提高学生个体素养，使其在全面发展的过程中成为有才华、有创造力、有情感表达能力和社会责任感的综合型人才。美育的引入让学生在艺术的熏陶中感受美的力量，激发创造力和想象力；而融合育人模式为学生提供了跨学科的学习和实践机会，培养了他们的综合能力和团队合作意识。

融合育人模式为学生提供了一个全面发展的平台，让他们在学习的过程中获得艺术的滋养和学科的启发。这种模式培养出的学生将具备更加广阔的视野和综合能力，能够更好地适应社会的发展和变化，为未来的职业和生活做好充分准备。高校应当积极探索融合育人模式，将其应用于高等教育中，以提高学生个体素养，培养具有创新思维、沟通能力、团队合作能力和社会责任感的综合型人才。通过持续的努力和实践，这种模式会为高等教育注入新的活力和动力，为学生的未来发展开辟更加广阔的道路。

（二）引入文化机构研学资源，培育学生工匠精神

工匠精神是一种注重细节、追求卓越、追求完美的态度和价值观。在当今快节奏的社会中，工匠精神的培养对学生的成长和综合素质的提升至关重要。为了培养学生的工匠精神，引入文化机构研学资源成为一种有效的方式。本节从美育的角度出发，探讨如何通过引入文化机构研学资源，培育学生工匠精神，促进学生的全面发展。

美育不仅仅是为了培养学生的艺术兴趣和才华，更重要的是通过艺术教育的方式，培养学生的综合素质。工匠精神与美育的追求完美、追求艺术品质的理念是相通的。通过美育，学生能够接触和欣赏到优秀的艺术作品，从中感受到工匠精神的力量。学生可以体会到艺术家追求卓越、精益求精的态度，了解到他们在艺术创作过程中的辛勤努力和付出。这样的经历和体验会引起学生对工匠精神的追求，进而促使他们在学习和生活中注重细节、不断超越。

那么，在美育中，引入文化机构研学资源有什么样的意义呢？文化机构拥有丰富的艺术资源，通过引入这些资源，学生可以接触到更广阔的文化领域，进而提高对艺术和文化的兴趣。同时，文化机构提供的研学资源能够让学生深入了解艺术制作的过程，感受到工匠精神的魅力。此外，学生还可以欣赏到艺术家的精湛技艺和独特创意，了解不同艺术形式背后的历史、文化和情感内涵。这种艺术体验能帮助学生加深对艺术的理解。

在文化机构中，学生可以参与手工艺制作活动，亲自动手制作艺术品。在这个过程中，他们不仅能够深入了解艺术创作的细节和技巧，还能体会到工匠精神的内涵。通过亲身实践，学生可以感受到艺术创作的艰辛与快乐，这有利于培养他们认真及追求卓越的态度。

文化机构也会提供专业的艺术指导和培训，学生可以接受专业艺术家和文化教育者的指导。他们可以从专业人士身上学习到艺术技巧和创作方法，了解到工匠精神在实际艺术创作中的应用。专业指导不仅能够提高学生的艺术水平,更能够培养他们追求卓越和追求完美的态度。

为了有效培育学生的工匠精神,教师可采用以下策略:

第一,强化细节意识的培养。教师在教学中要注重培养学生的细节意识。教师可通过艺术作品的观摩和分析,引导学生仔细观察和品味作品中的细节之美。在学科学习和日常生活中,鼓励学生注重细节,从小事做起。

第二,建立导师制度。学校可邀请优秀的艺术家或文化工作者担任学生的指导教师,通过与他们的交流,引导学生对工匠精神的追求。导师的指导可以帮助学生更好地理解和应用工匠精神。

第三,给予学生自主学习和创新的空间。学校可提供学生自主选择学习方向和创新实践的机会,鼓励他们发展个人风格和创造力。通过提供资源和支持,激发学生的自主性和创新精神。

第四,建立评价机制。教师可对学生进行及时的评价,帮助他们发现自己的不足之处,并提供改进的机会。通过定期的评估,引导学生思考如何进一步提升自己的艺术技巧。同时,鼓励学生互相分享和交流经验,促进他们学习和成长。

第五,整合跨学科资源。美育并不局限于艺术领域,还可以与其他学科进行融合,拓展学生的认知领域。通过整合跨学科资源,将工匠精神与科学、技术、工程等领域结合起来,培养学生的创新能力和综合素养。此外,还可以引入STEAM教育理念,将科学实验与艺术表达相结合,激发学生的创造力和解决问题的能力。

引入文化机构研学资源是培育学生工匠精神的重要途径之一。通过文化机构拥有的资源和指导,学生可以开阔视野、接触艺术、参与实践,感受工匠精神的魅力和力量。同时,通过一系列策略和方法,如鼓励创作、强化细节意识等,可以进一步加强学生工匠精神的培养。通过美育,教师可以为学生提供一个全面发展的平台,培养他们的创造力、团队合作能力和追求卓越的精神,从而为社会的发展和进步做出贡献。在培育学生工匠精神的过程中,教师要重视学生的个体差异,关注他们的兴趣和特长，激发他们的潜能，让每个学生都能找到适合自己的艺术表达方式和发展路径。在各方的努力下，能够培养出更多具有工匠精神的学生，为社会的美好未来贡献力量。

二、审美实践的创新

（一）构建学校美育体系，促进家校社三级联动

单纯依靠学校内部的教育资源和教师力量往往难以满足学生的多样化需求。因此，构建学校美育体系，并通过社会和家庭的积极参与，实现家校社三级联动，会对学生的美育产生深远影响。

1.学校美育体系的构建

（1）确定明确的美育目标。学校美育体系的构建需要明确具体的美育目标，包括学生的审美素养、艺术技能、创造力培养等方面。通过制定学校美育发展规划和课程体系，确保美育目标的逐步实现。

（2）优化美育教师队伍。培养和引进具有专业素养和教育经验的美育教师，提升学校美育的质量和水平。同时，为美育教师提供专业发展机会和培训资源，使其不断更新教育理念和教学方法。

（3）创造良好的美育环境。提供良好的美育教学设施和资源，如建立图书馆、音乐室、美术馆等，为学生创造艺术实践和表现的机会。同时，营造积极向上的美育氛围，鼓励学生参与各种艺术活动和比赛，展示自己的才华和创造力。

2.引导社会参与

（1）借助文化机构资源。学校可以与文化机构建立合作关系，借助其丰富的艺术资源，为学生提供更广阔的学习平台。学生可以参观艺术展览，参与艺术创作营和艺术家讲座等，深入了解艺术的多样性和创作的精髓。

（2）社会志愿者参与。组织社会志愿者走进学校，开展艺术活动和

教育项目。志愿者可以分享自己的艺术经验和技巧，以激发学生的学习兴趣和创造力。他们可以帮助学生探索不同艺术领域，提供指导和支持，鼓励学生参与艺术创作和表演，促进他们的艺术发展和个人成长。

（3）企业赞助与合作。学校可以积极与企业建立合作关系，争取企业的赞助和支持。企业可以提供艺术设备、资金和场地等资源，帮助学校举办艺术展览、音乐会和戏剧表演等活动。而学生可以参与企业的艺术项目，了解艺术在商业领域的应用。

3. 引导家庭参与

（1）家庭艺术教育。鼓励家长与学校合作，提供艺术教育的支持和指导。家长可以培养学生的艺术兴趣，带领他们观看艺术展览、音乐会和剧场演出，与他们共同欣赏和讨论艺术作品，培养他们的艺术鉴赏能力。

（2）家庭艺术活动。鼓励家长组织艺术活动，如家庭艺术创作、戏剧表演等。家长可以与孩子一起参与艺术创作，共同创造美的作品。这不仅有助于加强家庭成员之间的情感交流，还能培养学生的艺术表达能力和创造力。

（3）家校合作。学校与家长之间建立紧密的合作关系，共同关注学生的美育。学校可以定期组织作品评选活动和艺术展示活动，邀请家长参与评选和展示学生的艺术作品。家长可以积极参与学校的美育活动，了解孩子的学习情况，与学校共同探讨孩子在艺术方面的发展方向。

通过家校社三级联动，可以打破教育边界，拓展学生的学习空间和资源，让美育更加全面、丰富和深入。学生能够在家庭、学校和社会三个层面上接触和体验不同形式的艺术，培养自己的审美情趣和艺术修养。他们可以通过参观艺术展览、参与艺术创作和表演，以及与专业艺术家和志愿者互动，开阔自己的艺术视野，提高自己的艺术技能。构建学校美育体系，并促进家校社三级联动，是提高学生美育质量和水平的重要途径。学校需要与社会和家庭紧密合作，共同致力于学生的美育发展，为他们提供多元化的艺术学习和实践机会。

（二）围绕人才培养目标，打造"一校一品"美育项目

为了更好地满足学生的多样化需求，学校应该在美育领域精心打造一系列特色项目，展现"一校一品"的美育特色，以促进学生的全面发展。

目前，国内高校塑造的"一校一品"的美育项目在全国如火如荼地开展。随着社会对美育重要性的认识不断提升，越来越多的高校开始注重培养学生的艺术修养和创造力，通过打造独具特色的美育项目，为学生提供全方位的艺术学习和实践机会。例如，成都理工大学成立艺术团体，组织创作反映理工精神和时代特征的大型文艺作品6部，科教纪录片《神奇的河谷》、广播剧《地质百年》分别在中央广播电视总台、四川人民广播电台播出，主题综艺《不忘初心跟党走 青春奋进新时代》入选"剧美天府"四川省庆祝中国共产党成立一百周年优秀剧目展演季，获优秀剧目奖；福州大学创新美育工作机制，打通文化传播交流"双通道"，精心创作《青实》《遇见福大》《福大，梦想放飞的地方》等原创作品，将优秀文化内涵融入艺术展演中，坚持文化的创造性转化和创新性发展，体现福大师生在文化创作中的"精神底气"；南开大学建设京剧和书画两个教育部优秀中华传统文化传承基地，并提出要让学生有能力过好"智与美"兼具的人生，让艺术与文化相结合，发展戏剧文化；兰州大学从校园文化建设等方面塑造校园品牌文化活动，包括征文、游园会、摄影展及话剧表演，促进学生对美育的进一步认识。

这些美育项目的开展，不仅丰富了高校学生的艺术学习体验，还激发了他们的艺术潜能和创造力。学生通过参与各类美育项目，不仅能够培养自己的艺术审美和表达能力，还能够提升自己的综合素养。这些项目不仅仅停留在校园内部，也积极与社会进行互动，通过展览、演出和比赛等形式，让更多人了解和欣赏学生的艺术成果。那么，学校应从哪些项目出发呢？

1.影视制作与数字媒体项目

通过开展影视制作与数字媒体项目，学校可以培养学生的影视制作和数字媒体技能。学校可以设立影视制作工作室和数字媒体实验室，提供影视剪辑、摄影和后期制作等专业课程。同时，学校可以组织影视剪辑比赛和数字媒体展示活动，鼓励学生创作和展示自己的影视作品和数字媒体作品。

2.传统文化与民间艺术项目

通过开展传统文化与民间艺术项目，学校可以传承和弘扬优秀的传统文化，培养学生的文化自信和民族意识。学校可以开设传统文化课程，如书法、剪纸、中国画等，让学生深入了解和学习传统文化的精髓。同时，学校可以组织传统文化展示和民间艺术表演活动，让学生参与传统艺术的传承和创作。

在围绕人才培养目标打造"一校一品"美育项目的过程中，高校不仅在美育领域取得了可喜的成果，更在学生个体素养的培养上迈出了坚实的步伐。这些项目的丰富多样性，使得学生能够根据自身的兴趣和特长选择适合自己的艺术领域，并在其中进行深入的学习和实践。通过参与"一校一品"美育项目，学生不仅提升了艺术技能，更塑造了品格和气质。他们在舞台上磨砺出坚韧和自信，在创作中培养出创新和思辨的能力，在表演中展现出情感表达和沟通的能力。这些品质和能力将伴随学生的一生，并对其未来的职业发展和个人成长产生深远的影响。通过多元化、专业化的项目设计，学校能够满足学生的个性化需求，培养其艺术修养和创造力。这些项目不仅让学生感受到艺术的魅力，更培养了他们的情感智慧和审美能力，为他们的未来发展打下了坚实的基础。高校应该持续关注和支持这些美育项目，为学生提供更广阔的艺术天地，培养出更多具有艺术才华和创新精神的优秀人才。

三、审美介质的创新

（一）探索各种美育路径，发挥多种媒体功能

审美介质创新的意义在于其为现代美育领域拓展了新的维度。如果深入理解这一议题，便不难发现，人们在审美方面的追求从未停止过，而科技的快速发展为这一追求增添了更多的可能性。在不同的历史时期，人们对审美的定义和体验都受到所处社会环境的影响。政治、经济、文化以及科技都是审美形态变化的推动力。每当社会发生重大变革，审美形态就会随之发生变化。这种变化既可以是微妙的、逐渐的，也可以是剧烈的、瞬间的。

媒体作为一个信息和意义的载体，在创新美育方面越发凸显其重要性。随着数字化时代的来临，数字媒体的发展极大地丰富了人们的审美体验。传统的艺术形式如绘画、雕塑、音乐等，在数字化的助力下获得了新生，而新的审美形态也应运而生。其中，虚拟现实（VR）和增强现实（AR）技术的出现，对美育领域产生了深远的影响。它们不仅可以展现作品，还创造了一个全新的舞台。想象一下，学习者不再仅仅是观众，而是可以身临其境地进入艺术和文化场景中，真正实现与艺术的互动。这种参与性的体验，极大地拓展了审美的边界，也使得艺术更为贴近人心，如那些在 VR 中呈现的震撼场景：宏伟的城堡、震撼人心的战斗场面、充满奇幻色彩的探险之旅等，都给予人们一种前所未有的沉浸式体验。这种体验，更接近于一个"超真实"的景观。在这样的沉浸式体验中，观众不再是被动的接受者，而是可以主动地与艺术互动，体验到其深层次的魅力。

随着网络技术和网络文化的崛起，网络族群化成为一种新的审美形态。社交媒体的兴起为美育提供了广阔的交流平台。相较于传统的审美族群，网络族群呈现出不同的特点和发展趋势。粉丝群、网游群、网文群等网络族群大量兴起，通过社交媒体，大家可以分享自己的创作、观

点和体验，与其他人进行互动和交流。这不仅能够促进学习者之间的合作和共享，还可以提升他们对艺术的表达能力。每个人都可以在社交平台上参与有关艺术的讨论，与其他人分享自我灵感，从而培养自己的艺术鉴赏力。

移动设备的普及使得美育具有便利性和灵活性。通过手机、平板电脑等移动设备，学习者可以随时随地接触艺术作品和学习资源。他们可以通过在线艺术课程学习绘画、摄影等技能，或者通过艺术应用程序进行探索和创作。这种便携性和灵活性使得美育更加普及和触手可及，无论是在学校、家庭还是在社区，学习者都能够享受到学习艺术的乐趣和益处。

除了数字媒体和移动设备，文化创意产业也是审美介质创新的重要因素。文化创意产业的发展为美育带来了更多的艺术表达和创作机会，影视作品、舞台剧等文化艺术形式成了美育的重要组成部分。大家可以通过观看电影和参与戏剧表演等活动，感受不同艺术形式的魅力，培养审美情趣和艺术表达能力。此外，文化创意产业还为美育提供了丰富的实践机会，学习者可以参与艺术创作和艺术活动策划等实践项目，从中获得切身的艺术体验和成长。

"技术是人体感官的延伸。"这句话提供了现代社会如何解读技术与人类感官关系的独特视角。在数字化时代，技术与人们的每一种感觉、每一种情感体验都密切相关。无论是触觉、视觉还是听觉，技术都为人们打开了一个更广阔的世界，让人们的感官体验得到了前所未有的延伸和拓展。然而，这并不意味着技术可以完全取代人的情感和审美经验。事实上，正是这种经验和情感构成了人的独特性。审美是其中的一个核心部分，它不仅仅是对美的感知，更多的是一种深层的情感共鸣。它既包含人对外部世界的认知，也包括人对自我的认识。在数字化时代，尽管技术为人们提供了前所未有的便利，但人的审美经验和情感体验仍然不可替代。因为这种经验和体验是建立在人的生活历程、文化背景和个人价值观上的，它是人性的一部分，是人类与世界连接的桥梁。

（二）健全美育工作机制，提升美育工作质量

美育工作是培养人们审美情趣、创造力和表达能力的重要途径。为了更好地实施美育工作，教育工作者需要建立健全机制，以提升美育工作的质量和效果。以下五个方面探讨如何健全美育工作机制，以推动美育工作的开展。

第一，制定美育政策和规划是健全美育工作机制的基础。通过制定有关美育的政策和法规明确美育的目标、内容和实施方式；通过制定长远的美育发展规划，明确美育工作的开展方向和重点。这样可以为美育工作提供明确的指导和支持，促进美育工作的有序进行。

第二，完善美育师资队伍建设是健全美育工作机制的关键。美育教师应具备丰富的艺术知识和教育经验，能够灵活运用不同的教育方法和教学资源。为此，应加大对美育教师的培训力度，提供专业的培训课程和资源支持。此外，还应建立评价和激励机制，对美育教师进行绩效评估和激励，激发他们的教学热情和创新能力。

第三，加强学校与社会的合作，打造良好的美育环境。学校应与艺术机构、文化社团等进行合作，共同组织多种多样的活动。通过与社会的紧密合作，学校可以让学生接触到更多的艺术形式，这有利于培养其审美情趣。同时，学校应提供良好的艺术设施和资源，搭建多样化的美育平台，让学生有更多的机会参与艺术创作和表演，发展自己的艺术潜能。

第四，加强美育评价体系的建设，提升美育工作的质量和效果。教育评价需要更加综合和多元化。因此，教育工作者需要建立相应的美育评价体系，包括定期的评估和反馈机制。美育评价应关注学生的艺术表现、创造力和艺术鉴赏能力等方面，通过观察、作品展示、口头表达等多种方式进行评价。评价结果应及时反馈给学生，以便他们了解自己的优势和改进方向。此外，还应建立美育工作的跟踪评估机制，对美育的长期效果进行评估，以便调整和改进美育工作的策略和方法。

第五，加强社会各界的支持和参与是健全美育工作机制的重要保障。政府、企业、艺术家和家长等都应积极参与美育工作，提供资源和支持。政府可以增加对美育的投入，提供艺术教育经费和设施支持。企业可以与学校合作，提供艺术实践机会和赞助艺术项目。专家可以与学校合作，举办艺术讲座、工作坊等活动，为学生提供直接的艺术指导和启发。家长应积极关注孩子的艺术兴趣和发展，为他们提供参与艺术活动的机会。

当学校拥有健全的美育工作机制时，美育就不再是一项孤立的任务，而成为整个教育体系的重要组成部分。审美介质创新为学生提供了更多样的学习途径，激发了他们的想象力和思考力。通过加强美育工作的评价和反馈机制，教育工作者能够更好地了解学生的进展，并为他们的成长提供指导和支持。

第六章　审美修养与人格健全

第一节　审美与情操陶冶

一、审美的情感教育

审美活动是一种美好而自由的情感体验，审美主体对客体自由地、能动地观照，并在互动交流中创造出和谐统一的审美意象。情感是审美活动中的桥梁和纽带，审美活动中随着情感体验而产生的愉悦感，对审美主体的情操、品格、修养起着熏陶和教育作用。

（一）以情育爱，丰富人生意义

马克思认为，人的情感并非天生就有，而是在日常的劳动生产实践中悄然形成的。当人们倾注自己的情感去创造物质世界时，他们不仅仅是为了生存，更是为了在这个世界中找到自己存在的证据，为了展现自己的意识和思考。这种通过实践去认识和改造物质世界的过程，使人们看到了自己的本质力量，人们使用这种力量并不仅仅是为了生存，更是为了创造，为了按照美的规律去构建更美好的世界。而在这个过程中，人们经常会体验到一种愉悦的情感,这就是所谓的审美情感。它不仅仅是简单的喜欢或不喜欢,更是对生活的深度理解和体验。审美情感不仅富有意味,更是自由的,它教导人们去爱自己、爱他人、爱社会,为人们的生命增添了更多的意义和深度。

美不是脱离人而独立存在的客观事物,审美活动也不是脱离人而进行的主观活动。有了人类活动,才产生审美;有了审美的情感,人类得以超然日常生活局限,塑造日常生活意趣。人类的起源演化,伴随着审美意识的产生发展。大约在135亿年前,宇宙"大爆炸",形成了现在的宇宙。250万年前,最早的人类从东非开始演化,大约15万年前,其外貌和现在的人类几乎一模一样。十几万年的人类演化历史,使人类成为地球上独一无二的,最富有智慧、最富有情感和创造力的生物。孤寂的地球正因为有了人类,才能呈现出五彩缤纷、多姿多彩之美。

审美是人生的光亮,人生是审美的承载。美无处不在,只要用心去感受、去体悟,就能够随时随地发现生命的美、生命的伟大以及人生的意义。

月圆之夜,在天空高悬的那轮明月总是引人沉思。它呈现出古人诗中描述的清冷、孤独、乡愁满载的样子。人们抬头仰望时,不禁会被那圆润的光华深深吸引,被那无言的寂静所打动。"明月出天山,苍茫云海间",在这寂寥的夜空下,仿佛可以看到古人的身影,独自行走于云海之上,对月低吟。"明月松间照,清泉石上流",呈现了一种与世无争的悠然与闲适,仿佛时间在这一刹那停止,只有月光与泉水在歌唱。"长安一片月,万户捣衣声",在那寂静的夜晚,万家灯火之下,那捣衣的声音成为夜的旋律,而明月像一位清冷的女子,静静地注视着下方的人间,与之形成了鲜明的对比。"举杯邀明月,对影成三人",明月在这里不仅是风景,更是一种心境,一种情感的寄托,它成为诗人与这个世界之间的纽带。"哀吾生之须臾,羡长江之无穷",不仅体现了对人生短暂的感慨,更体现了对人生终极意义的追问。"忽如一夜春风来,千树万树梨花开"和"落霞与孤鹜齐飞,秋水共长天一色",则更多地呈现了自然的

美景，以及人与自然的和谐。归有光的《项脊轩志》更是为人们描绘了一种生活的态度。尽管环境困顿，但彼此之间那种心灵的富足，那种对生活的热爱与热情，是金钱买不来的。那种"冥然兀坐，万籁有声"的宁静，让人在忙碌的现代生活中寻找到了一片心灵的净土。

审美是一种能力，也是一种态度。真正的美，不是浮于表面的装饰，而是深藏在生活的每一处细节之中。只要用心去体会、去品味、去领悟，就会发现生命中处处都有美，而那真正的美，往往来源于人们对生活的热爱，对自然的敬畏，对人生的思考。

（二）以情育理，闪亮人生理想

在这个飞速发展的技术时代，审美理想显得尤为重要。在这个时代，人们被科技紧密环绕，如同缠绕在蛛网中的昆虫。赫伯特·马尔库塞在其作品《单向度的人：发达工业社会意识形态研究》中警示人们，过度的科技侵入正在把人转化为单一维度的存在。法兰克福学派的马克斯·霍克海默和社会学家马克斯·韦伯也在他们的研究中指出技术如何塑造了一个功利、实用而缺乏情感的社会。在这样的背景下，如何才能重塑人们的审美意识和人的全面性呢？德国哲学家席勒可能为人们提供了一个答案：游戏冲动，或者称之为审美冲动。席勒深知感性冲动与形式冲动之间的冲突，他认为，只有在游戏中，人才能够完整地展现自我，成为一个全面的存在。那么，怎样的教育可以唤醒人们的审美意识，帮助他们从"工具人"的角色中解脱出来，重新找回人的全面性呢？答案是审美教育。审美教育不仅仅是对艺术的教授，更是一种情感的教育，一种深沉的对生活的感悟和对美好心灵的塑造。通过审美教育，人们可以沉浸在优秀的艺术作品中，体验真、善、美，同时能对假、恶、丑产生自然的排斥。在这个过度理性化的时代，人们迫切需要艺术来滋润心灵，帮助人们找回那失落的情感。而审美理想就是这样一盏指路的明灯，它不断地提醒人们，真正的美好并不仅仅是外在的，更是内在的，是心灵的。

王元骧认为，对未来的期盼与梦想是驱使人们克服一切困难、创造未来的巨大动力。在中国古代的诗词中，审美理想的追求被描绘得淋漓尽致。无论是《诗经》中描述恋人的空虚与期待，还是东汉张衡的《四愁诗》中那份缠绵的爱的情感，都反映了人们内心深处的情感需求和对未来的渴望。这些情感深入人心，超越了时间和空间的限制，成为永恒。当人们在"山有木兮木有枝，心悦君兮君不知"中感受到恋人的深沉情感，或是在"愚公移山"和"夸父逐日"中看到那种不屈不挠的努力和毅力时，就能从中看到王元骧所说的那种对未来的期盼和梦想。托尔斯泰在其巨著《战争与和平》中反映了对战争的反感，对战争的受害者表示同情，并歌颂了仁爱和人道主义。这样的观念跨越了国界，引起全人类的共鸣。贝多芬的《命运交响曲》更是音乐史上的杰出之作，通过音乐表达了对命运的无畏和抗争。这部作品如同一个勇士，面对人生的种种困境，却始终不屈不挠，勇敢前行。

（三）以情育行，超越人生境界

审美是人类与动物基本的区别之一。人类可以通过掌握普遍的法则来改变世界，通过自由、主体性和实践性的方式来实现对自己的超越。审美不仅仅是对美的感知，更是对世界的深入理解。当人们的基本需求得到满足后，他们开始追求更高层次的需求，如认知需求和审美需求，这两种需求是人们追求意义、寻找人生方向的重要动力。在追求这些需求的过程中，人们不仅能够实现个人的成长和发展，还能够为社会和人类的进步做出贡献。

新时代的美育要充分发挥其在立德树人、以文化人、以美育人中的作用。这是对审美教育的高度重视，对其在人类发展中不可替代的地位的确认。审美不仅是一种感觉，更是一种对生活的态度，一种对人生价值的追求。审美教育可以培养出一代又一代拥有社会主义核心价值观、能够担当民族复兴大任的时代新人。社会主义核心价值观是新时代中国的灵魂，要真正实现这一价值观的普及和内化，需要将审美情感作为桥梁，将理论与实践相结合，使之化为人们的内在信仰。人们只有真正感受到这一价值观的美和伟大，才能真正接受并将其转化为实际行动。

孔子是先秦时代的思想家和教育家，他深刻地理解了审美教育的重要性和价值。他主张通过审美和艺术教育培养个人的精神修养，以实现"仁"的精神境界和"修身治国"的高度。孔子阐述了个体在追求仁爱时的不同感受和态度。仁爱不仅是一种价值观，还是一种生活的艺术，其可以引导个体在面对生活的挑战时保持镇定。同时，孔子也强调了文质彬彬的君子形象，这是一种充满智慧和修养的个体，他能够在多元的价值体系中找到平衡之处。而在屈原、张若虚和陈子昂等文人的诗句中都流露出对人生、时间和历史的沉思。他们通过对时间与人生有限性的反思，引起人们对生命、历史和宇宙的深刻思考。这种超越性的思考，正是孔子所提倡的达到"仁"的精神境界，实现"修身治国"的人生境界。

荷兰画家凡·高的世界名画《一双鞋》，在凡·高心目中，鞋的意象不是作为使用器具存在的一双鞋，而是一个完整的、充满意蕴的感性世界。德国哲学家海德格尔在《艺术作品的本源》里这样说："从鞋具磨损的内部那黑洞洞的敞口中，凝聚着劳动步履的艰辛。在这鞋具里，回响着大地无声的召唤，显示着大地对成熟谷物的宁静馈赠……"这一双农鞋，显示了使用者劳作的繁重，生存的艰辛，对人生的期盼，在与天地万物结为一体的生活世界里，散发的光亮直击心灵，使其得到净化。通过审美激发强大的精神力量，将苦难转化为人生的精神资源，在追求真、善、美中获得人生意义和人生价值，实现人生境界的超越。

二、愉悦的情绪感染

审美的情感教育关系灵魂的塑造和人格的培养。在领略自然之美、品味生活之美、体验艺术之美以及感悟科技之美的审美活动中产生的愉悦情绪感染，是享受美好人生、丰富人生的一种审美形式。

（一）以情乐人，领略自然之美

1. 自然中的美

自然之美，是宇宙中最为纯真、宏大和绚烂的美。它既体现在自然世界本身中，又体现在人类对其的深入理解和感知中。

自然美的第一种形态，是未经人为干预的自然风景。它们是上天赐予人们的。这种自然美呈现出的是大自然最真实、最原始的状态，像山川、河海、星空，它们无须任何修饰，本身就散发着令人心醉的美。这种美让人想起叶朗在《美学原理》中提到的"呈于吾心而见于自然物"的自然美，是情景交融、物我统一产生的审美意象，人们站在这样的自然美景前，容易产生与大自然合而为一的感觉，仿佛整个世界都与自己融为一体。而另一种自然美，是人们努力加工和创造出来的，它既体现了大自然的美，也融入了人类对美的追求和理解。例如，梯田、公路、麦田和稻田等，这些地方都融合了自然的美和人的智慧。正如苏联文学家高尔基所说："打动我的并非山野风景中所形成的一堆堆的东西，而是人类想象力赋予它们的壮观。令我赞赏的是人如何轻易地与如何伟大地改变了自然。"

2. 自然美的意蕴

在人与自然物互相沟通的审美活动中，产生了自然美的意蕴。自然美大致可分为以下四种形态：

（1）壮丽之美。壮丽美自然景观的特征主要是巍峨耸立、体积巨大、一望无际等，如四川剑门的巍峨，山东泰山的耸立，浩瀚的大海、广阔的草原等。

（2）秀丽之美。秀丽美自然景观的特征是山水雄奇、柔美绮丽、层多景深等，如四川九寨沟的秀美、四川青城山的幽静、浙江西湖的明丽等。

（3）险峻之美。险峻美自然景观的特征是山势峻峭、逶迤盘桓等，如四川峨眉山、陕西华山、四川贡嘎雪山等。

（4）奇特之美。奇特美自然景观的特征是万千姿态、变幻莫测、奇特多彩，如云南石林、重庆芙蓉洞、贵州安顺龙宫等。

当然，以上形态只是粗略的划分，自然景观可能兼有多种景观类型的特征。自然景观呈现出的意蕴，受社会文化环境、审美主体意识等多方面的影响。不同时代的审美对象，有可能呈现出不同的意蕴。

3.自然美赏析举例

华山，古称"西岳"，享有"奇险天下第一山"的美誉。位于陕西省渭南市华阴市的华山不仅地理位置独特，更有丰富的历史和文化底蕴。北峰的树木葱郁，自然造就了一个翠绿的天然氧吧，是游人游赏的好去处。而华山的西峰以一块完整的巨石为主体，呈现出一种原始、浑然天成的壮观美，从古至今，人们都对它的天然造型赞叹不已。再往北看去，那由刀削锯截形成的绝崖千丈，显示着大自然的力量与神秘，这样的壮观景象令人不由自主地想到"阳刚挺拔"的描述。登上华山的最高点——南峰时，便能产生一种前所未有的震撼。眼前的群山起伏不断，给人一种如临天界、如履浮云的感觉。宋代寇准曾在《咏华山》中赞叹："只有天在上，更无山与齐。举头红日近，回首白云低。"这两句诗不仅体现了华山的高耸和壮丽，更传达了一种登高望远的壮志和豪情。古人亦称华山为"莲花山"，可见其形态之奇特和美丽。而南峰被古人尊称为"华山元首"，这体现出其在华山中的独特和崇高地位。

（二）以情愉人，品味活之美

1.生活中的美

生活中的美是现实社会生活中各类现象和事物的美，是人的本质力量在社会生活领域的感性显现。人的美、人与人之间关系的美、生活环境的美等，都是社会美的主要内容。生活美一般包括人物美、社会美、民俗美。

（1）人物美，包括外在美和心灵美，是人的本质力量在其自身的感性显现。外在美包括形体相貌、服饰装束和风度姿态三个层面。例如，《诗经·硕人》描写美女——"巧笑倩兮，美目盼兮"；先秦宋玉在《登徒子好色赋》中描写女子的美——"东家之子，增之一分则太长，减之一分则太短，著粉则太白，施朱则太赤"；西汉李延年在《佳人歌》中有"北方有佳人，绝世而独立。一顾倾人城，再顾倾人国"的表述。人物如在眼前，跃然纸上。人物美还可通过服装穿戴等外在方式体现，如佩戴项链、耳环等，增添人体的形式美。外在美另一个层面是姿态风度的美，指人对外表现的举止姿态，是一个人精神素养的综合体现，通过人的外部形象来反映。一般来说，举止自然、大方则美，拘谨、呆板则不美。人物美还包括心灵美，指人的内在思想道德、精神气质、学识修养具有的美。这类美是由思想、情感、意志等构成的相对稳定的心理特征，包含着深厚的历史内涵和人生意蕴。

（2）社会美，一般是指日常的社会生活美。人类生产活动是最基本的社会实践活动，人类认识世界、改造世界的实践活动是"按照美的规律来建造"。社会美既体现在动态的实践过程中，也体现在静态的实践成果中。社会美存在于社会生活领域，随着人类社会的发展而发展，受一定的时代特征、社会制度、科技水平、民族风情等因素制约。

（3）民俗美，是生活美的重要组成部分，俗话说："十里不同风，百里不同俗。"各种民俗风情中包含着老百姓的喜怒哀乐、酸甜苦辣，蕴含着人生百态、社会图景。

2. 生活美的意蕴

日常生活是人生常态，俗话说："开门七件事，柴米油盐酱醋茶。"生活中的美一般表现为生活氛围的美、生活态度的美。

生活氛围的美虽然摸不着、看不见，但人人都可以感受到这种美。唐代白居易《问刘十九》："绿蚁新醅酒，红泥小火炉。晚来天欲雪，能饮一杯无？"诗人大意是，新酿的酒上漂浮着点点细沫，红泥小火炉正烧得通红，一场暮雪即将到来，朋友能否一起饮一杯暖酒呢？虽然外面是寒冷的，但屋内是温暖的，期待朋友饮酒叙旧，整首诗洋溢着活泼愉快的生活美。南宋范成大《四时田园杂兴·其三十一》："昼出耘田夜绩麻，村庄儿女各当家。童孙未解供耕织，也傍桑阴学种瓜。"以朴素浅显的语言，描绘出生动的乡村田园景象，充满着浓郁的劳动气息，展现了一幅"乡村夏忙图"，特别是尾句"也傍桑阴学种瓜"写出了童真和童趣、乡土乡情。北宋画家张择端的《清明上河图》描绘了北宋时期汴京以及汴河两岸的自然风光和繁荣景象，生动记录了北宋都城东京的城市面貌和当时社会各阶层人民的生活状况，是北宋时期都城东京繁荣的见证，展现了浓郁的生活情趣和清晰自然的生活场景。

生活中的美另一个层面是生活态度的美。宋代无门慧开禅师在《颂平常心是道》中写道："春有百花秋有月，夏有凉风冬有雪。若无闲事挂心头，便是人间好时节。"春天有百花争艳，秋天有皓月当空，夏天有凉风习习，冬天有白雪皑皑。如果心中没有忧愁烦恼的闲事，一年四季都是人间最好的时节。其表现了作者随遇而安的生活态度。唐代李白《行路难·其一》："长风破浪会有时，直挂云帆济沧海。"尽管前路困难重重，但相信自己终有一天会乘长风破万里浪，到达理想的彼岸。其展现了豪情满怀的生活态度，给人以激励。北宋苏轼创作墨笔画《枯木怪石图》，画中怪石盘踞，条条纹路似被风雨刻印。尤其是石上数枝焦墨竹叶的点缀，给人希望之感，更表现出作者执拗而旷达的内心。其展现了苏轼超脱、高洁的生活态度。

（三）以情悦人，体验艺术之美

1.艺术中的美

歌德曾说，要想逃避这个世界，没有比艺术更可靠的途径；要想同世界结合，也没有比艺术更可靠的途径。艺术来源于生活而高于生活，是塑造具体生动的感性形象，反映社会生活现象及其本质规律，表达作者的思想感情、审美理想的一种社会意识形态。

艺术是人类对生活、情感、理念的反思和表达，其表现形式多种多样，可分为造型艺术、表演艺术、语言艺术以及综合艺术等多个类型。造型艺术是艺术家通过视觉手段向人们展现的艺术形式。绘画、雕塑、书法、建筑和摄影都是其典型代表。艺术家用线条、色彩、形态这些元素，对空间进行塑造，创造出独特的平面和立体形象，不仅反映出生活的各种面貌，更加凝聚了艺术家对生活的理解和情感的倾泻。例如，一幅绘画中的色彩组合、线条流动可能代表了艺术家的某种情感或看法。表演艺术则更加注重动态的展现。舞蹈、音乐、电影和戏剧都是通过表演者的动作、声音等来展现的。观众通过听觉、视觉等感官，沉浸在表演者创造的艺术世界中。语言艺术是通过文字来塑造和传达的。例如，小说、诗歌、散文等用语言描述形象、反映社会、表达情感。语言艺术有时候更加深沉、隐晦，需要读者去揣摩、解读背后的意义。综合艺术则是多种艺术形式的融合。它集合了多种艺术的特点，为观众提供了一个多元化的审美体验。这种融合既可以是技巧上的，也可以是内容上的，为艺术创作提供了更广阔的空间。

2. 艺术的欣赏

美国学者艾布拉姆斯提出了艺术四要素，即世界、作品、艺术家和欣赏者。艺术欣赏是指对艺术作品的欣赏，是一种精神活动。它是欣赏者对艺术作品的具体把握与再创造，是欣赏者从艺术中发现、认识、感受美的过程，是审美活动非常重要的形式。要想提高艺术欣赏能力，人们要做到以下三点，包括提高审美修养、了解创作背景、把握艺术特征等。

（1）提高审美修养。马克思说："如果你想欣赏艺术，你就必须成为一个在艺术上有修养的人。"有效欣赏艺术的前提条件，是欣赏者具有一定的审美修养，包括文化、艺术、思想、生活阅历、知识储备等。提高审美修养，就是要提高审美的理解力、判断力和想象力，树立正确的世界观、审美观，由审美的"看热闹"上升到"看门道"，由欣赏的

"门外汉"转为"内行人"。唐代金昌绪《春怨》："打起黄莺儿，莫教枝上啼。啼时惊妾梦，不得到辽西。"通过"打""惊"等意蕴丰富的动作性细节描写，一位情意缠绵、梦牵魂绕的少妇望夫而不归的烦闷愁苦形象似在眼前，领略诗人融入其中的情感，就会感受到少妇不满现实、怨恨战争的情绪，从而同情饱受战乱之苦的人民，憎恶穷兵黩武的封建统治者。

（2）了解创作背景。艺术作品是社会现实生活的凝练和表达，必然受到作品所处的时代环境、生产生活、思想状况的制约和影响。了解创作背景，主要是了解艺术作品创作的时代背景和创作意图。五代南唐画家顾闳中的《韩熙载夜宴图》，是以南唐中书侍郎韩熙载的生活逸事为题材绘制而成。其作品背景是韩熙载无意为官，为保护自己，故意生活腐化，醉生梦死。南唐后主李煜对其不放心，便派顾闳中到韩熙载家一探虚实。《韩熙载夜宴图》就是顾闳中绘画出的韩熙载生活场景，李煜看了此画后，就暂时放过了韩熙载等人。在欣赏作品时，如若对上述创作背景无所知晓，是不能深入发掘其审美内涵的。

（3）把握艺术特征。一是把握不同艺术种类的特征，如文学与音乐的审美特征，绘画与摄影的审美特征，等等。二是把握具体作品的艺术特征。在艺术欣赏时，人们要将同一类型的不同作品放在一起赏析。希腊雕塑《掷铁饼者》表现了投掷铁饼的一个典型瞬间动作，张开的双臂像一把拉满弦的弓，身体弯曲，在不稳定中寻找平衡，突出了可视性和瞬间性的艺术特征，表现出人体的和谐、力量和健美，被认为是"空间中凝固的永恒"。舞蹈《俏花旦》将川剧与舞蹈完美结合，通过踢、甩、抛等舞蹈动作和整齐有序的队形变换，将舞蹈之美、文化之美体现得淋漓尽致，并登上了2004年央视春节晚会。

（四）以情动人，感悟科技之美

1. 科技中的美

科学是反映客观事实及其规律的知识体系。技术则是在生产生活实践中积累起来的操作经验。科技美是科学和技术领域中符合人类发展，让人感到愉悦的事物和现象的美，是人的本质力量在科技领域的感性体现。科技美具有超功利性和逻辑性。

2. 科技美的形态

一般来说，科技美可以分为科学美、技术美。科学美一般是理论形态，具有抽象性和稳定性；技术美一般表现为物化形态，具有可感性。

科学美的魅力在于它的抽象性和稳定性，不像风景和艺术那样直观。科学美需要人们去发现、研究和理解。例如，中国古代的天文历法等科学探索，不仅反映了古代智者的智慧和毅力，还为现代社会提供了宝贵的知识和方法。《九章算术》《大衍历》《天工开物》这些经典之作展示了中国古代的科学和技术成就，体现了那个时代科学家对真理的追求和对科学美的理解。当然，近代科学也给人们带来了震撼。爱因斯坦的相对论不仅挑战了传统的物理观念，还为人们提供了一个全新的视角去看待宇宙。当人们试图理解"弯曲的时空"或"四维时空"时，实际上正在欣赏一种深沉、抽象的美，这是科学美的力量。

技术美一般是指在生产技术的改进和生产工艺的优化方面体现出的功能美和效能美。例如，现在的5G通信技术、大数据技术、区块链技术、量子计算机技术等。中国古代牛耕技术、纺织技术、制陶技术、活字印刷技术、冶炼技术等的不断改进和发展，进而推动生产生活的发展进步。现代科学技术突飞猛进，更显示出技术美的魅力和影响。位于贵州省的"中国天眼"——500米口径球面射电天文望远镜，是目前世界上最大单口径、最灵敏的射电望远镜，它的总面积达25万平方米，相当于30个足球场那么大。"中国天眼"的建成，使中国成为世界上探测太空距离最远、精确度最高的国家。它是跨世纪的奇迹，其向世界展示了中国科学技术的进步与强盛。

三、美好的心灵共情

（一）共情理论与审美中的共情

1. 共情理论渊源

19世纪，德国哲学家罗伯特·费舍尔首次引入了"共情"这一概念。原词"Einfühlung"可以翻译为"感受到"，是人们将自己的真实情感投射到所观察到的事物上的一种现象。随后，德国美学家、心理学家里普斯对这一概念进行了进一步的拓展。他从心理学的角度出发，用共情来解释人们是如何理解他人并据此做出反应的。他的见解更为深入：共情不是简单的模仿或是情感的反射，而是共情者在与共情对象互动时无意识地模仿并产生的感受。1909年，英籍美国心理学家铁钦纳在其著作《思维过程的实验心理学》中首次将"empathy"与"Einfühlung"相对应。对铁钦纳来说，共情是一个通过内在模拟而形成心理意向的过程，也是一种将客体人性化的方式。这也意味着，当人们能够产生共情时，是在尝试从他人的角度看待事物，从而理解他人的感受和经历。回顾这段历史，不难发现，"共情"的演变是一个跨学科发展的过程，其中涉及哲学、美学、心理学和社会学等多个领域。

2. 审美中的共情

日本美学家竹内敏雄对美学中的"共情"有独特的见解。他认为，共情不仅仅是一种审美的体验，更是人与事物之间深厚的情感联结和交融。在日常生活中，人们经常会有这样的经历：看到一件艺术品、一个场景或听到一段音乐时，都会有一种强烈的情感反应，好像自己和这些事物之间建立了一种特殊的联系。这种联系就是竹内敏雄所说的共情。他认为，当人们在体察和了解对象时，会把自己的生命和情感外射到对象中，这使得人和对象产生一种交融合一的感觉。这种交融不仅仅是在感觉上的，更是在心灵深处的。

第六章　审美修养与人格健全

审美中的共情，是指审美主体在观照审美对象时，将自己的主观审美经验融入审美对象中，使得主体和客体达到一种和谐统一的状态。这种审美体验是非常独特的，它能够让人们在欣赏美的事物时，更加深入地去理解和感受它。西方的共情论美学起源于 19 世纪末 20 世纪初，它试图用审美共情来解释审美心理和本质。德国赫尔德和他之后的浪漫派美学家是这一流派的重要代表。赫尔德在与形式主义美学的论战中，提出了审美共情的初步理论，并使其逐渐发展成为一种完整的美学观念。

在探讨审美深奥领域的过程中，无论是东方还是西方，似乎都有一种试图捕捉和描述人与艺术对象之间精神交融的力量。在中国，这种力量被称为"妙"，而在西方，它被解读为"共情"。这两者之间存在着一种精神上的联系。"妙"这个概念源于先秦老子的哲思："道可道，非常道；名可名，非常名。无名，天地之始，有名，万物之母。故常无欲，以观其妙，常有欲，以观其徼。此两者，同出而异名，同谓之玄，玄之又玄，众妙之门。"（《老子》第一章）这段哲理深邃的言论暗示，"妙"是一种与"道"紧密相连的特质，具有超越性和无限性的特点。在审美领域中，"妙"似乎是对宇宙和生命的深层感悟，与西方关于共情的观念相呼应。历代的文人墨客都对这种"妙"的意境有着深入的挖掘和阐述。南梁刘勰的"登山则情满于山，观海则意溢于海"为人们描绘了一个与自然和谐相融的画面，与之相映成趣的是唐代张璪的"外师造化，中得心源"，唐代张彦远更是提到"凝神遐想，妙悟自然，物我两忘，离形去智"，这些都凸显了一个主题，那就是人与自然、人与艺术之间的那种无我之境。北宋苏轼和清代郑板桥的言论也进一步印证了这一点，如前者提到"诗中有画，画中有诗"，后者则说"眼中之竹""胸中之竹""手中之竹"。

（二）移情于景，投射美的感受

共情理论对审美的探讨深入地挖掘了人们审视事物时的情感投射。这一理论透视了人在观察事物时，是如何将个人的情感、情趣和意愿无

意识地注入那些无生命、没有情趣的对象中,赋予它们生命和情感的。这一神奇的过程无须经过理性的思考或刻意的努力,它是自然而然的,是出于无意识的驱动。例如,看到山涧中跳跃的小溪时,人们可能会觉得它像一个活泼、快乐的孩子;欣赏夜空中的繁星时,人们可能会觉得它们是宇宙中梦想和希望的体现。之所以会产生这种感觉,是因为人们的情感和情趣投射到了这些自然景象上。而在艺术领域,这种共情效应更为显著。艺术家创作时会将自己的情感、情趣融入作品中,而观众在欣赏时又会将自己的情感和情趣投射到作品上,这样作品就像一个魔法镜子,映射出每个人独特的情感和精神世界。正是这种共情,使得人们能够与周围的事物建立深厚的情感联系,感受到与之相通的情感和情趣,从而得到审美的愉悦感。

唐代李白《月下独酌四首·其一》中的"我歌月徘徊,我舞影零乱",用月亮和舞影来寓意自己的孤独和无奈。诗中的月亮和舞影与他形成了一种共鸣,仿佛它们能够理解诗人内心的喜悦与哀伤。这种人与自然之间的情感交融,正是中国古代诗歌的魅力所在。在唐代杜甫的作品中,花、鸟、柳絮、桃花都被赋予了情感,它们不再是冷漠的自然元素,而是与诗人心灵相通的朋友。在乱世中,花为之泪滴,鸟为之震颤,其表现出了作者对战乱和流离失所的深深忧虑。南宋辛弃疾则在《贺新郎·甚矣吾衰矣》中体现了与自然的紧密联系,如"我见青山多妩媚,料青山见我应如是",这里的青山是诗人的灵魂映照,是他情感的寄托。在现实中找不到知音,也许这广袤的大自然能够理解他的内心。

(三)情景交融,共情美的意向

中国古典美学深入挖掘了情与景之间的深刻关系。这种关系远远超越了表面的描述,而是指向景中有情、情中寓景的完美交融。当"一切景语皆情语,一切情语皆景语"时,古代诗人不仅仅是在描写景色,更在景中融入了丰富的情感。古典美学强调审美主体与审美对象的完美统一。这种物我统一的观念,让读者感受到诗人对大自然的感悟、对生活的体验和对宇宙的思考。这不仅仅是形式上的统一,更是一种深层次的情感交融。通过这种方式,诗人成功地将具体的景物提炼成抽象的情感,从而使读者能够跳脱出具体的时间和空间,进入一个无限广阔的审美领域。

郑板桥,清代"扬州八怪"之一,以其独特的审美观点和艺术手法,将情景交融推向了巅峰。在《题画·江馆清秋》中,他用三个阶段来描述艺术创作的过程:"眼中之竹""胸中之竹""手中之竹",展示了一个完整的从观照到表达的创作过程。"眼中之竹"代表了对真实自然的审美观照,是对客观存在的景物最初的直观感受,如同初见的风景,清晰、真实。这是艺术创作的起点,也是所有审美活动的源头。"胸中之竹"则是诗人在经过心灵加工后,对景物的感受和理解。这一阶段不仅是单纯的观照,还加入了情感和思考,将所看到的景物转化为心中的意象,为接下来的创作提供了灵感和方向。这个阶段的"竹子"更多地带有诗人自身的情感色彩,更加饱满、立体。而"手中之竹",则是诗人通过艺术手法,将"眼中之竹"和"胸中之竹"完美结合创作出来的艺术品。这时的"竹子"既有真实景物的形态,也融合了诗人的情感和思考,成为一个完整的、充满情感的审美意象。这三个阶段完美诠释了情景交融的核心思想。在艺术创作的过程中,既要有对真实景物的直观感受,也要有对这些景物的深入理解和情感投入,只有这样,才能创作出真正具有深度和魅力的艺术作品。

在《庄子·秋水》中,庄子与惠子的对话引发了一场关于知识和经验的哲学争论。庄子从一条鱼的自由游动中看到了其乐趣,而惠子质疑庄子如何知道鱼的乐趣。这不仅是对知识与经验的探讨,更是对审美主体与审美客体之间关系的探索。庄子提出的"心斋"和"坐忘",即忘掉自我,与大自然万物共融,达到一种无拘无束的审美境界。他感受到了鱼的自由、从容和快乐,仿佛他自己就是那条鱼。同样地,乔治·桑在《印象和回忆》中描述了自己如何逃离自我,成为大自然中的一部分。她不仅感受到了自然之美，更体验到了与自然的共融。她描述自己仿佛变成了草、树、云、流水，与大自然融为一体，自由自在。这种自我与自然的合一，使得审美主体与审美客体达到了完美的统一。而温克尔曼在评价古希腊的艺术时，强调了希腊艺术的"高贵的单纯和静穆的伟大"。他在《古代艺术史》中说，希腊艺术家在塑造形象时，即使是在极端的情感中，也能表现出一种伟大和平衡的心灵。这正如海水的表面虽然波涛汹涌，但深处总是静止一样。这种平衡和深沉的美，是希腊艺术的核心特质。

审美共情，是心灵与艺术的和谐交融。它沟通了个体与群体、情感与理性、现实与梦想，寻求一种微妙的平衡，使之达到最佳的和谐状态。在美育中，人们不仅是欣赏美，更是在与人生进行深入的对话，探索生命的真谛。这不仅丰富了个体的精神世界，还推动了文化的传承与发展，实现了以美育人、以文化人的崇高使命。

第二节　审美与品德涵养

一、以美育人德为先

道德对个人、对社会都具有基础性意义，崇德修身是做人做事的根本。大学生道德修养是全社会道德建设的重要方面，对落实党的二十大报告"全面贯彻党的教育方针，落实立德树人根本任务，培养德智体美劳全面发展的社会主义建设者和接班人"的总体要求起着十分重要的作用。

（一）新时代大学生品德内涵

《论语·为政》："为政以德，譬如北辰，居其所而众星共之。"一个人的德是首要的、最根本的，一个人要发挥自己的才能，首先要做到明大德、守公德、严私德。新时代大学生品德内涵就是践行和培育社会主义核心价值观，基本内容是明大德、守公德、严私德。

1. 明大德

"天下至德，莫大乎忠。"明大德是一个崇高的理念，对当代大学生来说，它意味着要牢记初心使命，坚定不移地追求理想信念。在新时代，当代大学生应该自觉地践行党的路线方针政策，这不仅是一个口头上的承诺，还要将之付于实践。作为当代大学生，其有责任忠诚于党和人民的事业，将个人的理想与民族的命运、国家的前途紧密相连。这意味着人们不仅要为自己而生活，更要为了整个民族、国家和社会而努力。这些追求不仅仅是为了自己，更是为了国家和人民。每一个大学生都应该将自己的小我融入祖国的大我、人民的大我之中，这样才能在风雨中站稳脚跟，勇敢地挑起重任。

2. 守公德

守公德是一个持续不断的追求过程。所谓守公德，就是要强化宗旨意识，全心全意为人民服务，恪守立党为公、执政为民的理念，自觉践行人民对美好生活的向往就是我们的奋斗目标的承诺，做到心底无私天地宽。这一切基于一个坚定的信仰——马克思主义的群众观点，即正确认识到人民群众是历史的创造者和推动者。全心全意为人民服务不仅是一个口号，还要紧密地将个体的命运与祖国、民族的命运结合起来，把个人的理想与国家的前途、个体的价值与人民的利益结合在一起。当代大学生处于一个关键时期，他们肩负着实现中国梦的重任。他们要不断满足人民对美好生活的向往和追求，并将这种追求转化为实际行动。他们要在服务人民的过程中不断增长自己的才干和智慧，以实现个人和社会的共同进步。为了更好地服务人民，大学生需要将学到的知识运用到实践中，帮助社会和国家发展，助推民族复兴。他们需要积极参与到各种社会服务中，解决人民群众的实际问题，将青春的激情和理想投入服务人民的实践中。

3.严私德

私德是每个人内心的品德底线和行为规范。它涵盖了个人的品格、修养、操守等方面，是每个人对自己的一种要求。私德不仅是微小的行为和日常生活中的琐事，还关系到一个人的形象、事业的成败，甚至是他人的评价和社会的风气。对当代大学生而言，严私德是一个非常重要的要求。他们需要严格约束自己的行为，加强自身的修炼，形成自我约束力。这包括坚持修身正己的个人品德、增强纪律意识和坚守学术诚信。在面对各种诱惑时，他们需要学会守住底线，始终保持老老实实的做事态度。他们应该学会自省和自律，使得其在任何情况下都能够慎始慎终、慎独慎微。同时，他们也需要学会在日常的学习、生活和工作中，从小事小节上提高修养。

（二）美育中的道德观照

1.审美主体的品德修养

马克思在《1844年经济学哲学手稿》中指出："如果你想得到艺术的享受，那你必须是一个有艺术修养的人。"在审美活动中，审美主体要想与对象形成良好的审美关系，树立正确的审美观，获得丰富的审美体验，需要具备一定的艺术修养。而这种艺术修养是在长期的社会实践中形成和发展的，是对人生的体悟、世界的观察和对道德的见解。其中，品德修养作为艺术修养的重要内容，对审美主体的审美境界提升起着至关重要的作用。

其一，在思政教育中坚定理想信念。基础不牢，地动山摇。当代大学生的首要任务是用党的创新理论武装头脑，深入学习其中的深刻内涵和丰富实质，以及蕴含的马克思主义立场观点方法。大学生要读原著、学原文、悟原理，深刻领悟"两个确立"的决定性意义，增强"四个意识"、坚定"四个自信"、做到"两个维护"，加强理论武装，坚定理想信念，在思政教育中提升品德修养，提升改造主观世界和客观世界的能力，用品德修养涵养理想信念，自觉把个人的理想追求融入国家、民族的复兴事业中。

其二，在钻研知识中涵养正确的价值观。品德修养就如同人生的第一粒扣子，从一开始就要扣好。青年加强品德修养，养成正确的价值观是非常重要的。青年学子涵养正确价值观：一是要勤学，下得苦功夫，求得真学问；二是要修德，加强道德修养，注重道德实践；三是要明辨，善于明辨是非，善于决断选择；四是要笃实，扎扎实实干事，踏踏实实做人。

唐代权德舆《放歌行》："青春虚度无所成，白首衔悲亦何及。"青年阶段是人们价值观确立和形成的重要时期，可以说青年人的价值取向决定了整个社会的价值取向。当代学生要在加强学习钻研中树立正确的价值观，在知行合一上下功夫，不断将社会主义核心价值观内化为精神追求，外化为自觉行动，成为有理想、有学问、有才干的当代青年学子。

其三，在传统文化上提升品德素养。中华优秀传统文化是我们最深厚的文化软实力，是中国特色社会主义植根的文化沃土。中华优秀传统文化尤其重视人的德行品格，重视德行的培养和人格的提升。孔子说"杀身以成仁"，孟子说"舍生而取义"，都是认为道德信念的信守和道德理想的坚持可以不受物质条件影响，在一定的条件下比生命还重要。当代大学生要从中华优秀传统文化中广泛汲取养分，同以爱国主义为核心的民族精神、改革创新为核心的时代精神紧密结合起来，学习与发展、继承与创新，推动中华优秀传统文化创造性转化、创新性发展，凝聚起强大精神力量和有力道德支撑。

2. 审美价值的理性沉思

审美价值是在审美对象上能够满足主体的审美需要，引起主体审美感受的某种属性。它包括人的美、按照美的规律创造的物质产品美和精神产品美，以及可供人们欣赏的自然景物美。一般来讲，审美价值具有客观性、主体性、精神性、情感性和历史性。审美价值是客观的，这既因为它含有现实现象的、不取决于人而存在的自然性质，也因为它客观地、不取决于人的意识和意志而存在着这些现象同人和社会的相互关系，存在着在社会历史实践过程中形成的相互关系。

20世纪以来，西方现代美学以康德、席勒为发轫，首次把美学从认识论转到了价值论，实现了从思想思辨到人生境界的跨越。康德在《判断力批判》中提出"美是道德的象征"，使美学成为培养有高尚道德的人的中介环节。在此基础上，席勒在《美育书简》中提出"要使感性的人成为理性的人，除了首先使他成为审美的人，没有其他途径"。之后，叔本华提出了著名的"艺术是人生的花朵"的理论，将艺术、审美和人生联系起来。尼采在《悲剧的诞生》中提出"艺术是生命的伟大兴奋剂"的观点，把人生看成审美的人生，艺术看成人生的艺术。海德格尔认为，"人应该诗意地栖居在大地上"。所谓"诗意地栖居"，就是创造美好的精神家园，走向自由的美好生活。

中国近代美育的奠基者蔡元培倡导著名的"以美育代宗教"，强调美育对人格培养的重要性。王国维以"境界说"为基础，认为美育的目的就是提升审美之境界与人生之境界。他在《人间词话》中提出："古今之成大事业、大学问者，罔不经过三种之境界：'昨夜西风凋碧树。独上高楼，望尽天涯路。'此第一境界也。'衣带渐宽终不悔，为伊消得人憔悴。'此第二境界也。'众里寻他千百度，蓦然回首，那人却在，灯火阑珊处。'此第三境界也。"他借用三句诗词形象描绘了人生目标之确立、奋斗和实现的三个阶段，将审美境界与人生境界统一，由审美境界发展到人生境界。朱光潜提出了"人生的艺术化"，强调用审美的态度对待人生。他以古松举例："假如有一位木商、一位植物学家、一位画家，三人同时看到这棵古松，但呈现出不同的审美态度。木商看到的是古松价值多少钱，植物学家看到的是古松的类型，而画家看到的是古松的美的形态。木商考虑的是古松的用途，植物学家考虑的是古松的特点，画家考虑的是古松的颜色、形状等。"在这三种不同态度里包含了不同的审美价值，朱光潜看重的是审美的态度。他强调："美是事物的最有价值的一面，美感的经验是人生中最有价值的一面。"

3.审美活动的价值取向

国无德不兴，人无德不立。核心价值观作为一种"大德"，承载着一个国家、一个民族的精神追求，体现着一个社会评判是非曲直的价值标准。当代大学生要把立德成才作为立身之本、强身之基，把践行社会主义核心价值观作为审美活动中的价值取向。

2012年11月8日，中国共产党第十八次全国代表大会在北京召开。党的十八大报告明确、完整地提出了"三个倡导"、24个字的社会主义核心价值观。党的十八大报告第六部分的第一条提出了"加强社会主义核心价值体系建设"的要求。党的十八大报告还具体列出了五项加强社会主义核心价值体系建设的任务，第五项任务就是"倡导富强、民主、文明、和谐，倡导自由、平等、公正、法治，倡导爱国、敬业、诚信、友善，积极培育和践行社会主义核心价值观"，也就是"三个倡导"、24个字的社会主义核心价值观。前8个字是国家层面的价值目标，中间8个字是社会层面的价值取向，后8个字是个人层面的价值准则。其从道德实践层面回答了建设什么样的国家、建设什么样的社会、培育什么样的公民的重大问题。

党的十八大提出社会主义核心价值观之后，全国人民掀起了培育和践行社会主义核心价值观的高潮。党的十八大提出："社会主义核心价值观，把涉及国家、社会、公民的价值要求融为一体，既体现了社会主义本质要求，继承了中华优秀传统文化，也吸收了世界文明有益成果，体现了时代精神。""在全社会牢固树立社会主义核心价值观，全体人民一起努力，通过持之以恒的奋斗，把我们的国家建设得更加富强、更加民主、更加文明、更加和谐、更加美丽，让中华民族以更加自信、更加自强的姿态屹立于世界民族之林。"

二、善的言行即美德

（一）以美引善，修身明德

西方诗人布罗茨基说，美学乃品德学之母。审美不是品德，它却天然孕育并涵养着品德。在中国古代，乐包含了诗歌、音乐、舞蹈等艺术形式，具有审美的艺术特性。礼首要讲的是品德，通过乐的形式使人的行为优雅化和集体活动典礼化，强调乐对人的心性、社会等各方面的整体调和，并最终以至善的品德建设为依归。中国古代的"礼乐教化"就强调了以美引善，修身明德，是一种十分悠久的文化传统，到后来发展为文化政治制度。《礼记·经解》："孔子曰：'入其国，其教可知也。其为人也，温柔敦厚，《诗》教也。'"唐代孔颖达在《礼记正义》中解释道："温，谓颜色温润；柔，谓情性和柔。《诗》依违讽谏，不指切事情，故云温柔敦厚是《诗》教也。"至此，温柔敦厚作为儒家传统礼仪规范，从强调以审美的角度对儒家文学作品的评价和要求，逐渐成为按照儒家的"君子"对人的品德和行为的规范和约束。中国古典文学作品《诗经》最开始只是作为一种文学内容被了解，它的根本价值在于美学层面上的审美和情感的表达。但从春秋末期开始，特别是经过孔子的阐释，其品德、政治喻义得以发现，《诗经》广泛用于政治、外交等社会方方面面，几乎成为社会风教和政教规范读本。

古往今来，在中华文化的璀璨星河中，有"以天下为己任"的大义担当之美；有"家国天下"的大爱情怀之美；有"士志于道""天下无道，以身殉道"的真理理想追求之美；有"见贤思齐，见不贤而自省""君子慎独"的道德自律之美。同样，通过美对善的熏陶，无数仁人志士用生命和鲜血铸就了品德的典范。例如，"先天下之忧而忧，后天下之乐而乐"的家国情怀，"些小吾曹州县吏，一枝一叶总关情"的为民胸襟，"为中华之崛起而读书"的拳拳爱国之心，"砍头不要紧，只要主义真"的绝对忠诚，等等。

当代大学生要在德行方面追求尽善尽美，做到修身涵德，知荣知耻，笃学至善；做到"芝兰生于幽林，不以无人而不芳；君子修道立德，不为穷困而改节"，以美引善，照耀时代思想，激发新时代青春奋进的磅礴力量。

（二）以美育善，净心尚德

在《论语·泰伯》中，孔子描绘出一条人的成长之路："兴于诗，立于礼，成于乐。"这个道路分为三段：首先，通过学习诗来启迪心灵，让个体内化诗中描绘的美好和善良，培育其向善和求仁的意志；其次，学习礼制，让人在规范和约束中实现自立，塑造稳定和谐的社会关系；最后，通过音乐教育来磨炼个体的品德，让人在美的氛围中修身养性，实现心灵的和谐和品德的升华。这三个阶段的成长路径不仅显现了一个人从感性认识到理性掌控的心灵历程，更是一条由美导向善的道德成长之路。

康德认为，人是作为目的的本身而存在的。每个人都是独特的、不可替代的，有着自己的情感、想法和需求。而追求"真、善、美"的境地，是每个人都想努力达到的精神高度。审美的过程，也是追求这一境地的过程，它不仅是追求形式和内容上的美，更是对人性深层的、持久的、真实的需求的满足。对当代大学生来说，以美育善显得尤为重要。它不仅可以帮助大学生在学术水平上得到提升，更可以引导他们实现自身的价值。"路虽远行则将至，事虽难做则必成"，表达的正是这样一种持续不断的努力和追求。通过唤醒大学生的精神自觉，弘扬"以美育善"的理念，可以帮助他们更好地发挥其主体性价值。大学生在学习的过程中，应该努力培养高尚的品德和真正的能力。他们应该成为有道德、有才华的人，这样可以胜任未来社会的各种角色。这不仅是通过知识学习来实现的，还包括参与各种实践活动，如积极参与校园活动和社会实践。此外，他们还需要学会在日常生活中展示其道德实践能力，包括遵守学校的规章制度和学生守则。只有在有益于弘扬社会主义核心价

值观的良好环境中，大学生才能真正实现自身的成长和成才。

（三）以美养善，知行崇德

2018年9月10日，全国教育大会指出，美是纯洁道德、丰富精神的重要源泉。没有美的滋养的人生必然是单调的、干涸的人生。如果青少年的精神世界没有童话、歌谣和大自然的云彩、花朵、鸟叫虫鸣，如果青少年的心灵世界没有动人的音符和丰富的色彩，如果青少年没有艺术爱好和艺术修养，则很难实现青少年的全面发展。要全面加强和改进学校美育，配齐配好美育教师，坚持以美育人、以文化人，提高学生审美和人文素养。

马克思认为，人类具有一种独特的创造力和自主性，能够根据多元化的标准和尺度来生产和构建。他指出，人类不仅仅是基于自身的需求和标准去理解和改造世界，还有能力借助于任何一个种的尺度和美的规律来实现这一目的。这种自主的和多元的构造方式不仅体现在物质生产上，更体现在人类对"美"的追求和实现上。人们在理解和构建世界时，不仅是通过理性和逻辑来实现，而是将审美的维度纳入其中，基于美的内在规律来评价和创造。人类在改造世界的同时也在不断地改造自身。他们在认识自身的过程中，遵循审美规律，以美的标准来引导自身的发展和进步。同时，马克思指出的"人也按照美的规律来构造"表明人类在评价和创造美的时候，总是在追求一种更高的、更精致的审美。这使得人们在新时代公民道德建设中，更加注重内涵的深化和理解力的提升，追求更高层次的美。

周永开，第八届全国道德模范和"七一勋章"获得者，是全国优秀共产党员的杰出代表。他在多个领域长期致力于传递正能量，彰显了老党员"不忘初心、发挥余热、老有所为"的崇高品质。退休后，他坚持离休不离志、离岗不离党的原则，在保护生态环境、捐资助学和扶贫帮困等方面做出了显著的贡献。他倡导设立"共产主义奖学金"，已持续20多届，共奖励了1000余名师生，捐赠总额高达40余万元。

此外，他还扎根花萼山区域，投身于生态保护和环境建设，义务植树100多万平方米，成功将荒山转化为绿林，为当地村民创造了清新的环境，被大家亲切地称为"清风林"。他的这一贡献更是得到了国家的认可，花萼山于2007年被评为国家级自然保护区。自1994年起，他带领村民修建通村公路，助力项家坪村摆脱了不通电的现状。他不仅是一个帮助者，还是一个真正的领导者和启发者，通过动员身边的人捐款捐物，成功修缮了破旧的校舍，引进了有经济效益的作物，提高了村民的年收入。周永开身体力行地体现了一个老共产党员的纯朴和高尚。当国家处于困难时期，他始终站在最前线，积极参与捐款。他的善举不仅限于资金援助，更是心系下一代，资助10多名孩子上学，鼓励他们勇往直前，走出大山，追求更好的未来。周永开用实际行动诠释了一个老共产党员的道德品质和责任担当。他的人生轨迹揭示了一个不懈奋斗、勇于创新、持续为社会和国家做贡献的人的真正面貌。

在社会快速发展的今日，面对种种诱惑和挑战，当代大学生应更加明确自己的人生方向和价值观。只有以崇德修身和坚守正道为核心，大学生才能在人生的征途上行稳致远，实现自己的目标和梦想。现今的社会中，确实存在着个别大学生沉迷于拜金主义和享乐主义的现象。他们追求短暂的物质满足，沉溺于虚拟的网络世界，忽视了自我提升和真正的人生价值。要改变这种状况，大学生首先要进行深入的自我剖析，敢于面对自己的弱点和缺陷。大学生要从日常的点滴小事做起，积极培养自己的品德；学会感恩和回馈社会，学会在集体中为他人着想；学会自省和自律，不断完善和进化自我。大学生应始终坚持追求自己的理想，不断努力学习和拼搏，以诚实和真实为行事之本。清清白白做人，堂堂正正做事，是他们走向成功的坚实基石。当代大学生处于一个充满机遇与挑战的时代。他们不仅要在学业上不断超越，更要在精神境界上不断升华。只有树立了正确的世界观、人生观和价值观，他们才能真正成为有广阔情怀、崇高道德和深厚爱心的人，为社会做出更大的贡献。

三、美德双修，追求完美

（一）以美启真，砥砺个人品行

在中国传统文化中，美不仅是一个简单的审美标准，还与真和善这两个方面有着紧密的联系。儒家哲学强调个体的自我修养和品德建设。在儒家看来，美不仅是真理生成的内在动因，还是品德的外化展示。它是通过审美来诠释和展示品德的重要方式。可以说，它实现了美向善、美向真的转变，为人们提供一种向德行美学方向发展的可能性。孟子在其著作中提出了"浩然之气"的概念，这是一种至大至刚、纯正无害的气质，是天地之间的一种精神力量。孟子认为，拥有这样的气质是一种美的表现，也是修身养性的基本要求。李泽厚先生进一步强调了美的理念，将其视为真与善的统一，认为审美是一种无目的、无前提的感性直觉活动。这种审美活动不仅能激发人们对真理的认识，还能引导人们在认识过程中不断寻求更高的道德层面。

中国古代的思想家和学者都强调了个体修养的重要性。像《论语》中描述的颜回，他在极其贫困的条件下依然能保持高尚的品德和乐观的心态。他对名利看得淡薄，却对求知和修身有着极高的追求。这种精神境界展示了一个真正的君子应有的气质和态度。"程门立雪"是另一个展示了古人对老师尊重的经典故事。在那个寒冷的雪天，学生冒着严寒在老师的门外等待，体现了他们对知识的渴求和对老师的尊敬。可以看出，在中国传统文化中，美、真和善是相互联系、相互促进的。美可以激发人们对真理的追求，也能提升人们的道德品质。

以美育人是帮助当代大学生实现自我认知、自我超越，进而重塑生命的宝贵过程。这种教育方式不只局限于艺术领域，还可运用于其他领域中。在科学领域，许多杰出的科学家通过对事物的深入研究和追求，实现了自我的超越和生命的重塑。以"共和国勋章"获得者、核物理学家于敏为例，他为了国家的防御建设，隐姓埋名二十八年，展现出对科研事业的高度热情和奉献。他不是为了名誉，而是为了祖国的宏图。当国家为了尽快研发氢弹而焦急时，于敏废寝忘食，连续数月深入研究。他面对堆积如山的计算机纸带，持续地进行研究和实验，最终揭示了氢弹自持热核燃烧的关键。正是这样不懈的努力，使中国在短短的两年八个月内完成了氢弹的研制，远远超越了其他大国的研制周期。

（二）以美扬善，提升人生境界

当前，世界正经历百年未有之大变局，各国都在探索新的发展道路。中国正处于一个关键的转折点，在推进中华民族伟大复兴的同时，也面临着无数的挑战和机遇。而处于人生关键时期的大学生，作为中华民族的希望，更是承载了国家的使命和责任。在这样的历史节点上，美育的教育思想显得尤为重要。美育不仅是审美教育，更是一种心灵的陶冶和个性的塑造。在现代社会中，容易忽视人的精神层面，导致心灵的空虚和价值观的混乱。而美育强调美与善的统一，它旨在通过欣赏和创造美，培养人们的善良品德，从而引导大学生树立正确的世界观、人生观和价值观。

美育之所以如此重要，是因为它是以人为本，把人的发展放在第一位。它不仅是为了培养有品位的人，更是为了培养有道德、有情操的人。这一点与中华传统文化高度契合。中华传统文化从古至今都在强调人的内在修养和道德涵养。在新时代的背景下，大学生面临的机遇与挑战都是前所未有的。他们既有机会参与到中华民族伟大复兴的进程中，也面临着各种外部压力和诱惑。在这样的环境下，如何让他们保持纯真的心灵、坚定的道德信仰，显得尤为重要。而美育为此提供了一种有效的途径。

中国儒家传统文化强调"礼乐相济"，这可以说是中国古代以美育人的重要手段。孔子认为，"礼"是一种行为准则和道德规范，告诉人们什么可以做、什么不可以做，可以做的该如何做；而"乐"是运用特定的艺术形式熏陶人的心性和情感，促使其把思想意识中的道德规范内化为情感认知上的自觉行为。"礼乐相济"是以美育人的一种特殊方式，可以发挥以美养德的重要作用。《论语·八佾》写道："子谓《韶》：'尽美矣，又尽善也。'谓《武》：'尽美矣，未尽善也。'"孔子认为，虞舜时代的《韶》乐尽美又尽善；而《武》乐，虽然很美，但未尽善。美给予人的享受并未局限于感官层面，还体现在精神层面。美只有包含善的内涵，才会具有更高的社会价值和意义。因此可以说，美与善的统一，既是美育精神的价值追求和重要底色，也是促进新时代公民道德建设的思想根基与实践旨归。

《感动中国》2022年度人物邓小岚，是一位从北京来的老师。从2004年开始，在河北省保定市阜平县马兰村义务教孩子们学习音乐，这里距离北京有350多千米，在高速公路开通前，邓小岚每次要从北京坐一个半小时的火车到河北定州，再坐长途车3个小时到阜平县城，再换乘公共汽车走1个小时山路到马兰村。十几年来，风雨无阻。她教的孩子，在北京冬奥会开幕式上，在全世界的关注下，合唱了《奥林匹克颂》。他们能够从大山深处走向世界瞩目的舞台，都源于一位纯真挚诚的老人18年的坚守。《感动中国》的颁奖词这样写道："你把自己留给一座小小山村，你把山村的孩子们送上最绚丽的舞台，你在这里出生，也在这里离开。山花烂漫，杨柳依依，为什么孩子的歌声如此动人？因为你对这片土地爱得深沉。"

（三）美德润身，促进全面发展

实现中华民族伟大复兴的中国梦是长期而艰巨的伟大事业。伟大事业呼唤伟大的精神，在这个过程中，文艺发挥着不可替代的作用。

马克思主义作为一种深刻的社会哲学，始终将人的全面发展作为其最高追求。当马克思提及"人的全面发展"时，他讨论的深远胜过了简单的物质需求或社会地位，而是指向了人内在的"本质力量"的充分展现和成长。这种"本质力量"的理念，不仅是指人在技能、才华或知识上的优势，更关乎道德人格的塑造和完善。只有当一个人的道德人格得到了完满自足的状态，他才能真正实现全面的发展。要想达到这种理想状态，应注重培育和践行社会主义核心价值观。它不仅为人们提供了行为的方向，更为他们指明了道德的标准。明大德、守公德、严私德这三者相互联系、相互作用，形成了一个和谐社会的基石。

春秋时期，鲁国权臣季康子向孔子请教如何治理政事："如果杀掉无道之人来成全有道之人，怎么样？"孔子回答道："您治理政事，哪里用得着采用杀戮的手段呢？您只要想行善，老百姓自然就会跟着行善。"孔子以"君子之德风，小人之德草，草上之风必偃"作譬。由此形成了成语"草偃风从"，比喻在上者能以德化民，则民之向化，犹风吹草伏，相率从善。美育已逐渐成为社会主义精神文明建设中不可或缺的重要组成部分。这并非一蹴而就的过程，而是日积月累的努力和坚守。美育并不是孤立的，它与新时代公民道德建设相互促进、相辅相成。一个受到美育熏陶的公民，更容易在行动上践行社会主义核心价值观。艺术本身蕴含着深厚的情感和哲学，是情感的陶冶和精神的熏陶。这种艺术化的情感被引入学校教育、家庭教育和社会教育后，便会像水滴石穿般，不断滋润和浸入人的内心，使人在情感和道德上得到更高层次的提升。社会进步与个体的全面发展是相辅相成的。社会需要个体为其提供动力和活力，而个体也需要和谐、公正、平等的社会环境来实现自己的全面发展。社会主义核心价值观包括富强、民主、文明、和谐、自由、平等、公正、法治、爱国、敬业、诚信和友善，它们构成了当今社会的道德纲领。为了构建浓厚的社会氛围，需要每个人都努力实践和弘扬这些价值观，形成一种崇德向善、见贤思齐的社会风尚。提倡美育，其实质是希望通过美的教育，使人们在感受美的同时，也能实现精神的升华和自我完善。美育不仅是审美教育，更是一种通过审美经验，让人们得到自由和全面发展的途径。在这个过程中，人们逐渐摆脱物质和环境的束缚，实现真正的精神自由和全面发展。

当代大学生身处信息爆炸、多元价值交织的时代，对他们来说，培养审美情感和意趣变得尤为重要。在美的世界中，他们学会用正确的思维方式去体会和感知，以独特的视角去理解和发现，甚至用创新的思维去创造美。通过不断感受和欣赏美,大学生逐渐意识到美的背后往往伴随着崇高的道德。在这个过程中,他们自然地受到了道德的涵育,逐渐增强了自己的道德观念,提升了自己的道德品质。美和道德,两者相辅相成,互为因果。只有真正理解并珍惜美,大学生才能更好地守住自己的道德底线,不受诱惑,始终保持清醒的头脑。

第三节　审美与人格完善

一、审美与心理健康

(一)心理健康与大学生常见心理问题

1.心理健康的含义、标准

健康是人类孜孜不倦追求的共同目标。一般来讲,健康包括生理健康和心理健康两个方面。一个健康的人,既要有健康的身体,也要有健康的心理。可以说,人的健康是生理健康和心理健康的统一,它们相互依存、相辅相成。而关于心理健康的含义,由于衡量标准的不同,从不同的角度有不同的含义,因而众说纷纭。1946年第三届国际心理卫生大会对"心理健康"给出了一个定义:"心理健康是指在身体、智能以及情感上,在与他人的心理健康不相矛盾的范围内,将个人心境发展成最佳的状态。"也就是说,心理健康是指心理的各个方面及活动过程处于一种良好或正常的状态。心理健康的理想状态是性格完好、智力正常、认知正确、情感适当、意志合理、态度积极、行为恰当、适应良好的状态。与心理健康相对应的是心理亚健康及心理病态。

关于心理健康的标准,世界心理卫生联合会提出的心理健康标准有以下四点:

(1)身体、智力、情绪十分调和。

（2）适应环境，人际交往中能彼此谦让。

（3）有幸福感。

（4）在工作和职业中，能充分发挥自己的能力，过着有效率的生活。

而我国学者黄坚厚于1982年也提出了关于心理健康的四条标准：

（1）乐于工作，并能在工作中发挥智慧和能力，以获取成就和满足。

（2）乐于与人交往，建立良好关系，正面态度（尊敬、信任、喜悦等）常多于反面态度（仇恨、怀疑、憎恶等）。

（3）对自己有适当的了解和悦纳的态度。

（4）和环境有良好的接触，并能用有效的方法解决所遇到的问题。

我国学者马建青综合国内外专家学者的观点，根据大学生这一群体的年龄特征、心理特征和社会角色特征，提出了我国当代大学生心理健康的基本标准，具体内容如下：

（1）智力正常。

（2）情绪健康。

（3）意志健全。

（4）人格完整。

（5）自我评价适当。

（6）人际关系和谐。

（7）适应能力强。

（8）心理行为符合大学生的年龄特征。

2. 大学生常见心理问题

社会进步带来了许多压力，这直接影响了大学生的心理健康。如果不对这些心理问题进行及时的调解，它们很可能会妨碍大学生的成长。大学生常见的心理问题如下：

（1）环境应激产生的问题。每个人在成长过程中，都会面临各种各样的挑战。而对大学生来说，这些挑战尤为明显。当他们首次踏入大学校园，就如同一个婴儿初次踏入这个世界，熟悉的一切，如家庭、亲朋好友等，被陌生的环境取而代之，这样的环境变化很容易产生应激反应。大学新生需要重新学习与不同背景的人相处，需要适应全新的学习方式，甚至需要面对自己从未经历过的独立生活。所有这些，都可能成为他们的心理压力源。过度的应激可能导致一系列的心理问题，如失眠、食欲缺乏、注意力不集中等，甚至可能出现烦躁、神经衰弱等症状。

（2）自我提升面临的问题。每个人都希望成为更好的自己。对大学生而言，进入大学就意味着他们需要更加努力地追求自己的理想。但是，理想与现实之间的鸿沟有时候难以逾越。许多学生在大学中开始意识到，现实并不总是如人所愿。种种困难和压力，如家庭压力、学业压力、人际关系压力等，都可能让他们感到迷茫和失落。为了实现理想，有的学生选择勇敢面对，努力突破限制，而有的学生选择逃避。逃避的方式有很多，如过度娱乐等。

（3）人际关系方面的问题。人是社会性动物，需要与他人建立和维持关系。对大学生而言，人际关系的建立和维护却成为一个难题。大学生期望与更多的人建立关系，但他们可能因为种种因素，如经济状况、社交经验的缺乏等，而感到困惑和迷茫。他们既想与他人建立深厚的关系，又害怕被利用或被欺骗。

（4）与择业有关的问题。即将毕业的高年级大学生，要面临一个严峻的问题——职业选择。在如今的社会环境下，毕业生的数量逐年增多，相应的就业机会却有限。这样的状况使得大学生在择业时承受着巨大的竞争压力。在"双向选择"的背景下，职业选择不再是单纯地找工作，而是需要与个人的理想、价值观相匹配。不少大学生发现，他们曾经的梦想与现实工作中的要求产生了冲突。这种冲突，使得对就业的担忧深深困扰着他们。无论是对未来的不确定，还是对梦想的追求，都可能导致大学生出现各种心理问题，如焦虑、失眠等。为了更好地应对这些问题，大学生需要获得更多的职业指导和心理支持，帮助他们树立正确的职业观念，实现自我价值。

（二）寓趣于美，增强自我认同

人，这独特的存在，在整个生物世界中都是无与伦比的。不同于其他生物，人类拥有一定的思考能力、自我意识和情感。这些因素在大学生的成长和学习过程中发挥着至关重要的作用。

在迈入大学的门槛时，大学生的世界观、人生观正在形成之际。这是一个寻找自我、认识自我，并在此基础上与外部世界建立关系的过程。对大学生来说，他们必须明确自己的价值观，了解自己的优势与劣势，并基于这种认知做出对自己有益的决策。在这一关键时期，大学生面临学业、人际关系、未来规划等多方面的挑战。为了应对这些挑战，他们首先需要有一个客观、清晰的自我认识。这意味着他们不仅要了解自己的长处，也要坦诚地面对自己的不足，并寻求相应的解决方法。能力的形成是一个综合过程，受到先天遗传和后天经验两方面的影响。虽然大多数人可能具有同一种能力，但每个人都有自己的独特之处。这种独特性是每个人的"竞争优势"，是他们在社会中脱颖而出的关键。例如，在大学生活中，很多学生选择参与各种社团活动，如书法、舞蹈、绘画等活动。通过这些活动，他们不仅可以进一步培养和发展自己的兴趣，还可以在社交互动中获得更多的认知和经验。这有助于他们塑造自己的身份，获得归属感，进而促进个人成长。然而，如何确定自己的目标并努力实现它是一门艺术。如果对自己的能力评价过高或过低，都可能导致失去方向或在实现目标的过程中遭受挫折。因此，大学生在追求自己的梦想和实现目标时，必须保持一种均衡的心态，既要有自信，也要保持谦逊，同时根据实际情况调整自己的期望和策略。

（三）寓情于美，疏导不良情绪

稳定而良好的情绪状态是每个人追求的心理境地，特别是对大学生这样的群体，他们处于生命中的关键时期，面临许多挑战。在这个时期，他们不仅要面对学业上的压力，还要处理人际关系、个人发展等方面的诸多问题。因此，学会调节和控制情绪，维护心理健康，是他们必须掌握的重要能力。

情绪是人的内在反应，它与外部环境息息相关。每当遇到不良刺激，情绪反应就会产生，这时应及时进行自我调节，避免情绪的过度爆发。解决方法多种多样，但最重要的是要发挥美育的积极作用。美育不仅是欣赏和创作艺术的过程，更是一种疏导情绪的有效途径。当情绪不稳定时，可以选择看一部喜欢的电影、读一本心仪的书籍，或者投身于绘画、书法等艺术创作中，让美的事物带走不良情绪，使心情得到舒缓。此外，加强人际交往也是维护心理健康的关键。人是社会性动物，需要与他人建立联系，共同面对生活中的困境。然而，人际交往中也存在很多挑战，如何处理好自己与他人之间的关系，成为每个人都需要解决的问题。但是也要注意一点，每个人都有自己的局限性，不要过分依赖他人，更不能对他人有过高的期望。这样，当他人无法满足自身的期望时，也不会因此而失落和失望。良好的情绪控制能力不仅对人们自身有益，还能让人们在与他人交往中更加得心应手。对大学生这样的特殊群体，他们处于人生的关键时期，面临着各种选择和挑战，更需要学会调节和控制情绪。只有这样，他们才能在遇到困难和压力时，保持清晰的头脑，做出正确的选择。

（四）寓教于美，促使身心健康

大学，这个为时四年的人生阶段，是一个转变、成长和自我发现的时期。在这段时光里，大学生不仅要投入繁重的学业之中，更需要注意培养和发展自己的业余爱好，以此达到身心的平衡。业余爱好不仅可以让人从日常的学习压力中解脱出来，更能让心灵得到放松和滋润。在学术追求中，人们可能会感到困惑、疲惫，甚至是失落。而当人们沉浸在自己喜欢的事情中，如观看电影、练习舞蹈及学习绘画等，便可以得到情感的疏导和身心的舒缓。这对于维护大学生的心理健康十分关键，能够帮助他们更好地面对和应对生活和学业中的各种挑战。除了业余爱好带来的个人益处，大学生还应该注意与他人建立良好的社交关系。人是群居动物，特别是在大学这样的环境中，与他人的交往和互动显得尤为重要。通过与志趣相投的同学、朋友交往，大学生不仅可以学习到不同的知识和技能，还能得到情感上的支持和慰藉。这种社会交往不仅有助于个人的成长和进步，还可以帮助人们建立更为稳固的社会关系网络，从而增强他们的社会支持感，使他们在面对困境时更有信心和力量。而学校作为一个培养人才的地方，除了为学生提供学术资源和知识外，还应该提供更多的艺术和文化活动。这样的活动可以帮助学生发现和培养自己的兴趣，同时能够让他们在与他人的交往中，得到更多的启发和帮助，开阔自己的视野，拓展人生的可能性。

案例：音乐治疗。

音乐作为一种高级的情感表达艺术，能跨过语言障碍，与人情感共鸣。音乐可以与心理治疗相结合，其适用于各种精神疾病、神经症和心身疾病、心理障碍等。中国音乐治疗专家张刃在《音乐治疗》中介绍了他的成功案例。

患者小兰（化名）是一名将要上大学的女生，因为母亲强烈的控制欲望，影响到小兰的心理健康，使其产生了比较严重的噪声恐惧症，经过精神科医生和心理医生的一些治疗，未见成效，之后来接受音乐治疗。

1.模拟噪声，寻找原因

通过钢琴演奏、模拟音效等方式，明确小兰产生噪声恐惧症的原因——在母亲的压力下她的情绪找不到出口。随着时间的推移，这种状况加深，最终形成了噪声恐惧症。

2.在音乐想象中纾解症状

在雷斯庇基的《罗马的松树》的音乐中，引导小兰把自己想象成一

棵生长在草原上的小树苗，从有阳光和微风的环境，过渡到有暴风雨的环境，小兰的情绪也由放松转为紧张。在后来的几次治疗中，小兰的这种躯体化症状逐渐减轻了，她说"好像承受的能力变得强大了一些"。慢慢地，小兰对噪声恐惧的躯体化症状逐渐消失了。

3. 利用音乐心理剧将伤害化为契机

在温馨的治疗室中，灯光微暗，柔和的音乐缓缓响起，小兰被引导回想和母亲度过的那些幸福时光，回想那些深藏心底的温暖场景。随后，打击乐器的节奏逐渐加快，与此同时，小兰被引导去体验与母亲作为朋友交流的情境。在音乐的交错中，她试图与母亲沟通。音乐治疗结束后，小兰的内心发生了变化。她意识到母亲和大部分人一样，有自己的不完美和脆弱之处。只要她愿意，她可以成为母亲的朋友、守护者和支持者。音乐心理剧不仅帮助小兰缓解了与母亲的关系，还让她学会了理解和宽容，这是一个无价的礼物。

4. 获得成长，情感升华

在几个月的音乐催眠治疗中，小兰获得了前所未有的心灵触动。电影《金陵十三钗》的配乐《天上来的声音》让小兰醍醐灌顶。音乐的每一个音符、每一次和弦，都像是天籁，引领她走入了一个神秘的时空。那种在大草原上重新出生的感觉，让小兰仿佛重生，重拾了对生命的热爱和向往。这段音乐体验为她打开了内心深处的一扇窗，使她开始反思自己与母亲的关系。舒缓而优美的小提琴曲《思乡曲》进一步引导她深入内心的情感世界。在音乐的引导下，她的心境仿佛乘着音符飘向了远方，飘向了那个温馨的家。通过倾听音乐，她认识到，真正的感情并不是刻意追求，而是来源于对生命深深的感悟和珍惜。

当小兰回到家，她内心充满了对母亲的感激和愧疚，那种从未有过的冲动驱使她主动去拥抱母亲。那一刹那，母女之间的心灵得以真正的交流和融合。此后，小兰不仅变得更加自律、成熟，还学会了关心和感恩他人。

二、审美与性格修炼

（一）性格的形成与美的性格

1.性格的含义、形成因素和类别

从心理学的角度来看，性格是一种深层次、稳定的个人特征，它体现了一个人如何看待和应对周围的世界。每个人都有其独特的性格，这种独特性很大程度上取决于他们对环境的认知、情感和意志活动。具体来说，性格是对事物的一种"稳固的态度"，这种态度受到知觉、情绪和意志的影响，从而形成了人们对事物的看法和反应方式。这种"稳固的态度"并不是与生俱来的，而是在长期的生活中形成的。社会环境、文化背景、家庭教育、学校教育，以及我们的自我教育，都是影响我们性格形成的关键因素。例如，在充满爱和支持的家庭环境中长大的人，可能会形成乐观、开朗的性格；而在竞争激烈、压力重重的环境中成长的人，可能会变得更加坚韧和有斗志。性格的形成是一个复杂的过程，它受到生理基础、社会环境、家庭背景和教育等多方面的综合影响。

性格作为一个人最核心的特质，是个体身上共有的性格特征的独特结合。对性格的分类，不同的心理学家有不同的观点，以下是几种常见的分类方法。

英国心理学家培因和法国心理学家李波将性格分为理智型、情绪型和意志型。理智型的人具备冷静的思维，他们的行为是基于理性的思考，能够控制和指导自己的行为；情绪型的人往往受情绪左右，可能比较冲动，不善于长时间的思考；而意志型的人目标明确，行动力强，对目标有很强的执行力。

奥地利心理学家阿德勒根据个体的竞争心理将性格分为优越型和自卑型。优越型的人具有强烈的胜负欲，他们希望在各方面都超越他人；而自卑型的人不喜欢竞争，可能会低估自己的能力。

此外，还有一些其他的分类方式。例如，根据个体的心理活动是否倾向于外部世界，将性格分为外向型和内向型。外向型的人喜欢与他人互动，热情开朗；而内向型的人喜欢独处，比较深沉。根据个体的独立性，将性格划分为独立型和顺从型。独立型的人有很强的个性，不轻易受他人影响；而顺从型的人更容易听从他人的意见。基于人的社会生活方式和价值观，性格还可以细分为理论型（追求知识）、经济型（追求物质利益）、审美型（追求美的感受）、社会型（追求人际关系的和谐）、权力型（追求控制和影响力）和宗教型（追求宗教或精神上的满足）。

2.美的性格内容

人的气质本身没有好坏之分，人的性格却有好坏之分。一般来讲，符合社会规范、社会道德，符合人类正常心理状态的性格称为美的性格。美的性格包括以下四点：

（1）健全的态度，包括爱祖国、爱人民、热情、正直、诚实、无私等。

（2）健全的意志，包括目的性、果断性、坚定性、纪律性及自制力等。

（3）健全的情绪，包括乐观、豁达、振奋、稳定等。

（4）健全的理智，包括主动、精细、严谨、客观等。

性格美的塑造是指人们按照以上内容对自己的性格进行调节和完善的过程。性格美是人性美与德行美外在行动方式的必然表现，人生的审美追求充满对性格美的追求。

（二）陶冶性情，形成积极的态度

生活中，每一个人都会经历风风雨雨，有的人被生活的重担压得喘不过气来，有的人却能在面对生活时充满热情。美的性格和积极的态度体现出了人们对生活的热爱和面对挫折时的坚韧不拔。正如罗曼·罗兰所言，所谓英雄主义就是在认识了生活的本来面目之后依然热爱生活。诗人用诗歌歌颂热情，因为热情就像一把火，燃烧着人们的生活，让平淡无奇、单调乏味的日子变得五彩缤纷、光芒四射。热情是推动人们前进的动力,是创造生命奇迹的源泉。有了它,人们便可以无畏地面对生活的所有困难,勇敢地追求自己的梦想。塑造美的性格和形成健全的态度,是每一个人都应该追求的目标。因为只有这样,人们才能做到真正热爱生活,创造出无数人生的奇迹。

俗话说:"人生不如意事常八九。"挫折在人的生活中随时可能出现。如果人们遭受挫折就一蹶不振,用悲观、黯淡的眼光看社会和人生,那就会一条路走到黑,陷入万劫不复的境地。如果人们正常地看待遇到的挫折,勇敢坚定地正视挫折,不会因遭受几次挫折就否定整个世界和人生,相信"天生我材必有用",为战胜挫折而努力奋斗,那就会创造"柳暗花明又一村"的美好前景。

人生热爱之情,是一种德行,使人产生善的冲动,这种冲动使原本渺小的个人创造超越生命的伟大奇迹。可以说,世界上发生的一切奇迹,都是强烈的热情驱使的。正是有了这种热情,才使人生五彩缤纷,使人类世界一天比一天更美好。

(三)开阔胸怀,修炼健全的情绪

修炼健全的情绪在这里被赋予了更深层次的含义,即培养健全的理智。理智是指人们对理性的追求与表达,它是人们行为和决策的核心动力。热情与理智如同人类精神的双翼,共同驱动人们前行。其中,热情为人们提供动力和冲劲,而理智为这动力提供方向和约束。性格的理智特征主要有主观性和客观性、主动性和被动性、精准性和粗略性、严谨性和轻率性等。一个人的行为方式和处理问题的方法往往由他的这些特质决定。为了培养和维持健全的理智,必须努力实现四个方面的要求:第一,客观性是理智的基石。人们在感知、回忆或思考时,必须以客观事实为准。这保证了判断和决策都基于真实的数据和信息。第二,主动性要求人们不被固有的观念和惯性束缚,而是主动地寻找和吸收新的信息。第三,精准性为人们提供了准确的导向。只有在概念明确、思路清晰时,人们才能做出正确的判断和决策,才能为社会带来真正的价值。

第四,严谨性保证了人们的每一个观念和行动都是基于深入和全面的思考。这不仅包括对事物的认知,还包括对个体自身的认知。

孟子《生于忧患,死于安乐》:"故天将降大任于是人也,必先苦其心志,劳其筋骨,饿其体肤,空乏其身,行拂乱其所为,所以动心忍性,曾益其所不能。"其激励无数仁人志士在逆境中奋起,是对生命痛苦的认同以及对艰苦奋斗而获取胜利的精神的弘扬。其实质是面对生命中的困境,修炼心智,健全情绪,做到开阔胸怀。例如,要拥有"会当凌绝顶,一览众山小"的胸襟,要拥有"长风破浪会有时,直挂云帆济沧海"的自信,要拥有"不畏浮云遮望眼,自缘身在最高层"的视野,在中华优秀传统文化的熏陶下培养健全的心智。

(四) 启迪心灵,修炼健全的意志

在人生的旅程中,天赋和才能常被人们所称道,其背后支撑的意志力却往往被忽视。然而,无论一个人具备多么出色的天赋,或是有多么崇高的理想,若缺乏强大的意志力,成功往往成为遥不可及的梦想。性格的意志力,就是一个人为了实现自己设定的目标,自觉地调整自己的行为,抵御诱惑和克服各种困难的能力。意志力的特点多种多样,其中较为关键的是目的性与坚持性。目的性决定了一个人的方向,而坚持性可以保证人们一直向前。真正的意志行为是来源于内心深处的,它代表了理智、自觉和主动。不论是为了坚守信念,还是为了追求某个目标,甚至是面对生活中的种种挑战和困境,人们都离不开意志力的推动。正因为有了意志力,人们才能在逆境中不屈不挠,才能在困难面前持续前行。

修炼健全的意志力,就是造就自我性格中坚持的品性。坚持的品性是指人在行动中坚持自己做出的正确决定,并百折不挠地克服困难,达到既定目的的能力。其表现在两个方面:一是善于抵制不符合目的的主客观因素干扰,二是善于长期坚持已经开始的符合目的的行为。坚持的品性与成功有很密切的关系,很多人不乏志向,不乏天赋和条件,但由于缺乏坚

持，往往一事无成。例如，荀子《劝学》："锲而舍之，朽木不折；锲而不舍，金石可镂。"郑板桥《竹石》："千磨万击还坚劲，任尔东西南北风。"

所有成功者都具有坚持的意志、品性，当目标方向选定后，靠"坚持"实现目标；当对自己不满时，靠"坚持"不断提高自己，培养相应能力和修养。强者勇于把自己的意志付诸行动和实践，敢于向命运挑战，在逆境中坚定不移相信行动比命运更值得信赖。坚毅的人同命运和痛苦搏斗始终保持恬然的心境和达观的人生态度，这是一种壮美。

三、审美与气质养成

气质是人生来就具有的心理活动的动力特征。心理活动的动力特征，指心理过程的强度、心理过程的速度和稳定性以及心理活动指向性特点。气质一般包括良好的外在形象、神态、风度和涵养。

（一）显外貌之美，展良好形象

1. 外貌美的含义、特征

《世说新语·容止》："裴令公有俊容仪，脱冠冕，粗服乱头皆好，时人以为'玉人'。见者曰：'见裴叔则，如玉山上行，光映照人。'"意思是说，中书令裴叔则仪表出众，即使脱下礼帽，穿着粗布衣服，披头散发，也很美，当时人们说他是"玉人"。见到他的人说："看见裴叔则，就像在玉山上行走，感到光彩照人。"美貌一般指容貌美，即人的颜面在形态结构、生理功能和心理状态的综合作用下，所展现的协调、匀称、和谐统一的整体之美。一般来讲，容貌美有四大基本特征：比例美、对称美、和谐美和曲线美。比例美指脸型、脸部平面、脸部高低和脸部五官的比例协调。对称美指左右脸、双眼、双耳等对称，给人一种平衡、稳定、和谐圆满之感。和谐美是形式美的最高形态，即人体五官协调匀称。曲线美指面部比例协调、轮廓线条柔和、五官分布对称等。

2.外貌美的构成

审美观念是在审美经验的基础上产生的，它是对审美经验的提炼和概括。作为审美意识的组成要素，审美观念具有时代性、民族性、阶级性。

外貌美即形体美，形体美包括比例美、对称美、和谐美和曲线美。对称美关乎身体的左右均衡。人们在站立或坐下时，如果身体的对称轴与地面垂直，就会给人一种安定和平衡的感觉。身体的各个部分，如头部、手臂、腿部等，都应该在适当的比例范围内发展。身体各部分比例均衡会促使身体功能协调、和谐。身体的线条流畅，会使观察者难以移开视线。特别是女子的身体曲线，它展现了一种柔和和优雅的美；而男子的曲线展现了一种坚韧和力量的美。

（二）彰风度之美，展优美身姿

1.风度美的含义、特征

风度美不仅是对人的外貌和打扮的赞赏，更是对人的气质、性格和内在美的认可。它是一种深沉、难以捉摸，但又明显存在的美。在社会中，经常会听到人们称赞某人"风度翩翩"或"气质出众"，这是对其风度的赞誉。风度美并不是与生俱来的，它是人生经验、文化熏陶和个人修养的结合体现。一个人的风度不仅受到家庭教育、学校教育的影响，更受到所处社会环境的影响。在日常生活中，人们会遇到各种各样的情境，面对种种挑战，正是这些活动，锻炼了人们的气质，使人们知晓如何处世、如何待人，从而塑造出独特的风度美。

风度美并不是单纯的外在美，它更多地涉及人的内在素质。风度美是人的内在美与外在美的高度统一。一个人拥有很好的外貌，但如果他的言行举止粗鲁、没有教养，这种外在的美很快就会消失。相反，一个人外貌平平，但如果他具有优雅的气质，这种内在的美便会令人难以忘怀。风度美是人的道德情操、文化修养和个性特征的外在表现。在当今社会，随着物质文明的高速发展，人们越来越注重精神追求和个性表达，风度美逐渐成为人们追求的一种审美标准。

2. 风度美的构成

风度美深入地体现了仪表美的内涵。它是一种情感上的、外显的美。这种美在每个人身上都会有所不同，因为每个人的性格、修养都是独一无二的。风度美的形成并不是一蹴而就的。它需要真实的、不加雕琢的自然流露，与内在修养的深度相匹配。对缺乏内在修养的人，即使他们的言语再甜美，也很难掩饰他们内心的庸俗。相反，一个真正具有内涵和修养的人，他们的每一个动作、每一句话都会流露出自然的美，无须刻意装饰。风度美是外在美和内在美的完美结合。其表现为人们的每一个动作、表情都是和谐的，没有刻意的、做作的感觉。例如，当人们坐下时，身体会呈现出一种优美挺拔的姿态，给人一种精力充沛的感觉。走路时，他们会显得英姿焕发，步伐刚劲有力。

仪表美与仪容美密切相关，其基本要求是整齐、洁净。润泽光洁的面容，干净的耳朵和脖子，不仅展现出健康的体魄，更体现了个人的生活态度和对自己的尊重。无论男女，头发都应经常修剪和梳理，这样不仅易于打理，而且显得利落。手的清洁尤为关键，它与人们的日常生活密切相关，如吃饭、书写等。在公共场合和客人面前，一些不雅的小动作，如剔牙、掏耳朵、挖鼻孔、抠脚等，都应避免。这些不自觉的行为，可能会影响人的形象。风度美涉及外在形式与内在本质的融合。它不仅要求外表上的美观，更要求内在的修养和品质。风度美没有一个固定的标准，因为它是受社会文化、时代背景和民族习俗影响的。在不同的文化和时代背景下，人们对风度美的评判标准和理解会有所不同。风度美是一个整体性的概念，它让各个组成部分的美和谐地结合在一起。这种和谐不仅体现在外在形式上，更体现在内在本质上。

（三）涵心灵之美，展深厚修养

1. 心灵美的含义、特征

心灵美是人的精神世界的美，包括人的思想意识、道德情操、精神意志和智慧才能的美。心灵美不仅是一个抽象的概念，还直接影响到一个人的行为、语言和仪表。它是行为美、语言美、仪表美的内在依据，通过具体感性的形态被人们所感知。心灵美受到特定时代背景的影响，包括当时的生产方式、生活方式、社会制度、道德规范和文化发展水平。因此，它是一种具有普遍性和稳定性的美，但不是固定不变的，会随着社会和文化的发展而不断演变和发展。

2. 心灵美的构成

唐代大画家张璪的"外师造化，中得心源"，是中国绘画美学的纲领性命题。"造化"就是生生不息的万物一体的世界，即"自然"。"心源"是"心"为照亮世界万物之源，世界万物就在这个"心"上映照、显现、敞亮。所以宗白华说，一切美的光是来自心灵的源泉，没有心灵的映射，是无所谓美的。其又说，宋元山水画是世界上最心灵化的艺术，而同时是自然本身。这就是说，在中国美学看来，"心"是照亮美的光之源，没有美的心灵，就不能照亮世界万物的本真之美。

心灵美是由人完善的心理结构呈现出的整体美，一般由理想意志、学识等构成。理想意志是心灵美的核心内容，具体表现为基于强烈社会责任心、崇高理想信念而表现出的爱，如对生命的爱，对人生的爱，对父母、师长的爱，对花鸟草木的爱，对祖国山河、人类文化、宇宙万物的爱。这种爱造就了精神的崇高，推动了人类物质文明和精神文明的进步，符合大多数人和社会整体的利益和要求。在全国抗击新冠肺炎疫情的斗争中，涌现了一批又一批舍生忘死、奉献牺牲的英雄模范人物，他们体现了伟大的抗疫精神，体现了"人民至上，生命至上"的信念。他们就是"心灵美"的典范。这种"心灵美"就是大爱之心。因此，要实现自己的人生理想，就需要树立坚定的理想意志，塑造良好的心灵美，战胜前进道路上的困难，实现自己的人生理想。

　　丰富的学识、良好的智力也是心灵美不可或缺的。人的智力结构包括想象、记忆、观察、思维等心智能力。作为当代的高校学生，要通过多种途径掌握广博的知识。同时，大学生要增强实践能力，掌握实践技能，包括对具体事件的处理能力，与他人的沟通能力，人际关系处理能力，以及创造、管理、学习等能力，在为社会创造价值的过程中实现自己的人生价值。

　　作为当代大学生，要认识到人的美是内在美和外在美的统一，两个方面是相互促进的。实施美育，可以引导当代大学生树立正确的审美观，培养他们良好的生活习惯，以更好地展现当代大学生乐观向上的精神面貌。

第七章 大学美育与思政育人

第一节 思政育人的美学

一、思政教育与审美教育

思政教育与审美教育的互动和交融，为受教育者的思想、道德、艺术等多方面素养提升提供了一个有益途径。这种教育方式注重在人文关怀中培养学生的道德素养和审美素养，以达到以美养德、以美育人的目的。下面从审美视域下的思政教育、思政教育与审美教育有机融合的契合性与思政教育中审美教育的多元渗透三个方面进行阐释。

（一）审美视域下的思政教育

思政教育是通过教育教学等方式，对受教育者进行思想政治教育的过程，是以思想政治知识为基础的一种人文教育，同时是培养受教育者的世界观、人生观和价值观的过程。高校是进行思政教育实践教学的主要阵地，新时代大学生是中国特色社会主义事业的重要参与者，而开展思政教育是全面响应、贯彻落实党中央教育方针，全力为我国培育社会主义事业合格建设者和可靠接班人的必要途径。思政教育作为一个系统工程，是一个长期的、复杂的、多维的活动，不仅需要理性思维与科学方法，而且需要注入情感、态度和价值观念。审美教育则是以美感为核心的情感教育，鼓励和培养受教育者去发现美、鉴赏美和创造美，让受教育者在思想情感上得到陶冶，在道德品质上得到升华，实际上也是对受教育者世界观与人生观的教育。思政教育与审美教育同为教育的重要组成部分，有着类似的教育理念，两者相互促进，互为补充。另外，从某种意义上说，思政教育积极而有责任感，既能在思想上影响、启发受教育者，让他们更加深刻地理解和审视自身的审美价值，以适应当今复杂多变的社会生活，勇担报效祖国、服务人民的重任；审美教育生动而有感染力，以思想为主导、以情感为核心培养受教育者，让他们拥有正确的生活观，进而发挥审美力量。

传统的思政教育是单一教育模式，以"填鸭式"讲授灌输一系列政治理论，让多数受教育者"敬而远之"，认为思政课是照本宣科，既枯燥无味，又晦涩难懂。而审美视域下的思政教育是借助艺术、社会等多元视角，来引导并启发受教育者审视和深入思考思想、理论及道德等方面内容，把受教育者带入政治、社会、文化交流的深处，提升受教育者的思政素养，为思政教育注入活力，增添趣味，让思政教育更生动、更具启发性。

另外，思政教育自身也具有审美特征。在道德教育方面，注重培养受教育者的人文价值取向。教育者通过采取正确、恰当的教育措施，加深受教育者对关乎人文价值观的各种思政教育知识和观点的理解，引导受教育者去树立正确的价值观念。在文化教育方面，思政教育带有中华优秀传统文化的传承性。在思政教育中，教育者通常鼓励受教育者去感悟传统文化的悠久历史和其所蕴含的价值，以此去理解中华文化的博大精深，还引导受教育者去欣赏久经传承的优秀传统文化之美，推动中华优秀传统文化创造性转化、创新性发展，以多种形式讲好中国故事，以一种审美的眼光去追求美好的事物。在艺术教育方面，引导受教育者成为自觉自由的创造者。教育者在思政教育过程中要挖掘其蕴含的艺术元素，使受教育者在学习过程中感受到艺术之美，进而深化对艺术元素的理解和感受力，不断回归自我，提高其表现自身价值的能力，成为美的创造者。

（二）思政教育与审美教育有机融合的契合性

1. 拥有坚实的现实基础

2016年12月7日至8日全国高校思想政治工作会议在北京召开，会议强调："思想政治工作从根本上说是做人的工作，必须围绕学生、关照学生、服务学生，不断提高学生思想水平、政治觉悟、道德品质、文化素养，让学生成为德才兼备、全面发展的人才。"2018年全国教育大会上强调："要全面加强和改进学校美育，坚持以美育人、以文化人，提高学生审美和人文素养。"在2022年中国共产党第二十次全国代表大会上重申，要"落实立德树人根本任务，培养德智体美劳全面发展的社会主义建设者和接班人"。

2. 内容交叉渗透、互为补充

思政教育是对受教育者的思想意识和信仰觉悟的引导与教育，把立德树人作为根本任务。审美教育是在教育过程中对受教育者进行美的熏陶，既是对人的精神生活和行为方式进行熏陶与启迪，又是对受教育者在发现美、欣赏美和创造美的过程中所形成的道德情感、审美趣味和思维方式等气质个性的培养，以期陶冶情操、美化心灵，提高文化素养和精神境界，塑造完美人格。两者在内容上既交叉渗透，又有各自特点，互为补充。

首先，思政教育和审美教育都需要以科学的理论武装人、以正确的舆论引导人。思政教育和审美教育都是复杂而系统的工程，虽然两者归属于教育的两个不同概念，各自有一套理论体系，并采用不同的教育手段和引导方式，但都需要植根于中华优秀传统文化，以科学理论为武器，以习近平新时代中国特色社会主义思想为指导，自觉把科学精神和共产主义理想落实到学习、工作和生活实践中去。同时，也需要把社会理想作为牵引力，把科学道德要求作为准则，结合我国建设与改革实践，引导新时代大学生树立正确的思想政治意识、人生态度和审美观，从教学环节上贯穿课堂教学始终，从成长环节上贯穿受教育者成长的全过程。其次，思政教育和审美教育都需要以高尚师德感染人、以扎实学识启迪人。中国自改革开放以来，一直处于飞速发展时期，新技术、新思想不断涌现，这有利于社会发展，同时有益于人们获取知识，人们也充分感受到了"这些变化"的魅力。然而，在这个多元竞争、信息化的时代里，也不乏一些虚假低俗的言论、非法的产品技术和病态扭曲的价值观等，在有形或无形中诱惑着人们，特别是那些涉世未深的青少年，他们出于懵懂和好奇，可能更容易被"牵着鼻子走"。因此，教育者要以高尚的师德感染受教育者，并以自身渊博的学识启迪受教育者，激励他们克服困难、磨炼毅力，练就一双"火眼金睛"。

3. 相同的价值归旨和教育目标

一方面，思政教育和审美教育都旨在培养受教育者的价值取向，让他们珍视人文主义精神，成为独立、善良、有道德、有责任感的公民，推动社会和谐发展。首先，思政教育和审美教育要培养学生认识和分析客观现象的能力，使其形成科学的世界观和理解审美的视野，并且提高创造力。其次，思政教育和审美教育都旨在引导学生走上探索理想之路，使其坚持不懈地追求理想，在拥有时代责任感的同时做到有思想、有情怀、有胸襟。

另一方面，思政教育和审美教育是中国教育中不可缺少的两个组成部分。虽然思政教育是以培养人们思想意识和道德素质为主，审美教育引导人们通过美学来发现美、理解美和创造美，形成正确的审美认知，是以人们的情感和态度为主，但是两者有着相同的教育目标，都致力于培养受教育者，使其拥有良好的价值取向、高尚的道德情操和正确的世

界观，引导其树立共产主义远大理想；两者都服务于我国教育的根本任务，即立德树人，努力为我国培育出德智体美劳全面发展的社会主义建设者和接班人。

（三）思政教育中审美教育的多元渗透

要实现审美教育多元渗透到思政教育中去，首先，教育者要转变对思政育人的看法，即意识到思政教育不再只是单纯的政治理论传输阵地，要打破思政教育"填鸭式"或"灌输式"的教育方法，将审美教育中的多元要素渗透到思政教育中，为思政教育自身的理论高度注入情感温度，让思政课更具活力，更具启发性。

其次，要求教育者不仅具备一定的政治视野，还要拥有适当的审美视角，遵循立德树人、以美养德。思政学科是一个系统地探讨思想政治学问，关心和研究历史、政治、社会发展，以及社会各种矛盾的复杂性学科。在思政教育过程中，教育者可以将审美教育与思政教育、理论与实践有机融合，引导受教育者从审美视角理解思政理论，正确看待社会现实，营造恰当的审美氛围，激发受教育者与现实生活中美的联系，促进其对思政理论和"美美与共，天下大同"等意识的认知与深化。

最后，在审美教育贯穿思政教育的过程中，通过融入审美教育的多元要素，为受教育者提供良好的审美训练和艺术实践机会。教育者可以通过文字、图像、音乐等多种艺术表现手段，在思政教育中把美学的多元要素融入实际教学活动中，帮助受教育者理解抽象的理论知识。教育者还可以充分利用学校文化艺术节、社区实践、支教等实践性活动，将思政教育学习内容与实践联系起来，使受教育者能够从不同角度理解复杂的社会现实，具备多元文化的审美能力，同时也让受教育者反思社会中潜在的不良文化和审美观念，从而树立正确的审美观、价值观，促进其全面发展。

二、红色文化的审美

红色文化是中国共产党带领中国人民在不同历史时期共同创造的极具中国特色和时代特征的精神财富，囊括了丰富的文化资源和深厚的历史文化内涵，是我国文化自信的一种必然体现，具有深厚的美学意义。红色文化的审美彰显了对中国社会进步和发展、中国共产党的先进性，以及中国人民艰苦奋斗的民族自豪感，强调了我国对优良传统的继承与发扬，体现了一种通过不断拼搏改变命运、向前发展的乐观精神。另外，红色文化的审美有一种张力，通过不断重温社会进步的历史进程，以其独特的色彩和符号以及强烈的正能量，让人前进的步伐更加坚定，情感得到进一步升华。红色文化所涵盖范畴较为广泛，以下主要从红色景点、红色文艺和红色传统三方面来概述红色文化的审美意义和价值。

（一）探寻历史：红色景点之美

中国不仅有丰富的历史印记和文化遗产，还有美丽独特的自然风光。这些自然风光中包含着具有中国特色的红色文化和精神内涵。近年来，"红色旅游"成为一种新型和备受欢迎的旅游方式，它强调通过旅游等方式去探寻蕴含着革命印记的红色景点。在红色景点，人们既可以欣赏到各种各样的自然美景，感受到自然的魅力和磅礴力量，也可以跟随党的足迹更加深入地了解中国的革命历史和文化，亲自感受中国在发展和变革中的转变。从审美角度来看，红色景点具有以下三个审美价值。

第一，红色景点具有独特的历史美学价值。红色景点代表的是中国革命时期的历史记忆和文化传承，是对中国共产党和革命先烈的敬仰和纪念。例如，井冈山位于江西省西南部，是我国著名的"红色圣地"之一，被称为"中国革命的摇篮"。井冈山汇聚了500多座高低起伏的山峰，形成了千岩竞秀、万壑争流的景象；包含了100多处革命旧址遗迹，是中国革命历史的重要节点，更承载了中国革命历史的记忆，是历史文化的见证和延续。井冈山之美，来源于它雄伟俊秀的景色和伟大

的英雄史诗，交相辉映，浑然一体。它的"红色象征"体现的是革命胜利，象征着国家强大和民族自尊自信；它的"红色之美"更是令人驻足观赏，令人动容。朱德同志赞誉其为"天下第一山"。

第二，红色景点具有独特的艺术审美价值。红色景点往往是艺术家和学者创作的灵感源泉，是艺术创作中的重要元素。例如，革命题材的文学作品往往以蕴含革命文化的自然景观为背景，融合了中国自然景观的独特韵味和革命者的感人故事，具有强烈的艺术感染力和感召力。例如，《七律·长征》中对其中两个高山峻岭五岭和乌蒙山的描写，生动形象地向读者刻画出"腾越五座岭"和"疾跨乌蒙山"两幅"长征图"，为静态的山注入了中国红军不惧艰难、英勇无畏的气魄；对金沙江和大渡河的描绘，向读者展示出即使环境恶劣，中国红军也能"巧渡金沙江"和"强渡大渡河"，其激发出中国红军团结协作、不怕牺牲的精神。

第三，红色景点具有独特的生态审美价值。重视红色旅游景点的保护，体现了中国生态文明建设和可持续发展的理念，具有独特的生态审美价值。例如，北京太行革命老区处于生态涵养区，自然资源丰富，对其进行生态保护和发展，既是对革命历史和红色文化的保护，有利于弘扬民族精神和传承红色基因，也是保障首都生态安全、坚决守护好绿水青山的重要举措，体现了人与自然和谐交融，并在和谐交融中感受自然之美。

领略红色景点之美，探寻祖国历史印记。通过旅行参观、交流分享和故事讲述等方式，从大自然所赐予的丰厚资源中汲取灵感，探寻并传承红色基因，感受红色景点之美。人们可以参观红色文化博物馆，参与中国传统历史文化研究，任历史记忆与情感思绪攀谈，体验唯有中华儿女才能理解的独特历史美；可以拜访令人敬仰的红色革命旧址，听取老一辈革命先行者的故事，感受其所诠释的情感美；可以在拥有"红色基因"的学校领悟红色文化的奥义，积累智慧和能量，弘扬艰苦奋斗、求真务实的精神美；可以在被山脉、森林、湖泊、河流环绕的自然风光中，欣赏生态和谐的自然美，享受大自然赐予的宁静与惬意。

（二）感悟情怀：红色文艺之美

党的十八大以来，党中央高度重视文艺工作，对文艺工作发表了一系列重要论述。红色文艺是指中国革命和建设时期的产物，包括文学、音乐、戏剧、电影等艺术形式，呈现出独特的审美价值和艺术魅力。在中国文艺史上，红色文艺一直占据着重要的地位，是一种具有深厚历史和文化意义的艺术形式，能够反映中国人民在革命和建设时期的奋斗历程和精神面貌。红色文艺发挥的审美作用无可替代，它能提升人们的审美趣味，激发人们的情感共鸣和民族认同，传承中华优秀传统文化，促进社会进步和发展，是当今社会延续红色血脉和构建审美价值体系的重要催化剂。

第一，红色文学经典可以体现跨时代的思想美。人们可以从红色文学作品中感受到生活在不同时代华夏儿女的情感和思想，以及对生命、社会和世界的态度，进而引发人们对社会现实的深入思考。例如，作家路遥所创作的《平凡的世界》讴歌了生活在 20 世纪 70 年代中期到 80 年代中期的中国城乡普通劳动者在困境中呈现出的自强不息、艰苦奋斗的精神，以此激励千万读者。

第二，红色经典歌曲可以彰显强有力的节奏美。简洁、质朴的歌词伴随着慷慨激昂的旋律和铿锵有力的节奏，既可以激发人们的爱国情怀和民族自豪感，又可以感受到如光般的无尽希望。例如，《没有共产党就没有新中国》唱出了亿万人民的心声，展现了人民始终跟着党走的坚定信念；《在希望的田野上》采用的调式表达出欢快而自信的情绪，展现了改革开放后祖国大地欣欣向荣、充满生机，人民群众对美好未来满怀希望和憧憬。

第三，红色影视作品可以产生层层递进的叙事美。影视作品就是以无数个小场景层层推进，将一个个扣人心弦的故事呈现给观众。摄影、服装、建筑以及演员的生动演绎等，都对影视作品产生的叙事美起到至关重要的作用，观众会被影视作品中塑造的人物形象和层层递进的故事感染,产生情感认同。例如,电视剧《觉醒年代》是一部展现红色文艺之美的佳作。该剧在摄影、场景、服装、色调等方面采用了独特的复古风格,呈现出中国共产党成立前夕的历史背景和时代特征。剧中通过人物的塑造和对话的表达,展现出该时代青年的进取精神,以及对中国人民和国家的热爱和奉献精神,同时体现了中国共产党和中国革命的核心思想。该剧所产生的叙事美让观众更加深入地了解中国革命的历史进程和中国共产党的奋斗历程,在爱国的激情中迸发出温暖的柔情,产生强烈的情感共鸣。

随着社会的快速发展和全球化进程的加快,人们面临着严峻的挑战。红色文艺通过多种艺术表现形式呈现出的独特审美价值和艺术魅力,是弘扬爱国主义精神、传承中华优秀传统文化、坚定文化自信的重要力量,也是时代精神和审美体验的重要源泉。当下,红色文艺作品被无数新时代年轻人关注,广大文艺工作者要抓住机遇,利用好红色资源,打造红色文艺精品,使其发挥好文化传播、价值导向和审美启示的作用。

(三)汲取力量:红色传统之美

红色传统是指中国共产党在革命时期产生的历史和文化,代表了中国革命精神和价值观,是中国人民在追求民族独立和社会进步的过程中创造的宝贵财富,是中华民族精神的象征。通过挖掘和分析红色传统之美,引领人们从中汲取力量和智慧。

红色传统包含的远大革命理想,以及对社会主义和共产主义的坚定信念,是中国革命成功的动力。在革命历程中,坚定的信念是红军战士和革命志士心中的灯塔,为他们指引方向,使其即使经历了艰苦卓绝的斗争,也从未想过放弃理想和信念;即使面对恶劣环境,也要坚持到底,其所展现出的精神美直击心灵。红色传统折射出的集体主义精神是中国革命成功的基础。在红色革命传统中,集体利益高于一切,这种集体主义精神展现出的惊人行动能力能够克服重重困难,赋予人们"疾风扫秋叶"般的强大力量，其体现出的情感美扣人心弦。红色传统创造出的全心全意为人民服务的思想和实事求是的科学态度是中国革命成功的关键。红色传统强调人民利益至上、一切发展为人民的思想，并且求真务实，在实践中通过批评和自我批评总结经验和教训，其呈现出的真实美感人肺腑。而在新时代社会中，人们也需要强调求真务实，密切联系实际和群众，以推动社会进步为己任，发挥自己的作用和价值，为创造社会进步和人民幸福的和谐美做出贡献。

红色传统之美不仅体现在红色传统本身的精神内涵上，更体现在它所传递出的情感温度和力量上。挖掘和分析红色传统之美，领会其精神实质，汲取其深刻内涵，以其为指引，不断追求真理、开拓创新。人们要用自己的实际行动践行这些精神和信仰，用自己的实际成绩来回报社会和人民。这样才能真正从红色传统之美中汲取营养，为实现中国梦贡献自己的力量。

三、新时代下的审美

受政治、经济、文化、技术、地理位置等多种因素的影响，人们对审美的认知和价值判断等有所不同。例如，在西方，古希腊时期的美学思想与神秘、超自然的力量有紧密联系，侧重于描绘神话传说中的英雄和神祇；文艺复兴时期的美学更强调人性的表现，与艺术实践有着紧密联系；工业化时期也存在美学，工业产品被赋予了审美价值。在中国，儒家以善为美，道家则以自然而然的"真"为美。

新时代的审美具有显著的时代特征和中国特色，2014年10月15日习近平总书记在文艺工作座谈会上指出："追求真善美是文艺的永恒价值。"这凸显了高水平的文艺作品对三观树立和时代精神确立的重要性。又如，2019年习近平主席在亚洲文明对话大会中指出："坚持美人之美、美美与共。每一种文明都是美的结晶。"这更体现了新时代审美的多样性和包容性。下面从社会美、自然美和理想美三个角度来领会新时代中国特色社会主义的真理之美。

（一）社会美：社会制度美、人民生活美

首先，社会美体现在制度美上。中国特色社会主义制度是党和人民在长期实践探索中形成的科学制度体系，是在中国社会的土壤中生长起来的，是经过革命、建设、改革长期实践形成的，是理论创新、实践创新、制度创新相统一的伟大成果，是具有鲜明中国特色、明显制度优势、强大自我完善能力的先进制度，蕴含着"中国之治"的制度密码，承载着"中国奇迹"的治理效能，具有强大生命力和巨大优越性。其次，社会美体现在人民生活美上。党的十九大报告中明确指出："我国社会主要矛盾已经转化为人民日益增长的美好生活需要和不平衡不充分的发展之间的矛盾。"我国社会主要矛盾的转变，有力印证了在党中央的领导下，人民的幸福感显著提升，对美好生活的追求愈加强烈。另外，文艺工作是非常重要的，它反映了新时代中国特色社会主义的价值追求和精神面貌，以及人民的精神文化需求和对美的追求。广大文艺工作者应该勇于探索，守正创新，追求高尚情操和精神内涵，关注现实题材和生活情感，创造出大量的优秀文艺作品，如电视剧《山海情》和《觉醒年代》，电影《长津湖》和《中国医生》等，为人民的精神生活注入积极能量。

"社会美"是人民对美好社会的向往和追求，是对社会现象进行价值评价和审美评价的表现。它不仅是一个理论概念，更是一个长久的实践目标。要想创造新时代的社会美，必须继续坚持齐心协力，共同打造。

（二）自然美：美丽乡村、美丽中国

"让老百姓呼吸上新鲜的空气、喝上干净的水、吃上放心的食物、生活在宜居的环境中、切实感受到经济发展带来的实实在在的环境效益，让中华大地天更蓝、山更绿、水更清、环境更优美，走向生态文明新时代。"建设宜居宜业的美丽乡村和美丽中国是重要之事，旨在营造拥有自然美的生态环境，促进人与自然的和谐发展。这是以人为本、以

生态为基础的美,既体现了自然本身的美丽,也体现了人民对自然美的更高追求。自然美的特征如下:

第一,自然美的整体性。"中国要美,农村必须美。"美丽乡村和美丽中国的建设是一种整体性的审美体验。回溯过往,中国社会是"扎在泥土里"的,离不开乡村;再看今朝,要想建设美丽中国,就离不开美丽乡村的建设。

第二,自然美的多样性。不同的地区具有不同的地理环境、气候条件和自然景观。例如,在南方地区,可以欣赏到热带雨林的奇异之美;而在北方地区,则可以领略到大漠孤烟的广袤壮阔。

第三,自然美的和谐性。美丽乡村和美丽中国的建设强调人与自然和谐相处。在美丽乡村建设中,尊重自然环境,采用了可持续的农业生产方式,避免对土地、水源等资源过度开发,保持生态平衡;在美丽中国建设中,大力推进生态文明建设,打造绿色、低碳、环保的发展模式,建设自然保护区、生态景区、湿地公园等自然旅游资源。

第四,自然美的人文性。美丽乡村和美丽中国的建设不仅强调了自然环境的保护,还注重人们对自然环境的认识和感受。在美丽乡村建设中,传承和弘扬中华优秀传统文化,建设具有文化价值的自然景观,如古建筑、文化遗址、传统村落等,其给人们带来文化和审美的双重享受;在美丽中国建设中,推广环保知识和文化理念,开展环保活动,如绿色出行等,推动人与自然和谐共生。

美丽乡村和美丽中国的建设是美的创造和呈现的过程,强调保护自然景观和生态环境,是集多元、和谐和人文性于一体的审美体验,给人们带来了视觉和心灵上的双重震撼,同时为世界这幅美丽画卷添加了浓墨重彩的一笔。

(三)理想美:伟大的中国梦

在新时代背景下,伟大中国梦是实现中华民族伟大复兴的宏伟蓝图,包含国家富强、民族振兴、人民幸福等方面的美好愿景,凸显了

十四亿中华儿女共同的审美观念和美好追求。

伟大中国梦的实现离不开中华民族的凝聚和精神力量的支撑。中国梦的理想实现要求人们继承和弘扬中华优秀传统文化和民族精神，如勤劳勇敢、艰苦奋斗、坚定信念等，这些精神既是中华民族的宝贵财富，也是构建和谐社会的重要基石。此外，在伟大中国梦实现过程中，要向世界展现中华民族的独特魅力。

伟大中国梦的实现不仅要求国家和民族共同发展进步，还要求人民生活水平和质量提高。中国梦的理想实现要求人们追求美好生活，倡导绿色环保、文明节约的生活方式，注重人与自然的和谐共生。另外，还要营造和谐社会氛围，加强社会公正和公平，增强人民群众的幸福感和获得感，让每个人都能得到和谐美的滋润。

伟大中国梦的实现既需要国家和民族的和平稳定，也需要世界各国和平共处。中国梦的理想实现要求世界各国尊重国家主权，共同推动国际关系和平发展，创造安全稳定的国际环境。

伟大中国梦的实现需要不断推进创新和发展，培育创新人才，壮大创新力量。中国梦的理想实现需要推动科技创新和产业升级，加强文化创新和艺术创作，推进新发展理念。

在新时代背景下，中国共产党带领中国人民开辟了具有中国特色的发展之路，而未来将要实现的中国梦，不仅是属于中国人的梦，还是惠及整个世界的梦。

第二节　思政课堂的美育

思政课堂的美育，就是在高校思想政治课堂中，通过引入美学知识、挖掘美育资源和营造审美氛围等方式，发挥"德育"与"美育"的协同效应。为思政课堂插上"艺术审美"的翅膀，有利于更好地引导学生认识美、理解美和欣赏美，帮助学生形成高尚的审美情操，培养学生的审美和人文素养，使学生提高对人生价值和社会责任的认识，为创造"中国美"乃至"世界美"贡献智慧与力量。以下将从精彩的思政课堂、思政课审美元素以及思政课教学艺术三方面进行简要探讨。

一、精彩的思政课堂

精彩的思政课堂，从教学内容上看，要求教师通过多种方式和手段，将课本上抽象难懂的理论转化为生动有趣、通俗易懂的知识，即教师展现美；从实践引导上看，要求教师以"培养社会主义建设者和接班人"为教学目的，注重将所学思政知识与实际生活联系起来，让学生在实践中感受到思政知识的实际意义和价值，即学生创造美；从教学过程上看，要求教师用发展、变化的眼光看待自己和学生，避免自身原地踏步、故步自封，而学生快速吸收知识、不断创新，会使教师进一步提升自己，这是师生彼此成就的过程，即实现美美与共。

（一）以美引趣：创新教学内容和方法

《周书·列传》："经师易求，人师难得。"叶圣陶先生也道："身教最为美，知行不可分。"学校思想政治理论课教师座谈会上更是反复强调，思政课是落实立德树人根本任务的关键课程，思政课作用不可替代，思政课教师队伍责任重大。办好思想政治理论课关键在教师，关键在发挥教师的积极性、主动性、创造性。由此可见，教师在育人的过程中发挥着举足轻重的作用。这也意味着思政课堂是否精彩，首先在于作为心灵耕耘者的教师是否能在学生的心灵里播撒下兴趣的种子，让学生看到思政课程的美，向往学习思政课程。审美是人类生活中不可或缺的部分，它提升了人们的感知和认知能力，丰富了人们的生活，增加了人们的情感体验。另外，"以美育人"是新时期重要的教育目标之一，也是创新教学的重要角度之一，还是培养学生全面发展的重要途径之一。在思政课堂中引入美学元素，通过教师展现美，让学生发现美，并一起探究美的内涵和意义，可以提高课堂互动性，丰富课堂学习体验,从而增加学习趣味性。

在教学内容中引入美学元素,可以让学生更好地理解和感受思政教育的内涵。首先,通过选取具有思想内涵的、与思政课堂主题契合的艺术元素,激发学生的思考和审美情感。例如,以诗歌为形式,从多重维度来表达对社会主义精神文明建设的理解;以典籍及经典诗词为参考,利用不同体验来强化诗学修养;以传统文化的精髓为核心,从中汲取精神力量来增强学生的智慧和精神修养;以音乐、绘画和舞蹈等艺术作品为载体,在视觉和听觉的冲击下提升学生的审美水平和审美眼光;以某些影视作品为警戒线,通过演员对角色的生动演绎引发学生深思,帮助学生树立正确的审美观、金钱观及人生观等价值观念。其次,引导学生对所选内容进行深入分析与解读,探讨其中蕴含的思想、价值观和情感表达,通过与学生的互动讨论,引导其思考所选内容对个人、社会等方面的启示与意义。最后,由对引入的美学元素所产生的独到见解再次回归到思政课堂的主题,将思政课堂上抽象难懂的理论转化为生动有趣、通俗易懂的知识,丰富的美学元素和获取知识的成就感促使学生一直保持对思政课程的学习兴趣。融入了多种美学元素的教学内容,不仅可以提高知识的深度与广度,而且能够提高学生对美的理解和感受能力,还有助于培养学生的人文情怀和社会责任感,使其形成高尚的品格。

在教学方法上加入美学元素,可以提高学生学习思政知识的积极性和参与度。传统的思政教育方法为教师站在三尺讲台上讲授理论知识,学生坐在那里被动地接受长篇大论的理论灌输,最后通过一张试卷来评估学生对某些理论知识的掌握情况。这种思政教育方法容易导致学生对思政知识的学习兴趣不高,在思政课堂上积极性不高,而"死记硬背"的理论知识也无法有效地应用于生活实践,最终导致学生认为思政学习是一种负担,进而产生厌倦心理。从某种程度上来说,这是无效的教育。俗话说:"爱美之心,人皆有之。"在思政课堂上,教师可以根据教学主题和教学目的,结合教学实际和学生对"美"的一致追求,采用融合美育的创新教育方法,这样既能激发学生学习的积极性,提高思政课堂学生的参与度，又是对新时期教育目标与理念的遵循。例如，在体验教学中，教师可以通过组织实践活动，让学生深入理解主题，提高其对思政理论知识的实际应用能力，使其更好地理解和体验审美的内涵与价值；教师还可以以生活为载体，运用具体案例进行教学，引导学生对与主题相关的具体案例进行头脑风暴，让学生从身边的生活、社会现象、历史事件等多个角度思考，提高学生的社会责任感和人文素养，并采用一定的激励机制鼓励学生积极参与，进一步提高学生的主动性和参与度。

通过在思政课堂中引入美学元素，创新教学内容和方式，将课本上抽象难懂的理论转化为生动有趣、通俗易懂的知识，丰富学生的学习体验，并通过设计多种教学环节，运用美的教学形式，营造美的教学氛围，形成美的教学互动，达到以美引趣、以美启智的目的，让美育成为德育的有效补充。

（二）以知化能：结合专业个性化发展

思政课堂不是为了培养"纸上谈兵"的考试人，而是应将所学知识转化为学生的个人能力，以期培养出能够"博观而约取，厚积而薄发"的学习者、德智体美劳全面发展的社会主义建设者和接班人以及能够担当民族复兴大任的时代新人。从美育的视角来看，这一过程是学生创造美的过程，即通过思政课的相关学习和实践，激发出学生自己的创造欲望和灵感，化抽象的理论知识为具体的实践能力，从而实现对美的创造。对此，教师要做到以下三点，具体内容如下：

第一，引导学生欣赏所学专业中的美感。教师需要先了解学生所学专业的特点，包括基础学科知识、专业技能要求和未来行业发展等方面，以便更好地引导学生挖掘与其所学专业相关的美学元素。例如，当思政课堂主题为中华民族传统建筑时，除了传授传统建筑特点和其所蕴含的中华五千年的文明史，还可以引导学生认识到建筑本身结构与形式之美，以及建筑背后隐含的精益求精、一丝不苟的工匠精神之美，这

有助于建筑、规划和设计等专业的学生了解与专业相关的美感；当思政课堂主题为中国历史时，除了讲授关于历史的思政理论知识，还可以引导学生分析人物本身的精神之美和人物在当时的背景下创造出的作品之美，以及人物事件背后蕴含的哲学之美，这会让历史、政治、文学和哲学等专业的学生体验到专业中的美感。

第二，注重跨学科的融合。当今社会，不同学科之间的交叉和融合已经成为一种趋势，因为许多问题已经超出了单一学科的范畴，因而教师可通过整合不同学科的知识和方法来解决实际问题。在思政课堂上，教师可以通过跨学科融合的方式，将所学的思政理论知识与其他不同学科进行结合，增强学生对多学科的知识和技能的理解，培养学生跨学科思维的方式，进一步提高学生的综合能力和创新精神，促进社会的发展与进步。例如，历史可以为思政理论知识提供最具说服力的证明，哲学可以为人的实践提供指导，文学可以增强思政理论学习的魅力，自然科学可以让人们用科学的方式来认识世界……

第三，结合专业个性化发展。在思政课堂上，教师可引导学生通过其他学科视角和思维方式来看待和分析事物，鼓励学生在思政课堂上自由思考和表达，注重个性化发展，让学生通过自身的特长和优势，创造出具有个人风格和特色的作品和成果。在思政课堂上，教师可通过各种形式的艺术表现和思想碰撞，让学生体验到来源于不同视角和不同形式的"美"，从而开阔自身的审美视野，为自身创造美提供更多的素材和灵感。

（三）育己育人：立德树人共同成长

美是一种普遍追求的价值观。思政课堂是培养学生美的意识和对美的追求的重要场所。

首先，思政课堂注重学生的主体性和参与性，鼓励学生自主思考和相互交流。在课堂上，教师可采用多种教学方法，如小组讨论、案例分析、互动演练、游戏教学等，引导学生感受美的存在，并在其中体验到美的创造和共享的过程。这样的过程既能够提升学生的审美素养，塑造学生的审美情操和良好品格，也能够增强学生的审美情感。其次，思政课程涉及的内容十分广泛，不同的学生会有不同的思想、经验和认知水平。在课堂上，教师需要根据学生的专业背景和需求，调整教学策略，引导学生进入主题，同时充分利用学生的优点和特长，尽可能让每一位学生都得到发展。教师和学生还可进行互动，这样不仅能够提高学生的学习成效，还能够让教师在育人的过程汲取新的知识和经验，实现师生共同成长，这是育己育人的过程。

总体而言，精彩的思政课堂不仅是教师展现美和学生创造美的过程，更是师生之间互相交流、彼此成就、共同成长的过程。

二、思政课审美元素

一幅美丽的画需要技艺美、线条美、构图美、内涵美、精神美等多种美的要素搭配，才能让人流连忘返；一首动听的歌曲需要曲调美、节奏美、歌词美、情感美、音色美等多种美的要素融合，方能直触心弦，让人产生共鸣；一堂精彩的思政课也需要主体美、内容美、语言美、氛围美等多种美的元素构成，来让学生真正喜爱、终身受益，达到启智润心、激发斗志、铸魂育人的目标。

（一）教学主体之美

思政课堂中的教学主体之美是多维的，是教师和学生在思政教育过程中共同展现出的美好行为、美好品德和美好理想等。

1. 教师之美

（1）教师启迪学生思想、引导学生探究的专业素养之美。思政课是一门涉及人文、社会、政治等多个领域的综合性课程，教师的专业素养之美体现在其以自身扎实的专业技能，把握思政课程的核心内容，并通过启发式、互动式等教学方法，将其生动有趣、深入浅出地给学生讲授，同时启迪学生思想、引发学生思考，让学生在思考中发现问题、解决问题。

（2）教师以身作则、言传身教的育人之美。思政课堂主要是对学生的思想道德进行培养的课堂。教师在进行课堂教学时，要秉持为人师表、严谨治学的理念，遵循学科规律和学术准则，静心坚守在三尺讲台，这对学生的品德形成具有定向作用。另外，教师即学生学习的榜样，教师在育人的过程中，要关注学生的成长与发展，尊重学生的多样性和个体差异，倾听学生的意见与想法，并适时为学生提供积极的指导和帮助，给予学生关怀。教师还要通过自己的言行影响学生的思想和行为，这比空谈大道理更有说服力。

（3）教师立德树人、全面育人的理想之美。教师的理想之美在于将"立德树人""三全育人"等作为教育教学的行动指南，始终坚持为党育人、为国育才。通过思政课堂培养学生的责任担当和爱国精神，使其成为具有社会责任感和家国情怀的公民，并关注学生德智体美劳的全面发展，以期为社会和国家的进步和发展做出贡献。

2. 学生之美

（1）学生积极参与、主动学习的求知之美。在思政课堂上，学生主动学习和探究，积极主动地参与课堂讨论，发表独特的见解并提出有价值的问题，可以不断提升自身的知识水平和思辨能力。他们刻苦努力、严于律己，对知识充满渴望与好奇，主动寻找学习资源，拓宽学习途径，不断提升自身的学习能力、学术素养和人格魅力，这一过程彰显着学生对知识的求知之美。

（2）学生"为中华崛起而读书"的担当之美。在思政课堂上，学生了解了中国近代百年屈辱史，学习了中国百年伟大党史，看到了共产党人的革命精神，亲身体验了党带领人民打赢脱贫攻坚战后带来的美好生活，让他们更加深刻地意识到，要勿忘国耻、以史为鉴、坚定信念、艰苦奋斗，认同社会主义核心价值观，坚持个人价值与社会责任的统一，主动承担起新时代赋予的责任与担当，努力为实现中华民族伟大复兴贡献自己的力量。

（二）教学内容之美

思政课程是贯彻党的教育方针、高校落实"立德树人"、为党培育出优秀接班人的关键课程，其教育内容可以从真、善、美三个层面进行阐述。

第一，真理之美。拉美特利说，越是接近真理，便愈加发现真理的迷人。思政课所囊括的知识广泛，涵盖了人类社会发展的方方面面。思政课通过系统的教学安排和生动有趣的教学方式，让学生感受到思政理论知识的魅力。更重要的是，思政课程通过教授经典文献和哲学思辨等内容，引导学生用科学的、发展的眼光看待客观世界，不断探索真知、追求真理，帮助学生理解和把握人类社会发展的规律和价值追求的本质。

第二，善德之美。思政教育即"讲道理"，通过讲授过去历史和现代社会中的经典故事，培养学生的道德品质，引导学生形成正确的价值取向和行为准则。例如，教师可以雷锋服务人民的奉献精神、中国劳动人民建造万里长城的艰苦历程、中国红军万里长征故事以及中国人民击退日本侵略者时体现的英勇顽强等，触动学生的心灵，让学生在面对各种社会情境时能够坚定信念，保持对道德准则的坚守和追求，自觉遵守道德规范，成为热爱祖国的、有责任、有良知、有善德的公民。

第三，美学之美。美育在思政课堂中的重要性不仅在于培养学生的审美情趣和艺术鉴赏能力，更在于通过美的体验和情感共鸣，激发学生的思考、感悟和创造力，引导学生塑造精神美、行为美，以期实现全面发展。思政课堂可通过文学作品、音乐、影视、绘画等艺术形式，使教学内容更加丰富，更具有审美价值和艺术美感。在思政课堂上，通过欣赏和分析优秀的文艺作品，可以激发学生的审美情感和审美能力，培养学生的审美意识和审美鉴赏能力。另外，艺术作品中蕴含的情感、思想内涵和价值观，可以引导学生对人生、社会等方面进行深入思考和探索，以促进学生的个性成长、思维能力培养和价值观塑造，从而使他们成为具有艺术素养和人文关怀的全面发展的公民。

（三）教学语言之美

教学语言，是教育者在课堂上进行教育教学的主要传播媒介和信息载体。思政课堂上的教学语言所具备的审美特征，有助于提升教师的教学效果、学生的学习兴趣、课堂的感染力和思政课程的生命力。

首先，以教学语言自身实现质朴无华与锦心绣口的和谐统一美。讲理论要接地气，要让马克思讲中国话，让大专家讲家常话，让基本原理变成生动道理，让根本方法变成管用办法，将总体上的"漫灌"和因人而异的"滴灌"结合起来。思政课堂上的教学语言应该是逻辑清晰的，语句结构要简明扼要，特别是在涉及思政理论知识时，避免使用过于抽象、晦涩难懂的词语和复杂句式，简单来说就是要"接地气"，要能够准确地传达思想和知识，保证让学生听得懂，容易理解和接受，这是思政课堂最基本，也是最重要的要求。在此基础上，教育者也需要适时地增强教学语言的表现力和吸引力，可以添加具有唯美意境的词语，让教学语言更具艺术魅力，可以引经据典讲述生动形象的故事，让教学语言更具说服力，可以巧用修辞手法，避免教学语言单调乏味。教育者在思政课堂上要实现"酌奇而不失其贞，玩华而不坠其实"之美。

其次，以教学语言为载体，实现情感共鸣与教育价值的和谐统一美。《思政课是落实立德树人根本任务的关键课程》一文中强调："要有仁爱情怀，把对家国的爱、对教育的爱、对学生的爱融为一体，心中始终装着学生，让思政课成为一门有温度的课。"思政课程所包含的内容比较丰富，是引导强化学生思想、为党为国培育新时代合格接班人的优秀资源。思政课堂上的教学语言，无论是词语的选择、修辞的运用，还是信手拈来的故事所展现出的魅力与力量，教育者所表达出的对真理的认同和学生的赞美，都能够激发学生的情感参与和思考，增强学习的深度与广度，触动学生的心灵，引发学生的共鸣。有了这种美的情感体验，会增强学生对思政课程内容的认同度和接受度，让学生更好地理解和接受所学的思想和理论。这样有助于教育者讲好思政课，传递爱国情,促进学生全面发展,为党为国育才。

(四)教学氛围之美

习近平总书记曾对思政课形象地说道:"拿着一个文件在那儿宣读,没有生命、干巴巴的,谁都不爱听,我也不爱听。"在思政课堂上,如果教师站在讲台上照本宣科,像机器人一样念课本、读课件,整个课堂枯燥乏味,学生就会被这样的教学氛围"劝退"。因此,良好的教学氛围是一堂精彩的、成功的课的必备要素,对政治性强、理论性强且抽象的思政课程,更是如此。

第一,营造具有师生和谐之美的思政教学氛围。在思政课堂上,教师可以通过合理的时间安排、教学内容的组织、教学方法的选择,让课堂的各个环节有机地衔接起来,形成一个师生有效互动、和谐统一的整体。教师作为课堂的引领者,通过美的语言和艺术元素以及生动的教学形式,引导学生参与能够实现教师与学生之间、学生与学生之间良好互动的教学活动,如游戏竞赛、角色扮演等,在师生彼此尊重、相互合作的基础上创造出的轻松愉悦、积极向上的学习环境,能够激发学生的学习兴趣,增强学习趣味性,鼓励学生积极参与课堂教学,从而提升课堂学习效果。《学记》:"亲其师,信其道;尊其师,奉其教;敬其师,效其行。"营造出具有师生和谐之美的思政教学氛围是思政课堂教学得以顺利进行的基础,是实现师生教学相长的催化剂。

第二,营造具有思维碰撞之美的思政教学氛围。师生在思政课堂上的思维碰撞可以引发智慧的火花。在思政课堂上,在教师和学生、学生和学生之间良好互动的过程中,有助于培养学生的问题分析和思辨能力。学生在思政课堂上,不仅能学到一些基础知识和技能,还能以小见大,学会以辩证的方式看待问题、分析问题。教师通过设疑、小组讨论等教学策略,鼓励学生质疑、发表独立见解,审视自身的行为观念,激发学生思维的活跃度和创造力,唤起学生对社会问题的思考与关注,这种思维碰撞产生的智慧旋涡,使思政教育的作用得到了有效的发挥。

第三，营造具有情感价值之美的思政教学氛围。思政课程旨在引导学生树立正确的价值观和提高学生的思想道德修养。在思政课堂上，在师生之间的有效互动和思维碰撞的基础上，营造具有情感价值之美的思政教学氛围，与思政课程的旨趣是完美契合的。这种情感首先体现在人身上。俗话说："没有人的情感，就从来没有也不可能有人类对真理的追求。"师生的情感联系和互动是共同追求真理的基础。其次，体现在思政课程自身所具有的情感价值上。与其他自然科学学科相比，思政课程更强调对学生人格、社会责任感及情感价值的培养，因此在思政课堂上，教师应该带领学生共同营造出囊括情感价值之美的思政教学氛围。

三、思政课教学艺术

每一个干练的教师，都是一个艺术家。也就是说，就像歌唱家通过精湛的唱功和深厚的情感演绎出娓娓动听的歌曲，就像画家通过高超的画技和丰富的阅历绘出别具匠心的画作，就像文学家通过优美的文字和深切的情怀写出拍案叫绝的作品，教师也如同"艺术家"，通过独特的教学语言和表现手段将每一节课转化成一件件珍贵的"艺术作品"。下面从更新观念、融美于教、以美育才这三个方面简述教师这类"艺术家"是如何对思政课堂进行艺术创作的。

（一）更新观念：将思想性与艺术性相结合

思政课程的内容十分丰富，是社会、经济和政治等各方面的集中体现，与社会上的每个人都息息相关，是一门政治性、理论性比较强的课程。

对思政课程的教育，首先要强调其思想性，其课程内容涉及人物思想、理论和价值观念等方面，关注的是思想的深度和内涵，包括哲学、政治学、伦理学、社会学等领域的基本理论和思想观念，强调培养学生的分析和解决问题能力，以帮助学生理解社会现象、把握时代发展规律、形成正确的价值观和思想意识。其次，还要认识其艺术性。理解艺术不仅是一种审美享受，还是表达和传递思想的有效手段。教师要重视艺术在思政教育中的作用，强调通过艺术形式和美学表达来传递思政课程的内容，从根本上改变传统观念，将艺术视为思政教育的重要组成部分。思政教育的思想性与艺术性并不是独立存在的，而是相互关联、相互促进、互为补充的。综合思想性与艺术性的思政课程可以丰富教育内容，增强课程吸引力，更好地引导学生思考、表达、感知思想和价值观念，培养学生的创造力、审美情操和人文素养。

思政课教师是启发和引导学生思考的引路人，同时是艺术性教学的创作者。教师在对课堂进行"艺术创作"之前，要更新教育观念，摒弃传统的"注入式"讲授方式，把握思政课程的思想性与艺术性。

（二）融美于教：将知识性与趣味性相结合

观念是实践的先导。教师意识到思政课程不仅要进行知识的传授，更要在培养学生综合素质的过程中，将观念投射于教学实践中，融美于教，通过美育丰富课堂，在学习知识的同时又增加课堂趣味性，增强学生的审美体验，让思政课程更富有魅力和影响力。

教师作为思政课程的教学者，首先需要对思政课程的核心概念、理论框架和重要思想进行深入研究和理解，在保证自身专业素养的同时，也应积极提升自身的审美素养，包括对文学、音乐、舞蹈等方面的理解和欣赏能力。教师通过感受不同形式的艺术美，更好地把握其中的美学内涵和表达方式，将自身的理解和体验引入思政课堂中，引导学生深入理解不同艺术形式的内涵美和发现日常生活中美的元素，激发学生对美的感知和思考，提高学生对美的敏感性。例如，在讲授中华人民共和国成立前的历史时，可以引入《建国大业》等优质影片的部分精彩片段，动态的视觉冲击远比静态的文字讲述更加生动形象，可以帮助学生更深入地了解中华人民共和国从成立到发展的历程，激发学生的爱国情感和历史责任感，加深其对中国特色社会主义的认识，提高思政课程的实效性和吸引力；同时，影片中的人物形象和故事情节也可以为学生提供具体的道德榜样和人生启示，促进其个人成长和价值观塑造。除了引用丰富的影视资源，教师也可以设计模拟演练活动，让学生从中华人民共和国建立至发展过程中任意选取一段，模拟场景、编撰剧本，让学生在角色演绎中体验人物情感和责任。在这一过程中，学生需要查找大量相关文献资料，发挥创造力来编写剧本，其一方面可以帮助学生锻炼自主学习、知识运用、组织协调和创新思维能力，另一方面可以使学生在活动中感受到美的力量和培养对美的欣赏力。

教师融美于教，通过美育丰富思政课程，深度挖掘课程或教材的美学知识，并将其艺术化地呈现出来，这样既增加了思政课程的趣味性，提升了学生的学习效果，又通过引入美的元素在思政课中播撒美的种子，引导学生发现美，增强学生的审美体验。知识性与趣味性相结合，增加了思政课程的吸引力和影响力。

（三）以美育才：将目的性与针对性相结合

德育和美育最终的落脚点都是为党育才、为国育才。思政教育即德育，注重培养学生的道德品质、社会责任感，使其成为具有正确价值观和行为准则的人才；美育则注重培养学生的审美情趣和文化素养，激发学生的艺术表达能力和创新思维，使其能够通过自身的审美能力和艺术修养在社会各个领域实现美的创造。德育与美育的教育活动也应根据学生的特点和需求进行针对性的设计和实施。不同类型、不同专业的学生有着不同的特点，教师应有针对性地、有侧重地为学生提供适合的德育与美育活动和资源，更好地满足学生的学习需求，提高教育的有效性和学生的参与度。

教师在培养人才的过程中，要明确教学目的，丰富理论体系，创新教育方法，将"美"注入"德行"中，通过美育提升学生思想认识，让学生能在德行和审美方面得到发展。同时，也要将目的性与针对性相结合，这样才能更好地帮助学生形成对社会主义核心价值观、对伟大中国梦的美的认知，更好地引导学生立鸿鹄志，做奋斗者。

第三节 社会实践与美育

社会实践和美育是相互关联、相互促进的两个概念。社会实践为美育提供了实践的场景和平台，美育则丰富了社会实践的内容和表达方式。两者相互结合可以增强个人对社会的理解和关注，提高个人的审美情趣和创造力，促进个人全面发展，提升个人综合素质，让个人在社会实践中更好地体验美、表达美。下面从社会实践与审美两者之间的内在关系入手，对外界自然美和个人内在美进行简要阐述。

一、社会实践与审美

社会实践是个体或群体基于对社会的认识和理解，在社会中进行的一切能够改变社会的活动。它包括社会关系、社会行为、社会规范、社会制度等方面，是个体或群体在社会中实际参与和实践的过程。另外，它还是一种将理论知识与实际情境相结合的教学方式，旨在通过个人亲身参与和实践增进对社会现象和问题的理解，培养个人的社会责任感和批判思维能力。然而，对审美，至今都未有一个统一的定义或标准，可谓"仁者见仁，智者见智"了。例如，康德认为审美是无功利性的，是能够普遍给予人愉悦的；杜威强调审美体验与情感、意义和经验的融合，认为审美体验是通过与艺术作品的互动和参与，实现感知、情感和思考的统一；胡适主张实用主义审美，强调审美体验对个体的实际生活和社会价值的影响；鲁迅关注现实主义审美，强调文学艺术的社会批判性和道德责任；朱光潜吸收了中国传统美学思想的精髓，秉持主客观统一论。虽然中西方人在语言、文化和时代背景等方面千差万别，在具体观点和理论框架上也存在差异，但他们对"审美"的探讨和研究围绕着一些共同的核心问题，如美的本质、审美经验和艺术与社会等，对"审美"在某些方面也有着相似的诠释。社会实践与审美两者之间存在一种内在的相互关系，它们相互影响、相互补充，能够产生一种有益的互动。

（一）审美在社会实践中产生和发展

审美是一种主观感知和评价美的能力，它涉及人的情感、思维和价值观念等方面。审美体验并不局限于艺术领域，它贯穿人们日常生活的方方面面。而其产生与社会实践密不可分。

首先，社会实践提供了审美体验的对象和素材。社会实践涵盖了各个领域，包括政治、经济、文化、科技和教育等。在这些领域中，人们可以接触到各种各样的事物，这些事物本身就蕴含美的要素。例如，人们可以欣赏城市的建筑风格，感受不同文化的独特之处；人们可以聆听音乐，观赏绘画和雕塑作品，领略艺术家的创作和表达；人们可以阅读文学作品，体会不同语言文字的力量和所述故事的魅力；人们可以观察人间百态，感受人性的善良美好。社会实践中包含的这些人、事、物，给审美提供了素材和对象，让人们有了丰富的观察和体验机会，能够接触到美的事物，激发出审美情感和兴趣。

其次，社会实践扩大了审美的视野和经验。不同的社会实践中存在着不同的审美元素和价值观念。人们通过参与社会实践，能够与具有不同文化背景和经验的人们进行接触和互动，了解他们对美的认知和评价标准。这种互动让人们能够多维度地去理解并接纳不同的审美观点，拓宽了人们对美的认知和理解。人们也能从中了解到不同审美观念的独特之处，感知到多样化的美，进一步丰富审美经验。例如，在饮食文化审美上，中国以红烧肉、麻婆豆腐等具有浓厚味道和丰富色彩的菜肴为美食，讲究"色、香、味、形、器、意"俱全，而西方国家较为注重营养和色彩搭配；在绘画艺术审美上，中国传统绘画基于哲学，注重写意，追求淡泊、含蓄和寓意之美，而西方绘画基于科学，强调透视，追求真实和精确的再现之美；在色彩审美上，中国文化背景下的红色象征着喜庆、幸福、激情、斗志与革命等，白色象征着失败、死亡与奸诈等，这两种颜色的象征意义在京剧脸谱的着色中表现得更为明显，而西方文化背景下的红色常常象征着残暴、恐怖、血腥等贬义之意,白色则象征着纯洁、无瑕、清新等。由此可知,不同的地区、民族和社会群体在不同的社会实践中都有其独特的审美观念,世界也因这种审美多样性变得更加丰富多元。

最后,社会实践推动了审美的创造和表达。艺术作品是审美在社会实践中的产物,社会实践中的个体或群体通过审美的视角来创造和表达自己的思想、情感和价值观。艺术家、文化创作者以及社会活动参与者通过各种艺术形式来表达他们对社会问题的关注和思考。例如,画家张择端的《清明上河图》描绘出汴京的市井生活,影片《开国大典》展现出中华人民共和国中央人民政府成立的历史瞬间,歌曲《走进新时代》唱出了中国人民在中国共产党的带领下迈进新时代的豪迈心情,画作《三等车厢》通过有限的画面空间映射出法国底层人民的贫苦生活,作家哈里特·比彻·斯托笔下的《汤姆叔叔的小屋》揭露出反奴隶制观点等。艺术作品和文化活动成为人们分享美的方式,引发人们的情感共鸣和深刻反思。这种审美的创造和表达既是社会实践的反映形式,又推动了社会实践的发展和变革,还给予个体精神养分,促进个体自我成长。

(二)社会实践以审美为需要

作为社会的一员,人们对美的追求是一种本能和情感上的需求,是人类与生俱来的特质。人们希望在社会实践中体验美和追求美的存在,渴望在追求美的过程中获得精神满足和心灵洗礼。在社会实践中,审美的体验被视为人们参与社会活动的一个重要方面,它不仅是人们满足感官和精神需求的一种方式,还是人们进行互动、参与社会实践和为社会做出贡献的一种表现形式。

从物质生产方面来看,人类通过劳动和技术手段将自然资源转化为有用的物质产品的过程中,不仅关注物质产品的功能和实用性,更是十分注重满足大众的审美需求,通过将审美元素融入产品设计等方面来提升物质产品的价值。这种以审美为需要的社会实践不仅满足了人们对美

的追求，还促进了经济发展与社会进步。例如，在进行城市规划和建筑设计时，要求城市规划者和建筑师将城市环境和建筑物的美学价值放在重要位置，通过良好的城市环境和美观的建筑设计，提升居民的生活质量和幸福感，让百姓过上好生活。在城市规划方面，注重绿化、景观设计、道路布局等，体现出美丽宜人的城市风貌。在建筑设计方面，注重建筑的比例、外观、材质等，打造与环境和谐融洽的美丽建筑。这种以审美为需要的社会实践促进了城市的发展和建筑的优化。

从话语产生方面来看，人们使用特定的语言和文字，运用修辞手法和语言技巧，以及借助非语言元素（肢体语言）等，进行有效的沟通和交流。话语承载着人们的思想、情感和价值观，是社会实践的基本元素之一。不同的社会实践、语境、文化背景以及人们对审美的追求都会影响人们对话语的选择、组织和表达，而且在特定的社会实践中，人们会根据社会角色、交际目的等因素，运用不同的话语方式和策略，以适应特定的沟通需求和审美要求，提升交流的效果和感染力。例如，作者通过选择优美的词语，运用丰富的语言技巧，创造出具有审美价值的文学作品，推动了文学艺术的繁荣和发展；演讲者利用优美的腔调发出能直击心灵的声音，提升了信息的传递和语言的交流效果；人们在社会交往中注重美的表达和展示，通过表情、肢体语言和图像语言等来呈现自己的审美观念和个性，使得人际关系和谐发展。人们对美的渴求，提高了话语实践的艺术性、感染力，丰富了话语交流的层次和表达的效果，提升了话语的影响力。

从精神需求方面来看，虽然精神活动在形式上与物质活动有所区别，但它与实践活动密切相关，被视为实践活动的内在要素，既是人们对现实世界的理解、把握和回应，也是人们在社会实践中塑造意义的重要方式。精神活动涉及人的内心世界、情感体验和价值观念，追求精神之美对个体和社会都具有深远的影响。个体需要精神之美在于其能够提供心灵寄托，开拓思维空间，培养创造力和独立思考的能力。例如，品读经典作品，领悟人生哲理；观赏美丽的自然景观，获得情感愉悦和精神满足；参与精神修养的活动，磨炼性格、平静身心；与亲朋好友分享温暖的时刻，感受人际关系中的情感交流和关怀。社会需要精神之美在于其能够激发人们对美好、正义、真理和人性的关注，推动社会发展，增强社会凝聚力。例如，对城市规划和建筑设计中的美学考量、对审美教育的重视和为保护自然环境和文化遗产付出的努力等。

二、发现生活中的美

亚里士多德认为美存在于事物本身之中，是客观的。马克思主义美学也认为美具有客观性，是美的事物所具有的客观属性。缤纷多彩的世界从不缺少美，它存在于壮丽山河中，存在于个人修养中，存在于人际互动中……

（一）客观实在的自然美

客观世界的自然美，如壮丽的山脉、清澈的湖泊、广袤的草原、绚丽的日落，它们都存在于大自然中，供所有人欣赏和感受。只要人们走进大自然，用心去体验和感受自然美的魅力，就会被大自然的鬼斧神工所震撼，被其壮丽与细腻所打动。

惊叹山峦起伏，如巨龙舞蹈般蜿蜒而行，高耸入云、奇峰耸立。它们如李白笔下的"天姥连天向天横，势拔五岳掩赤城"般雄伟，又如李白笔下的"连峰去天不盈尺，枯松倒挂倚绝壁"般险峻，给人以无限的想象和震撼。山川之美，是客观世界的自然之美。

感受清澈湖水，湖面如镜，倒映着蓝天、白云和群山的倩影。水中的鱼儿自由自在地游弋，水草轻摆，如翩翩起舞的仙子。它们如温庭筠笔下"湖上微风入槛凉，翻翻菱荇满回塘。野船著岸偎春草，水鸟带波飞夕阳"的南湖美景，平淡之中见新奇；又如晏殊描绘的"嫩绿堪裁红欲绽，蜻蜓点水鱼游畔"的春景，静谧之中涌生机。湖水之美，是客观世界的自然之美。

聆听鸟儿歌唱，清脆悦耳，它们在枝头上跳跃，在树林间飞翔，尽

情吟唱着大自然的赞歌。微风吹拂树叶，沙沙作响，仿佛大自然在耳边讲述着一个个动人的故事。它们如杜甫笔下的"留连戏蝶时时舞，自在娇莺恰恰啼"般轻松自在，又如王维笔下的"月出惊山鸟，时鸣春涧中"般闲适幽静。万物之声，是客观世界的自然之美。

静闻新鲜花朵，红艳的玫瑰、粉嫩的樱花、洁白的百合、金灿的菊花，它们五颜六色、形态各异，在微风中摇曳，散发着沁人心脾的香气。它们如贾至笔下的"草色青青柳色黄，桃花历乱李花香"般桃花烂漫、李花芬芳，又如宋之问笔下的"桂香多露裹，石响细泉回"般带露开放、十里飘香。百花之美，是客观世界的自然之美。

大自然是一位伟大的艺术家，其以独特的笔触和无穷的想象创作了这幅绚丽多彩的画卷。无论是高山峻岭，还是平原河流，无论是阳光雨露，还是星空月夜，每一处风景都散发着无与伦比的美。人们是如此渺小，却又如此幸运，能够有机会去发现、去感受、去聆听、去欣赏这自然之美。

（二）内外兼修的自身美

个体的内外兼修：从哲学意义上来讲，强调的是个体的内在修养和外在表现的平衡与统一；从审美视域来看，追求的是个体的内在美和外在美的协调。中国自古以来就主张"内外兼修"，如孔子的"修身、齐家、治国、平天下"，孟子的"性善论"，以及王阳明的"知行合一"。契诃夫也曾在作品《万尼亚舅舅》中留下一句话："人应当一切都美，外貌、衣着、灵魂、思想。"契诃夫这短短八个字也是从内在和外在两个层面来概括个体的"一切"美。"内外兼修"不仅是个体内外的和谐统一，让个体的内在修养得以外化和展现，更是自我与社会的和谐统一，让个体为社会创造更多的效益和价值。

首先是内在修养与外在表现的统一美。内在修养是指个体在心态、品德、行为、修养等方面的内在素养，而外在表现是指个体在社会中的行为举止和仪态等方面的外在呈现。内在修养和外在表现的统一美意着个体的内心和外在行为相辅相成、相互呼应。个体不仅要有高尚的内在品质和价值观念，更需要通过外在的行为表现来展现这些品质和价值观，内在与外在协调一致，才能真正展现出个体之美。

其次是个体的自我实现与社会效益的统一美。个体的内外兼修不仅是为了自身的发展，更要为社会的发展做出积极贡献，实现个体价值与社会价值的统一。个体是社会的一部分，其行为和表现会对社会产生影响，同时会受到社会的评价。"内外兼修"要求个体在修养和表现上与社会价值观和规范相符合，服务于社会、造福于社会。个体通过内在修养的提升，拥有正确的价值观念和高尚的道德品质，就能够更好地发挥自己的潜能，为社会创造更多的价值，为社会发展和文明进步做出更多的贡献。例如，钱学森自身所拥有的深厚的爱国情感、广博的知识储备和严谨的科学态度，将中国导弹、原子弹的发射向前推进了至少二十年；袁隆平所拥有的坚持不懈、艰苦奋斗的品质和脚踏实地的追梦精神，让中国人民乃至世界人民都"端稳饭碗"，不再为吃不饱而发愁。

当代大学生作为新时代中坚力量，更应以追寻个体的内在修养与外在表现的统一美、自我实现与社会效益的统一美为目标。大学生在努力学习、提升自身的知识水平和专业能力的同时，关注社会的需求和问题；在培养创新思维和创业精神的同时，通过创新的方式推动社会经济的可持续发展，为社会创造就业机会，推动科技进步和产业升级；在关注自身的内在追求和价值观念的同时，也要认识到个人价值与社会价值之间的紧密联系，主动参与到社会实践中，为促进社会进步贡献自己的智慧和力量。

（三）推诚相与的他人美

从社会学的角度来说，人类是社会性的动物，有着与他人相互交流、合作和互助的天性。人在社会生活中，除了百般修炼、不断完善自身，以达到内外兼修，在与他人交往的过程中，还应推诚相与，从欣赏的角度看待他人，发现他人之美。

第一，充满好奇，发现人性多样美。好奇心是人类智慧的源泉，它驱使人们主动去探索和了解一切未知的人和物。人类作为复杂的生物，有着独特的思想、情感、价值观和行为方式，并具有丰富多样的人性表现。在与他人进行社会互动的过程中，我们要有一颗充满好奇的心，激发我们超越表面现象，关注他人的内在世界，推动我们追求更深层次的理解，发现人性的多样美。例如，通过不断学习发现智慧的美，通过独特的创造力和想象力发现世界的美，通过交流和分享发现真挚情感之美……通过发现人性的多样美，人们能够从多维度欣赏他人，尊重他人人格的独特性，能够超越偏见和刻板印象，更好地理解和接纳他人，这也有助于培养人们的共情力和包容心，增强社会的包容性和凝聚力。

第二，观察倾听，促进美的交流。细致的观察让人们能够从视觉上发现他人之美；倾听让人们能够从听觉上聆听他人的声音和故事，了解他们内心的所感所想，扩展人们对他人的理解。细心观察他人和专心倾听他人的话语激发了人们的意识活动，让人们更加关注他人的需求、情感和表达，也促使人们思考所观察和倾听到的信息，以便更好地理解他人的观点。通过观察和倾听，人们能够进行更深入的沟通，分享彼此的美的体验并给予积极反馈，增进彼此之间的理解和互动，促进美的交流。

第三，自我反思，以他人之美为镜正己身。俗话说，最难了解的人其实是自己。在大多数情况下，人们就像海参一样，十分擅长趋利避害，在进行自我认知时往往存在一定的偏差。以他人之美为镜，人们能够从更为客观的视角来审视自己。他人的美德可以作为一个中立的参照，当人们欣赏他人的美，特别是那些自己羡慕或敬佩的品质和行为时，就会产生一种自省的意识，通过对照，反射出自身的优点和不足，并积极进行自我修正和改进，进而重新建构自己的三观。

美是客观存在的，但人们对它的感知和理解是通过主观体验实现的。发现他人之美是一种积极而美好的行为，它能够让人们更加关注他人的优点和价值，提升人们对人性和社会的理解和尊重。同时，通过发现他人之美，人们也能够从他人身上汲取美的灵感和启示，增添生活的美好。

三、书写美好的人生

美好的人生是每个人都渴望拥有的，代表着个体在追求自我价值和幸福的过程中获得的最高成就。书写美好的人生是个体不断努力和探索的过程，它不仅关乎个体对物质方面的需求，更注重对自身成长中的持续努力，以及对心灵和德行的美好追求。个体通过纯净心灵和美好行动，使自己成为美好人生的创造者。

（一）以美净心：避免欲壑难填忘初心

对物质的需求、对权力的渴求、对名声的重视……这些欲望是人类生存和发展的基础，是个体内心的驱动力之一。欲望在一定程度上能为个人提供进步的动力，激发个体取得成就，并在社会中发挥作用。然而，在当今社会，人们总是行色匆匆，路途中有的人会面临各种各样的诱惑，会被他人寄予更高期望，会时常感到焦虑，想急于求成，会被一个个无底洞所吞噬，永远填不满的欲壑会致使他们忽视自己内心真正的精神需求而陷入迷惘和不知所措的境地，乃至出现"一念之欲不能制，而祸流于滔天"的局面。当人们停下来自省，回归到内心深处，寻找到真正与自己心灵对话的声音，或许能找到一条通往宁静和满足的道路，即以美消减欲望，以美净化心灵。

"以美净心"意味着超越物质和功利的追求，将美作为人们人生的价值追求。美是人类生活的重要组成部分，是人的价值所在，将美作为人生的价值追求，强调的是对美的欣赏、体验和创造。艺术家通过绘画、音乐、舞蹈等艺术形式创作艺术作品时，不过分追求物质回报，而是以表达情感和美感为目的；人们在大自然中欣赏风景，不是为社交软件积攒素材，而是想与自然亲近，感受美的存在；志愿者参加服务活动不是追求每次服务经历所带来的荣誉，而是想给予他人关爱和帮助，这样可以为社会创造美好。人们将美作为思考和判断的标准，用非功利的心态看待事物，用审美的眼光审视世界，通过美的力量来减少欲望的束缚并使内心纯净，这种积极的生活态度和思维方式能够启迪人们的智慧，提高人们的审美情趣和品位，让人们更加积极、乐观和开放。无论做什么事情，都要怀着"无所为而为"而非"有所为而为"的心态，跨越表象的欲望满足，专注于内心的理想和情趣之美，不计较得失，以美净化心灵，这样才能有效避免被无尽的物欲吞噬，利欲熏心，而丢了底线，忘了初心，败了芳华，毁了一生。

（二）化美于行：行为美铺就美好未来

美具有一种无形的力量，以美滋养的心灵，会引导人们采用正确的行动准则，让人们朝着善良、正直和仁爱的方向发展，从而产生美好的行动。

化美于行，向美而行。首先要有敏感性，从细节中发现美的存在。一朵盛开的鲜花散发着沁人心脾的香气，一张褶皱的照片承载着漫长岁月的痕迹，一段温馨的对话蕴含着父母的关怀，一个暖心的微笑治愈着失意人的一天……这些生活的瞬间和碎片都是美好的存在，也是人们采取美好行动的灵感来源之一。其次，在行动中追求各个方面的美和协调。中国文化自古以来就将和谐、平衡和协调的理念贯穿于各个方面，如儒家倡导的言行一致和道家讲究的阴阳平衡，这对现代社会同样适用。在行动中追求各个方面（言谈举止、待人处事等）的美和协调，尊重他人的权利和需要，把握各方面的平衡，在行动中发展善良、宽容、正直、勇敢等美德，展现美德在行动中的光芒。最后，用艺术之美感染个体的实际行动。优秀的艺术作品以其独特的方式展现了艺术家的创造力和想象力，个体通过与艺术作品的互动，可以了解艺术家在创作过程中的灵感来源和作品想要揭露的现实，从而激发出积极的情感回应。这种正向的情感反馈可以引发个体的内在活动，激发其采取实际行动去追求美、创造美和分享美,还能与他人建立积极的情感联结,增强社会的凝聚力。

保持追求美的心态和践行美的方式,就能用美的力量去铺就一个美好的未来。因为美好的行为是积极的、有益的。无论是能够改变世界的大动作还是随手捡起路上垃圾的小善举,这些美好的行为都是以积极的品质如善良、正义、关爱、奉献等为基础,以一种利他主义的精神对待他人和社会。此外,美好的行为具有示范和影响的力量。个体通过自身的言行向周围的人传递正能量,无形中为他人树立了榜样,个体所影响的人也有可能被激励去采取相似的行动,引导他人在其生活中实践美好行为。美好的行为还具有积累效应。当越来越多的个体采取美好的行为时,这种行为的积累将扩散到社会的各个领域中,扩大美好行为的影响范围。这些美好行为在个体和社会中的积累有助于营造积极向上、美好的社会氛围,推动社会价值观的积极转变,促进个体和社会的发展和进步,为铺就美好未来奠定基础。

(三)以美树德:修品德,升华人生境界

美,是一种无处不在的客观存在,它超越了时间和空间的限制,在大自然的奇妙景色中闪耀,也在人类的情感和行为中绽放。而品德,是个体内心的底色,是一个人道德和品质的综合体现,是衡量个体人生境界的尺度。以美树德,即以审美经验或美的感染力来培养个体的品德,不同形式的美会对个人品德的培养产生一种奇妙的化学反应,让个人的人生境界得到进一步升华。

第一,以自然之美修品德。自然之美可以引发人们对大自然的热爱与敬畏之情和对生命的尊重与感恩之情。大自然的恢宏壮美和其拥有的无限力量令人叹为观止,山川河流、蓝天白云和繁星,都是大自然的杰作,人们被自然界的无穷魅力深深吸引。自然界为人类提供了丰富的资源和舒适的居住环境,滋养了万物生灵,是人们赖以生存的基础,也是人们得以享受生活的源泉。自然界的生命之力和运行规律无不展现出其

巧妙和智慧，这也让人们感受到自然的恩惠，意识到人类在自然界中的渺小和脆弱，人们应该对大自然怀有敬畏之心和对生命报以感恩之心，并对他人、对社会、对环境给予爱、尊重和关怀。

第二，以艺术之美修品德。首先，艺术作品通过独特的形式和表现手法，可以唤起人们内心深处的情感共鸣。个体在欣赏艺术作品时，无论是听到歌颂亲情的歌曲所带来的万千感慨，看到拥有唯美意境的画作所带来的心旷神怡，还是看到被破坏后的圆明园所带来的愤怒与惋惜，都可以引发人们发自内心的情感表达，加深对他人情感的理解和共情能力，在与他人建立联系等行为中展现同理心。其次，艺术作品通过深入探索人性和社会，可以引发人们的思考和自省。艺术作品是艺术家内心世界的真实写照，艺术家通过艺术作品，如文学作品《许三观卖血记》、影视作品《我不是药神》和乡土写实主义绘画作品《父亲》等，能够启迪个体审视自己的行为准则和道德原则，促使个体在今后的人生道路上追求更高的道德标准，展现更高尚的品德境界。

第三，以社会之美修品德。一方面，通过在社会中人们共同生活和相互联系的和谐之美能够提升个人品德。在社会中，个体与他人的互动是不可避免的，人们在进行互动时，能够感受到社会的温情和团结。与此同时，个体也能够在这一过程中被激励去关注他人的需求，发展自身的潜力，提升自身团结互助和无私奉献的精神。另一方面，通过社会中多元文化和不同价值观念共存的包容之美可以提升个人品德。当个体接触不同文化时，能够打开心灵的大门，接纳不同文化之间的差异，也能够从不同文化中汲取智慧。这种开放、包容的思维方式以及尊重个体和文化多样性的态度，对个人品德的提升具有重要意义，提升了个体的品德修养。

不管是何种形式的美，都可以通过美的追求来引导个体的道德行为，将美的力量融入个体的思想品德中，以升华个人的人生境界。

参考文献

[1] 席勒.美育书简[M].徐恒醇,译.北京:中国文联出版公司,1984.

[2] 康德.判断力批判(注释本)[M].李秋零,译.北京:中国人民大学出版社,2011.

[3] 蔡元培.蔡元培全集(第3卷)[M].北京:中华书局,1984.

[4] 蔡尚思.蔡元培学术思想传记:蔡元培与近代中国学术思想界[M].上海:棠棣出版社,1950.

[5] 蔡元培.蔡元培全集(第2卷)[M].北京:中华书局,1984.

[6] 王国维.人间词话新注[M].藤咸惠,校注.济南:齐鲁书社,1981.

[7] 曹础基.庄子浅注[M].北京:中华书局,2018.

[8] 布洛夫.美学:问题和争论[M].凌继尧,译.上海:上海译文出版社,1987.

[9] 费德曼.艺术教育哲学[M].马菁汝,译.杭州:浙江人民美术出版社,2018.

[10] 赵伶俐.人格与审美[M].合肥:安徽教育出版社,2009.

[11] 朱光潜.朱光潜美学文集[M].上海:上海文艺出版社,1982.

[12] 马克思.1844年经济学哲学手稿[M].北京:人民出版社,2018.

[13] 海德格尔.艺术作品的本源[M].孙周兴,译.北京:商务印书馆,2022.

[14] 席勒. 审美教育书简 [M]. 冯至, 范大灿, 译. 上海: 上海人民出版社, 2022.

[15] 霍尔. 青春期: 青少年的教育、养成和健康 [M]. 凌春秀, 译. 北京: 人民邮电出版社, 2015.

[16] 培根. 培根随笔集 [M]. 曹明伦, 译. 北京: 人民文学出版社, 2006.

[17] 马斯洛. 人的潜能和价值: 人本主义心理学译文集 [M]. 北京: 华夏出版社, 1987.

[18] 温克尔曼. 希腊人的艺术 [M]. 邵大箴, 译. 桂林: 广西师范大学出版社, 2001.

[19] 竹内敏雄. 美学百科辞典 [M]. 池学镇, 译. 哈尔滨: 黑龙江人民出版社, 1987.

[20] 格林伯格. 艺术与文化 [M]. 沈语冰, 译. 桂林: 广西师范大学出版社, 2009.

[21] 荣格. 心理学与文学 [M]. 冯川, 苏克, 译. 北京: 生活·读书·新知三联书店, 1987.

[22] 马尔库塞. 审美之维: 马尔库塞美学论著集 [M]. 李小兵, 译. 北京: 生活·读书·新知三联书店, 1989.

[23] 丹纳. 艺术哲学(插图珍藏本)[M]. 傅雷, 译. 桂林: 广西师范大学出版社, 2000.

[24] 文杜里. 西方艺术批评史 [M]. 迟轲, 译. 南京: 江苏教育出版社, 2005.

[25] 袁行霈. 中国文学作品选注(第4卷)[M]. 北京: 中华书局, 2007.

[26] 许燕. 人格心理学 [M]. 北京: 北京师范大学出版社, 2020.

[27] 曾繁仁. 美育十五讲 [M]. 北京: 北京大学出版社, 2012.

[28] 王晓升. 走出现代性的困境: 法兰克福学派现代性批评理论研究 [M]. 南京: 江苏人民出版社, 2021.

[29] 黄卫星. 审美价值观的传播与建构: 当代美育中的对话与交往 [M]. 北京: 人民出版社, 2012.

[30] 叶朗. 美学原理 [M]. 北京：北京大学出版社，2022.

[31] 朱光潜. 此生有美自芳华：朱光潜美学精选集 [M]. 北京：北京联合出版公司，2017.

[32] 黄希庭，郑涌. 心理学导论 [M]. 北京：人民教育出版社，2015.

[33] 彭锋. 美学导论 [M]. 上海：复旦大学出版社，2011.

[34] 蒋孔阳. 美学新论 [M]. 北京：人民文学出版社，2006.

[35] 钟仕伦，李天道. 高校美育概论 [M]. 北京：中国社会科学出版社，2006.

[36] 叶朗，朱良志. 中国文化读本 [M]. 北京：外语教学与研究出版社，2008.

[37] 叶朗. 中国美学史大纲 [M]. 上海：上海人民出版社，1985.

[38] 曹利华. 阅读经典 解答美学 [M]. 天津：天津人民出版社，2020.

[39] 彭锋. 西方美学与艺术 [M]. 北京：北京大学出版社，2005.

[40] 朱光潜. 谈美 [M]. 上海：东方出版中心，2021.

[41] 宗白华. 艺境 [M]. 北京：北京大学出版社，1986.

[42] 康德. 判断力批判 [M]. 邓晓芒，译. 北京：人民出版社，2002.

[43] 杜威. 艺术即经验 [M]. 高建平，译. 北京：商务印书馆，2010.

[44] 徐丽媛. 西方美育思想的发展略疏 [J]. 文教资料，2021（6）：68—70.

[45] 马子淇. 蔡元培美育思想在当代中国学校教育中的影响与应用 [J]. 艺术教育，2022（7）：229—232.

[46] 赵名子. 蔡元培与陶行知的美育思想比较研究 [J]. 文学教育（下），2021（12）：34—35.

[47] 马天贝，欧阳沁文. 以美育人，以文化人：先秦美育思想及其当代价值研究 [J]. 大众文艺，2021（13）：211—212.

[48] 陈哩尔. "美育"之义的历史增识 [J]. 美术观察，2021（5）：50—55.

[49] 王颖. 从《论语》中看孔子美育思想及其对现代教育的借鉴意义 [J]. 才智，2020（30）：29—30.

[50] 胡钟华.陶行知美育思想及其当代价值[J].艺术教育,2022(5):244—249.

[51] 徐丽媛.美育与德育的耦合关系研究[J].教书育人(高教论坛),2022(21):4—6.

[52] 闫姿蓉.《审美教育书简》中的美育思想探析[J].艺术评鉴,2021(16):177—179.

[53] 邱艳艳,秦瑞林.论爱是一个美学问题[J].美与时代,2007(3):34—36.

[54] 高波,侯方峰.孔子乐论中的"尽善尽美"思想辨析[J].孔子研究,2023(2):118—125,159—160.

[55] 张春华.马克思人格价值思想解读[J].学理论,2010(31):71—72.

[56] 邓晓芒.中西美学比较三题[J].华中科技大学学报(社会科学版),2012,26(1):1—13.

[57] 张卫东.音乐、心理与大脑[J].华东师范大学学报(教育科学版),2014,32(1):89—96.

[58] 侯建成,董奇.音乐认知能力的发展及其大脑可塑性研究[J].星海音乐学院学报,2010(3):79—84.

[59] 杨集梅,柴洁余,邱天龙,等.共情与中国民族音乐情绪识别的关系:来自ERP的证据[J].心理学报,2022,54(10):1181—1192.

[60] 肖迅,陈莞,李闻,等.小组音乐治疗对精神发育迟滞成人注意力、情绪及人际交往的改善效果[J].中国心理卫生杂志,2012,26(7):525—526.

[61] 甘霖,田佳宜,许敏鹏,等.基于神经认知科学的音乐对情绪诱发的机制研究综述[J].复旦学报(自然科学版),2021,60(3):340—346.

[62] 梅仲孙.美育之真谛是审美情感的培育[J].上海教育科研,2019(8):38—43.

[63] 徐承,汪洋."创造力"美育话语的源与流[J].美育学刊,2022,13(3):

17—23.

[64] 杜卫.美育三义 [J].文艺研究，2016（11）：9—21.

[65] 江澜.论美育中的创造力培养：以中国画教学为例 [J].中国美术，2020（3）：118—123.

[66] 曹雪.马克思美育思想指导下高校艺术教育探讨 [J].艺术与设计（理论），2022，2（12）：141—143.

[67] 尹爱青，刘畅，柳欣源.增值赋能：中国特色学生美育评价的逻辑理路与实现路径 [J].东北师大学报（哲学社会科学版），2022（6）：165—173.

[68] 袁艺.诗性、沉浸、跨媒介：舞蹈诗剧《只此青绿》的美学建构 [J].文化艺术研究，2022，15（2）：78—83，115.

[69] 殷巧生.大学校园与大学精神的塑造：基于诺伯舒兹的场所精神 [J].南京理工大学学报（社会科学版），2018，31（2）：74—77.

[70] 王敏，曾繁仁.高校大美育体系的现代化建构 [J].中国高等教育，2017（7）：7—10.

[71] 杜卫.论中国美育研究的当代问题 [J].文艺研究，2004（6）：4—11，158.

[72] 滕守尧.美育：教育现代化的关键 [J].北京大学学报（哲学社会科学版），1995（2）：63—69，128.

[73] 张曼，王瑞峰."五育并举"育人模式探索及实践：评《五育并举立德育心》[J].中国教育学刊，2022（12）：146.

[74] 单杰.美育教育赋能大学生美好生活的审美能力 [J].中国高等教育，2022（21）：51—52，55.

[75] 曹卉.我国早期音乐教育对"美育"的实践：北京师范大学早期音乐史补遗 [J].中国音乐学，2022（3）：68—73.

[76] 党波涛.新时代高校以美育德的对策 [J].中国高等教育，2021（11）：39—41.

[77] 王雨双，张建增.将数字艺术设计融入高校美育教育的探索与实践：

以中国地质大学（北京）为例[J].中国地质教育，2022，31（3）：17—21.

[78] 霍楷，魏歆彤.传统文化融入美育教育改革的策略研究[J].文化创新比较研究，2022，6（24）：141—144，152.

[79] 王宇蒙，霍楷.美育背景下高校素质教育改革研究[J].创新创业理论研究与实践，2022，5（14）：107—109，121.

[80] 张葱竹.高校美育与思政教育的结合途径研究[J].大学，2021（52）：143—145.

[81] 魏敬红.高校中华传统文化美育教育研究[J].文化产业，2021（28）：63—65.

[82] 王云霞.高校美育与思政教育共赢发展研究[J].美术教育研究，2021（14）：150—151.

[83] 王珊.理工类高校开展美育教育的方法与策略研究[J].中国高等教育，2020（20）：62—64.

[84] 郝爱飞，赵晓旭，姜枫.互联网背景下高校美育教育创新思考：评《互联网+大美育课程论》[J].中国科技论文，2022，17（8）：948.

[85] 杨馥嫚.新时代高校艺术美育的实施路径[J].中国高等教育，2022（Z3）：61—63.

[86] 樊小敏，王传琪.高校美育课程的改革路径探析[J].美育，2021（1）：36—43.

[87] 周粟.大学美育关乎大学生人格心灵的养成：王一川教授《大学美育》评价[J].美育学刊，2022，13（6）：124.

[88] 张璐，袁馨.科技赋能美育生态：智慧环境下的美育教育与教学体系研究[J].中国人民大学教育学刊，2022（2）：47—56.

[89] 霍楷，王亚楠.探索美育教育新生态 打造综合人才培养新模式[J].创新创业理论研究与实践，2021，4（23）：90—92.

[90] 陈若旭.新发展阶段高校美育教育优化路径[J].中国高等教育，2021（23）：56—58.

[91] 徐贤樑. 个体教化与审美化的政治理想：论洪堡的美育思想及实践 [J]. 复旦学报（社会科学版），2023，65（3）：155—165.

[92] 陈佳铭，王建英. 传而承之：大学生生态美育的现实困境与发展路径 [J]. 中北大学学报（社会科学版），2023，39（4）：103—108.

[93] 陈亦水，刘梦霏. 北师大美育历程中的数字美育：数字媒体专业教育发展与教学改革新模式 [J]. 艺术教育，2022（3）：37—40.

[94] 胡杨，陈时见. 我国美育的演进逻辑及未来发展路径 [J]. 中国高等教育，2022（22）：41—43.

[95] 尹少淳. 美育背景下大学如何培养美育人才 [J]. 中国书画，2022（2）：124—125.

[96] 叶泽洲，赵伶俐. 我国高校美育研究四十年：回顾与展望——基于CNKI 的文献分析 [J]. 美育学刊，2019，10（4）：43—50.

[97] 楚国清. 大力提升新时代高校立德树人成效：学习习近平总书记关于立德树人的重要论述 [J]. 北京联合大学学报（人文社会科学版），2021，19（3）：1—6.

[98] 李伟，薛文涛. 美育的基本特性、多重价值与提升路径 [J]. 教育科学研究，2022（6）：13—18，71.

[99] 宋修见. 人民性、审美性和情感性：新时代文艺弘扬中华美育精神的内在要求 [J]. 中国文艺评论，2020（8）：41—49.

[100] 田祥宇，张晓. 坚守为党育人为国育才 打造高素质高校思政课教师队伍 [J]. 中国高等教育，2022（22）：27—29.

[101] 杜键. 在社会实践中提高精神品质和审美水平 [J]. 美术研究，2002（3）：4—7.

[102] 杨光. 儒家治国理政之道及其当代启示 [D]. 杭州：浙江大学，2017.

[103] 程新宇. 习近平关于美育的重要论述研究 [D]. 济南：山东大学，2021.

[104] 崔佳. 马克思审美思想研究：审美实践的人性意蕴及其现代性批判 [D]. 长春：东北师范大学，2020.

[105] 鲁晓波.向美而行：清华大学美育之路[N].中国美术报，2021-12-13（15）.

[106] 许慧霞.构建新时代高校美育育人新格局[N].中国社会科学报，2022-02-15（6）.

[107] LAKHYANI S. Art，creativity and art education：a study on promoting creativity through art education[M].Saarbrucken：LAP Lambert Academic Publishing，2012.

[108] THOMAS K. The paradox of creativity in art education[M].Cham：Palgrave Pivot，2020.